Janine Myska

Lieblingspullover häkeln

BEQUEME DESIGNS FÜR JEDEN ANLASS
IN DEN GRÖSSEN XS BIS 5XL

übersetzt von Johanna Hofer von Lobenstein

stiebner

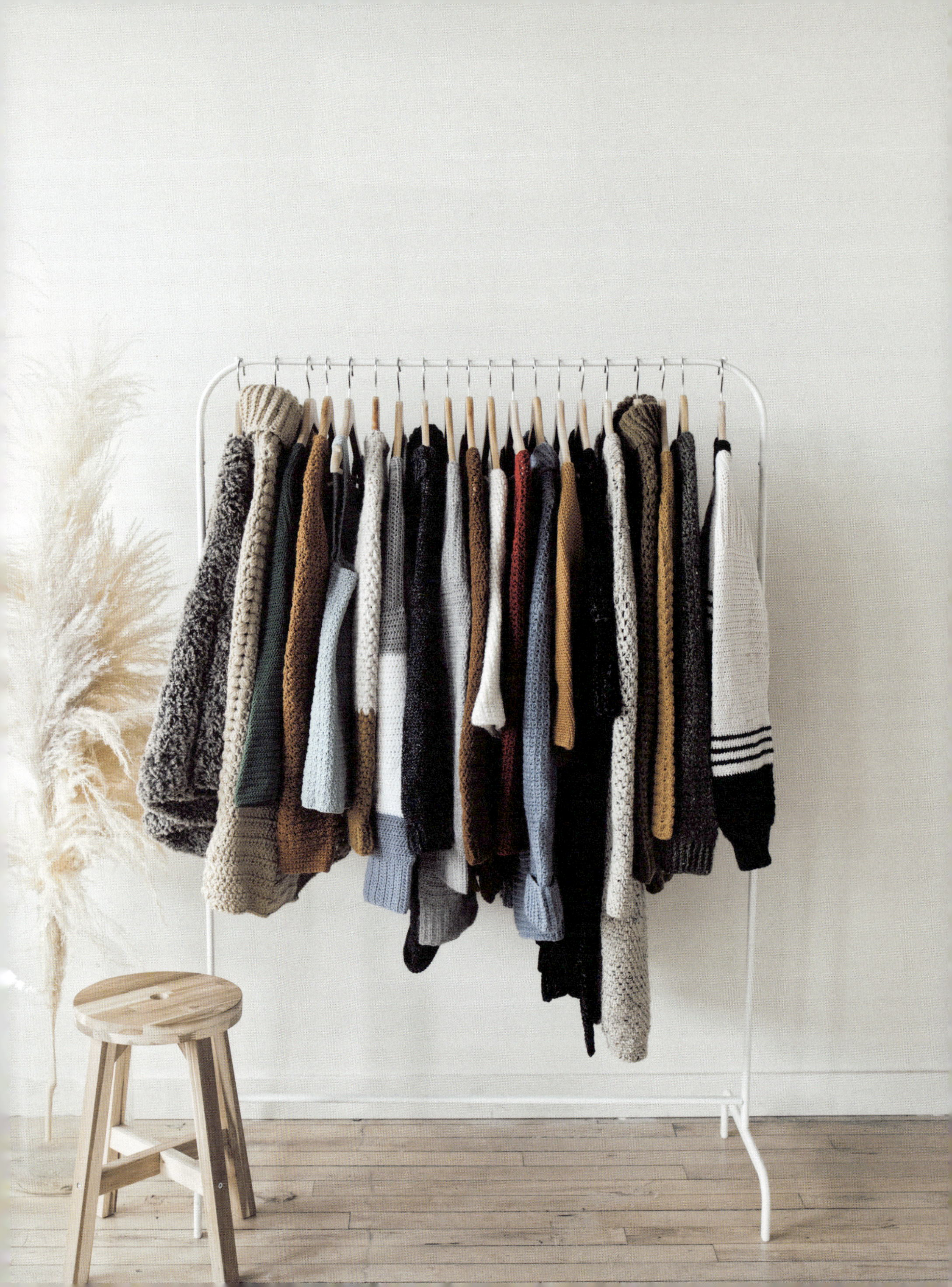

Für alle, die meine Arbeiten geteilt oder
Anleitungen gekauft und sie nachgehäkelt haben.

Ich werde euch ewig dankbar dafür sein,
dass ich das tun darf, was ich liebe.

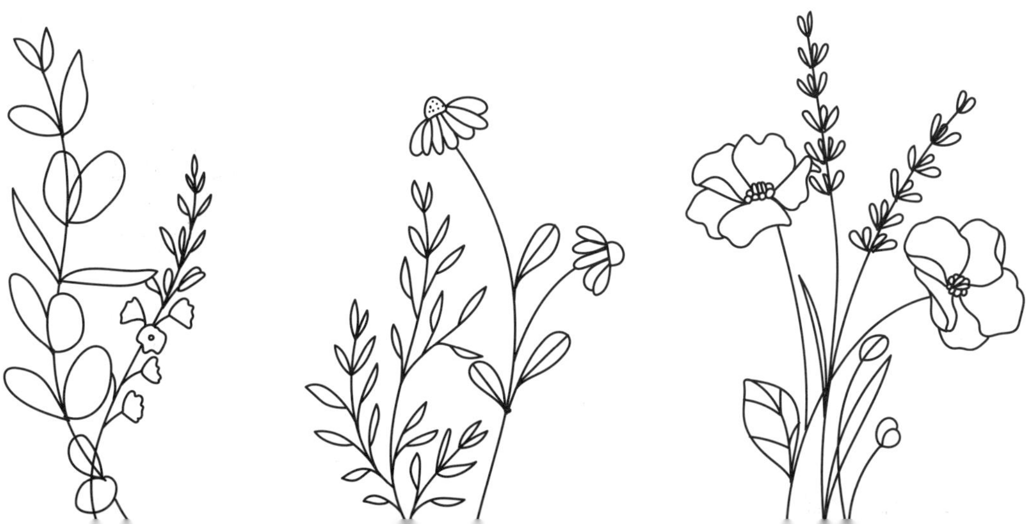

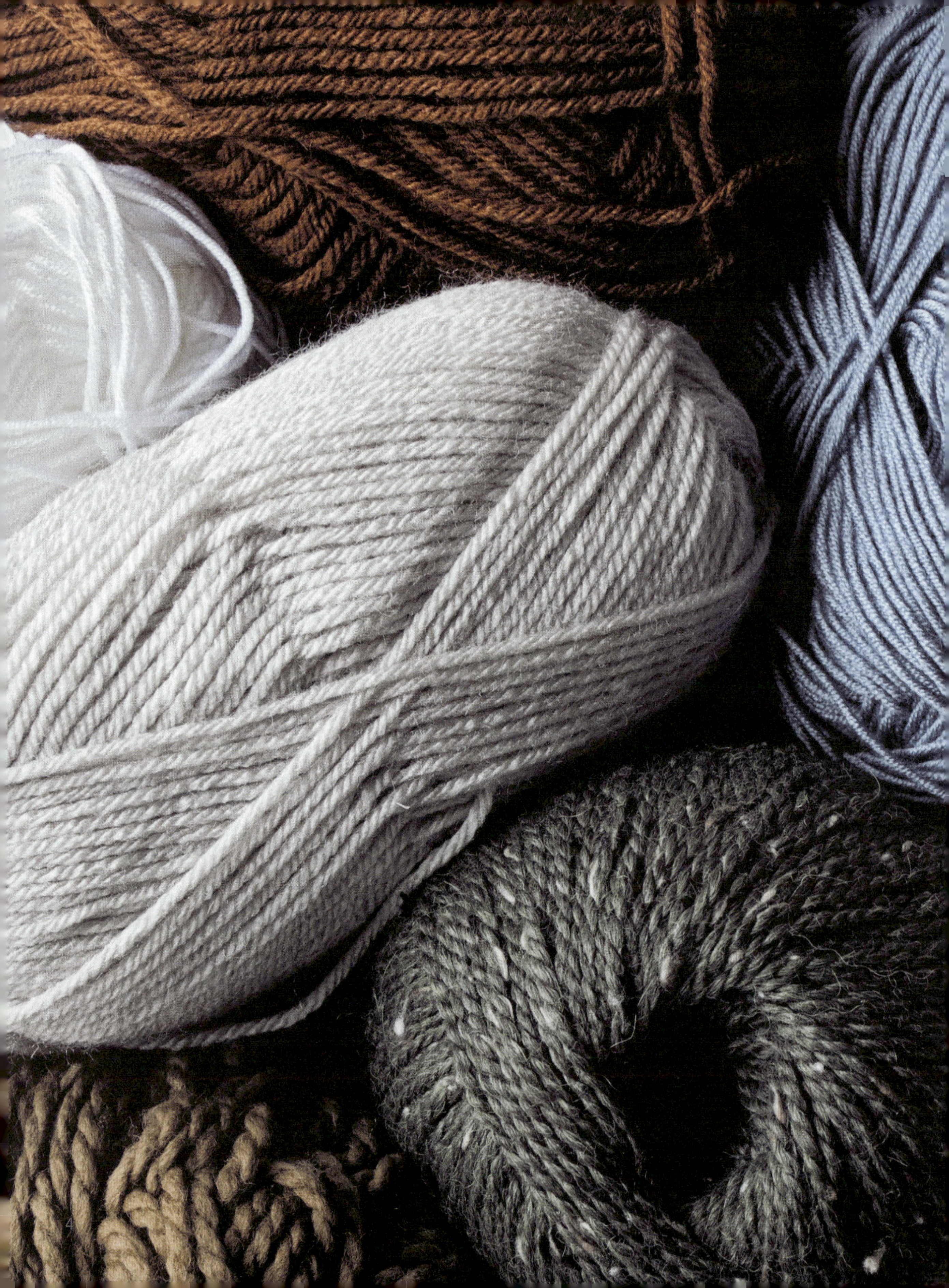

Inhalt

Einleitung

Im kanadischen Winnipeg, wo ich aufgewachsen bin, sind die Winter hart und kalt. Einen Blick für die Schönheit der Wintermonate bekam ich erst, als ich 2016 stricken und häkeln lernte. Der Zauber von frisch gefallenem Schnee auf den Bäumen und das Gefühl der Dankbarkeit, das man empfindet, wenn man einen Schneesturm vom warmen Zuhause aus beobachtet: einfach magisch. Jetzt, da ich den Großteil des Jahres damit verbringe, Kleidung für kalte Tage zu entwerfen, freue ich mich auf die kühleren Monate und ihre Schönheit. Ich habe einen neuen Blick auf den Herbst und den Winter. Heute ist die Strickwaren-Saison für mich die Jahreszeit, in der meine handgearbeiteten Stücke zum Einsatz kommen – die Gelegenheit, meine Designs auch zu tragen.

Meine Liebe zum Stricken und Häkeln ist gleich groß, aber das Häkeln bietet mir mehr künstlerische Freiheit. Ich stelle fest, dass mit jedem Jahr das Häkeln mein Herz mehr erobert. Beim Häkeln habe ich nicht nur gelernt, Garn zu einem Gewebe zu verwandeln; ich habe mit dieser neu erworbenen Fähigkeit einen Teil meines Wesens kennengelernt, von dem ich vorher gar nichts wusste. Plötzlich stand mir ein neuer Bereich des ästhetischen Ausdrucks offen: das Herstellen tragbarer Kunstwerke. Häkeln inspirierte mich, auch mit anderen Kunstformen zu experimentieren und mehr Kreativität in mein Leben zu integrieren. Häkeln ist sehr viel mehr als Kunsthandwerk – es ist eine Ausdrucksform, mit der Ideen zu etwas Anfassbarem, Erlebbarem werden. Es lehrt uns den Prozess, langsam und bewusst etwas herzustellen. Sobald ich begonnen hatte, mich mit der unendlichen Welt des Musterdesigns zu beschäftigen, wusste ich, dass das Schreiben von Anleitungen ab jetzt Teil meines Leben sein würde. Dass ich später beruflich das Entwerfen von Häkelmustern gegen meinen Master-Abschluss eintauschen würde, hätte ich nie gedacht. Aber diese Reise in die Welt der Garne hat sich zur wunderbarsten Überraschung meines Lebens entpuppt.

Heute geht es beim Häkeln viel um das Neuerfinden alter Techniken, um frische neue Mode zu designen. Beim Begriff »Häkeln« denken die meisten an Granny Squares und Spitzendeckchen. Das mag vor ein paar Jahren auch noch so gewesen sein. Inzwischen ist Häkeln aber unendlich vielseitig. Die hier vorgestellte Auswahl moderner, junger Modelle kommt ohne fortgeschrittene Techniken und komplexe Maschen aus. Meine Absicht war, zu zeigen, wie einfach es ist, mithilfe der für jede:n einfach erlernbaren Grundtechniken schöne Kleidungsstücke herzustellen.

Beim Planen des Buches war mir klar, dass ich mich an meine Stärke halten musste: eine größenvariable Kollektion einfacher Häkelpullis, die man auch wirklich gerne anzieht. Heraus kam diese Sammlung angenehm zu tragender Stücke, bei denen Mode, Passform und Bequemlichkeit im Vordergrund stehen. Mode soll komfortabel und stylish sein, ohne Kompromisse bei einem dieser beiden Anforderungen; das war auch meine Philosophie beim Entwerfen. Schlichte, unaufgeregte Designs bringen die Stücke zur Geltung, ohne von ihrer Schönheit abzulenken. Sie sind chic, alltagstauglich und aus unkomplizierten Maschen gearbeitet. Sie können elegant oder sportlich mit bereits vorhandenen Stücken kombiniert werden.

Meine Designs sind für Kleidergrößen XS bis 5XL vorgesehen. Denn jede:r sollte schön sitzende Pullover tragen und ich möchte dir das Gefühl geben, das Buch sei eigens für dich geschrieben. Lass dich von den Entwürfen inspirieren, werde selbst kreativ: Experimentiere mit Garnen, spiele mit Farben und lass deine eigene Persönlichkeit einfließen. Es ist mir eine Ehre, einen kleinen Beitrag zu deiner kreativen Entwicklung zu leisten. Nimm das Buch als Vorlage und mach etwas daraus, was dir etwas bedeutet. Alle Anleitungen enthalten Tipps zum Abwandeln für eine deinen individuellen Maßen entsprechende, optimale Passform.

Diese Sammlung von Anleitungen ist für Menschen geschrieben, die Häkelanleitungen lesen können, vielleicht sogar schon selbst Kleidung gehäkelt haben, und bereit sind, sich weiter auf das Herstellen eigener Stücke einzulassen. Sie sollen dein Interesse aufrechterhalten, ohne deine Aufmerksamkeit allzu sehr in Anspruch zu nehmen. Die meisten Anleitungen in diesem Buch kannst du ohne viel Nachdenken häkeln. Sie sind meditativ und du brauchst den Instruktionen nicht allzu konzentriert zu folgen, wenn du dich an das Muster einmal gewöhnt hast. Die meisten Stücke kannst du innerhalb von einer Woche fertigstellen, in jeder beliebigen Größe. Wenn du dir die grundlegenden Techniken angeeignet hast, wirst du feststellen, dass du die Pullover nachhäkeln kannst und dass du Spaß und Lust auf mehr haben wirst.

Lass dir zeigen, wie aus einfachen Maschen unendlich moderne Designs werden. Ich bin schon gespannt, was für einzigartige Versionen dieser Modelle du häkeln wirst! Vergiss nicht, mich auf Instagram zu taggen: @knitsnknotswpg. Nutze den Hashtag #ModernCrochetSweaters, dann sehe ich deine Arbeiten auch!

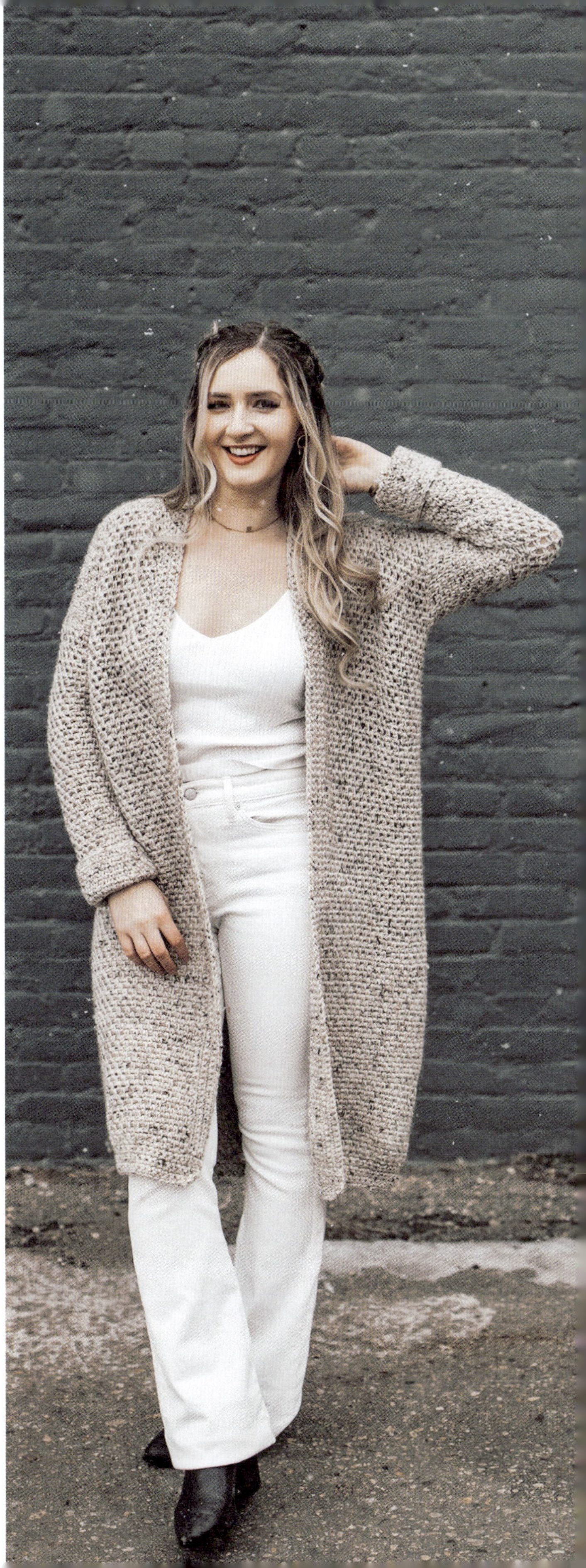

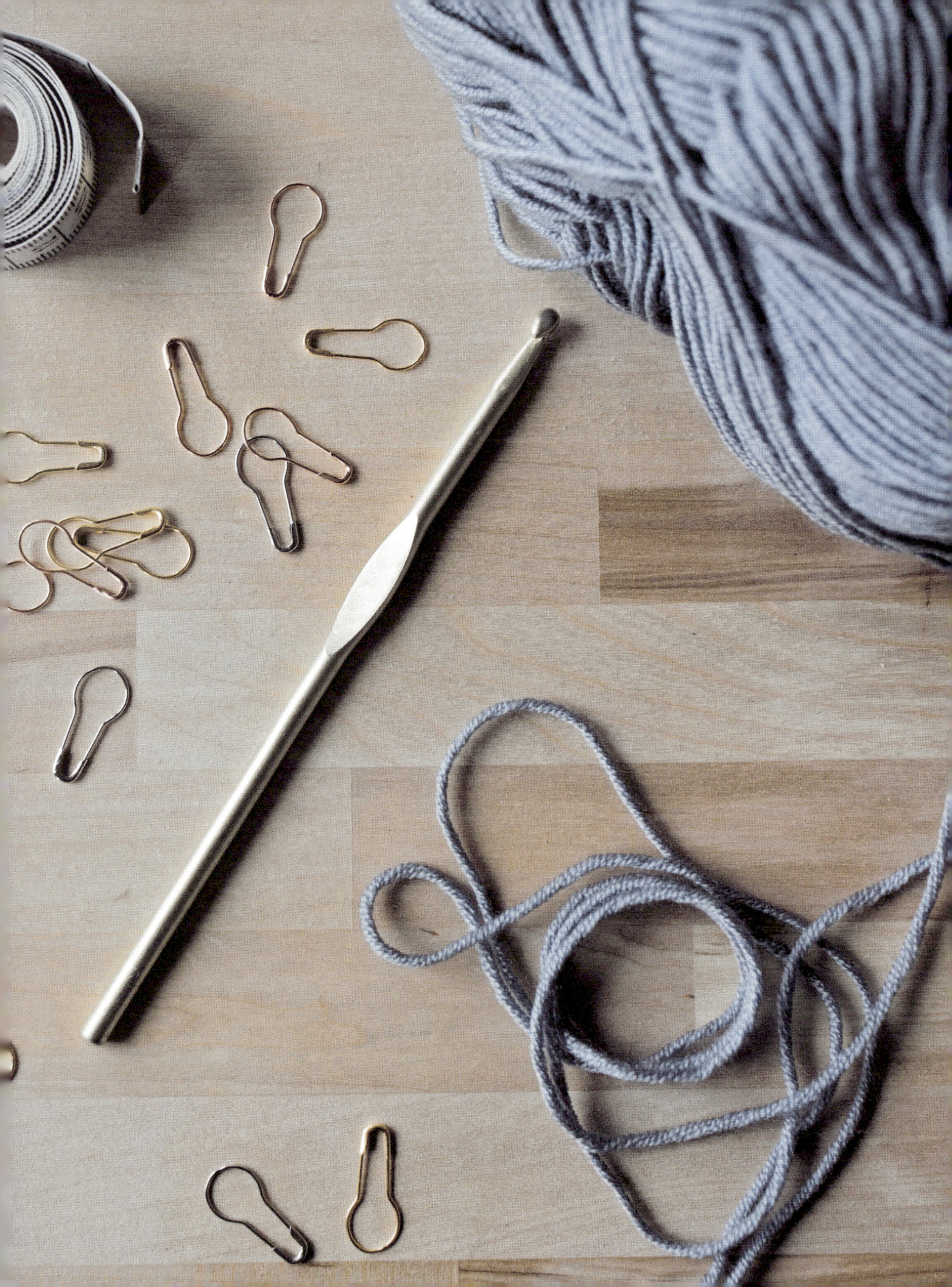

Bevor es losgeht

So funktionieren die Anleitungen

Diese Anmerkungen gelten für alle Anleitungen, falls nicht anders ausgewiesen:

Rechtshänder:innen/Linkshänder:innen: Die Anleitungen sind für Rechtshänder:innen geschrieben (Häkelnadel in der rechten Hand, Häkelrichtung nach links). Als Linkshänder:in musst du jeweils in die andere Richtung arbeiten, wenn in der Anleitung »nach rechts« oder »nach links« steht.

Größen: Bei allen Pullovern sind diese neun Größen angegeben: XS (S, M, L, XL) (2XL, 3XL, 4XL, 5XL). Halte dich ausschließlich an die Zahlen für deine Größe. Wenn du Hilfe beim Lesen der Anleitung brauchst, lies Seite 168 unter »Anleitungen lesen für Einsteiger« nach.

Nähte: Achte beim Annähen der Ärmel darauf, diese Naht locker zu machen. Ziehe sie nicht zu fest an, damit etwas Spiel erhalten bleibt. Dann engt die Naht beim Tragen die Arme nicht ein.

Wendeluftmasche: Diese zählt nicht als Masche.

Maschenanzahl: Am Ende jeder Reihe oder Runde wird die Maschenanzahl genannt. Wenn keine Zahl angegeben ist, hat sich in dieser Reihe/Runde nichts verändert. Wenn nur eine Zahl genannt ist, gilt diese für alle Größen.

Beidseitig tragbar: Wenn es keine »rechte« oder »linke« Seite gibt, ist das Stück außen und innen gleich. Du entscheidest, welche Seite »rechts« ist.

Ärmel: Bei allen Modellen mit Ärmelnähten kannst du die Ärmel den Maßen deiner Arme entsprechend auch in einer anderen Größe häkeln. Befolge die Instruktionen für die dir passende Größe; du musst nicht in der gleichen Größe arbeiten, die der Rest des Stücks hat, wenn du das Gefühl hast, dass eine andere dir besser passen würde.

Schwierigkeitsgrad der Projekte

Keines der Modelle ist aus komplexen oder aufwendigen Maschen gearbeitet. Dennoch habe ich bei allen Anleitungen einen Schwierigkeitsgrad angegeben, der den verwendeten Techniken entspricht.

In diesem Buch gibt es drei Schwierigkeitsgrade:

Basic: Für Häkler:innen, die Anleitungen lesen und danach arbeiten können, aber nicht unbedingt schon Kleidungsstücke gehäkelt haben. Der Silent Night Samt-Cardigan (S. 96) und das Wandering Willow Faux-Fur-Cape (S. 72) sind als Basic eingestuft und für Häkler:innen geeignet, die sich in das Herstellen von Kleidungsstücken einarbeiten wollen.

Einfach: Die Kategorie der meisten hier beschriebenen Stücke.

Mittel: Vier der Anleitungen sind als mittelschwer eingestuft, weil verkürzte Reihen und etwas fortgeschrittenere Passformen vorkommen.

Deine perfekte Passform finden

Woher weiß ich, welche Größe ich brauche?

Die Anleitungen in diesem Buch haben alle eine Maßtabelle als Entscheidungshilfe, welche Größe die passende für dich ist. Die Tabelle enthält Größen, Maße und die bei dem Stück gewünschte Bewegungszugabe. Sie bezeichnet die Differenz zwischen der Größe des fertigen Kleidungsstücks und der Größe deines Körpers. Wenn dein Brustumfang z. B. 102 cm ist und das Stück einen Brustumfang von 117 cm hat, bedeutet das, dass das Stück 15 cm Bewegungszugabe hat, also 15 cm weiter ist als dein tatsächlicher Brustumfang. Kleidungsstücke können auch kleiner sein als der Körper; dann liegen sie enger an. In diesem Buch ist die Bewegungszugabe je nach Größe verschieden; die kleineren Größen haben mehr und die größeren weniger.

Natürlich haben auch Menschen innerhalb der gleichen Größenkategorie unterschiedliche Maße. Ein Dutzend verschieden aussehende Menschen mit unterschiedlichen Maßen und Proportionen können Größe M tragen; auch das Gewicht ist nicht bei allen gleich verteilt. Deshalb ist es ja so toll, seine Kleidung selbst herzustellen – man kann sie den eigenen Maßen perfekt anpassen. Alle Pullover in diesem Buch enthalten Instruktionen für das Anpassen des Modells, falls deine Maße von der Größentabelle abweichen. Vermutlich wird so oder so ein sehr gut passender Pullover entstehen, aber die praktischen Tipps in den Anleitungen erlauben leichte Anpassungen, falls du das Gefühl hast, dass die Passform noch optimiert werden kann.

Richtig Maß nehmen

Du wirst für fast alle Modelle in diesem Buch den Umfang von Brust, Oberarm und Handgelenk brauchen. Bei einigen Designs musst du außerdem dein Taillenmaß und deinen Hüftumfang kennen.

Am genauesten nimmst du Maß, indem du das Maßband straff am Körper hältst.

Beim Maßnehmen für den Brustumfang halte das Maßband an die weiteste Stelle deiner Oberweite. Miss über der Kleidung, die du unter deinem Pullover tragen wirst. Wenn du unter dem Pullover BH und Unterhemd tragen wirst, nimm mit BH und Unterhemd Maß.

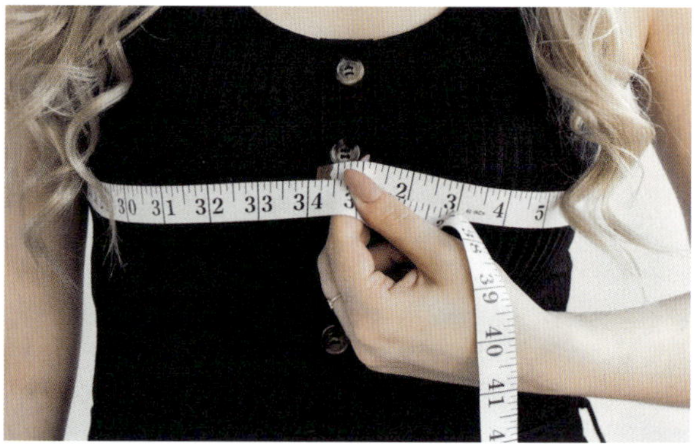

Beim Messen des Oberarmumfangs lege das Maßband um die breiteste Stelle des Bizeps.

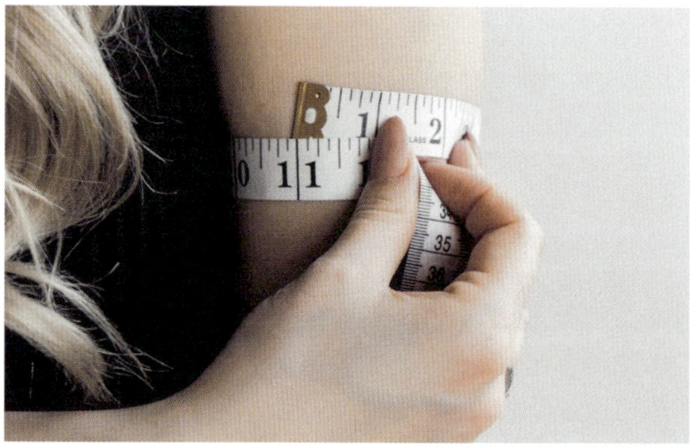

Für das Handgelenk wird um die Handgelenksknöchel Maß genommen.

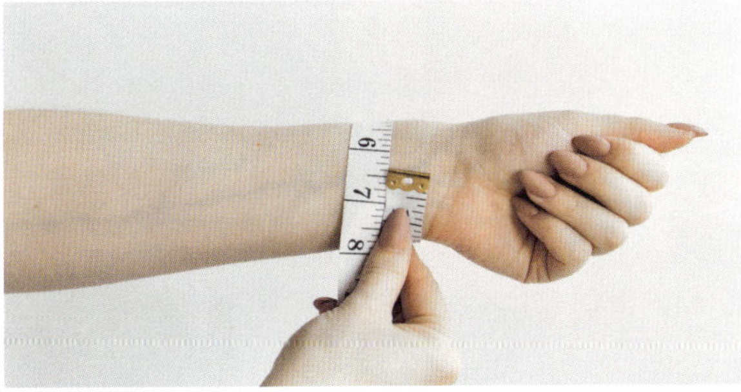

Das Taillenmaß wird gemessen, indem der Umfang der schmalsten Stelle der Taille gemessen wird, gewöhnlich um den Bauchnabel.

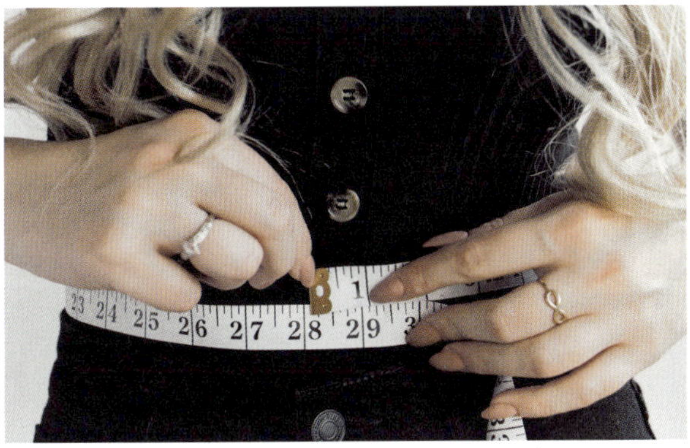

Den Hüftumfang misst du, indem du das Maßband um die breiteste Stelle der Hüften legst.

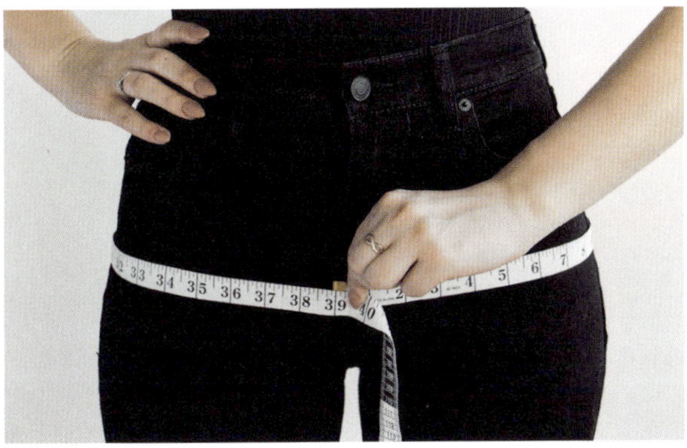

Garn und Utensilien auswählen

In diesem Buch wird eine Reihe unterschiedlicher Garne verwendet, um eine große Bandbreite anzubieten, was Preis, Zusammensetzung und -stärke betrifft. Dickeres Garn kann für unerfahrenere Häkler:innen attraktiv sein, weil man schneller Erfolge sieht; aber die Grundtechniken sind bei allen Modellen gleich, unabhängig davon, ob dünneres oder dickeres Garn zum Einsatz kommt. Die Garnstärke hat nichts mit dem Schwierigkeitsgrad zu tun.

Alternativgarn

Vielleicht bekommst du nicht immer genau die vorgesehenen Garne. Auf der englischsprachigen Website www.yarnsub.com kannst du passenden Ersatz finden. Gib einfach den Namen des Garns ein, das du ersetzen willst. Es ist eine unglaublich gute Quelle für Stricker:innen und Häkler:innen. Lauflänge, Verbrauch, Zusammensetzung der Fasern, Preis und viele weitere Details werden verglichen – Informationen, die bei der Garnsuche eine Rolle spielen können.

Man muss nicht Aberhunderte ausgeben, um einen schönen Pullover zu häkeln. Luxuriöse Fasern und handgefärbte Garne sind zwar traumhaft zu verarbeiten und zu tragen, aber auch mit günstiger Kaufhauswolle lassen sich ähnlich gute Ergebnisse erzielen. Die Modelle in diesem Buch sind hauptsächlich aus bezahlbaren Garnen gearbeitet, mit wenigen höherpreisigen Ausnahmen. Bei den Modellen aus teurerem Garn werden immer auch erschwingliche Alternativen genannt.

Um eine bestimmte Struktur zu erzielen, ist eine ähnliche Faserzusammensetzung nützlich, aber nicht notwendig. Du solltest nur wissen, wie sich die Garne verhalten. Baumwollgarne sind meist schwer und fallen anders als Garne aus 100 % Wolle. Wenn du Wolle durch Baumwolle ersetzt, solltest du das gesamte Stück und die Ärmel kürzer machen, als Ausgleich für die schwerere Faser, die alles in die Länge zieht. Das soll dich nicht davon abhalten, mit Garnen zu experimentieren. Bedenke einfach, wie sich die Garne verhalten, und passe nach Bedarf an.

Chargennummer prüfen

Prüfe beim Häkeln großer Projekte mit hohem Garnverbrauch wie Kleidungsstücken die Chargennummer, bevor du anfängst. Auch Stränge mit der gleichen Farbnummer können sich unterscheiden, wenn sie aus verschiedenen Färbungen stammen; das ist erst nach dem Verarbeiten deutlich zu sehen. Die Chargennummer sollte übereinstimmen.

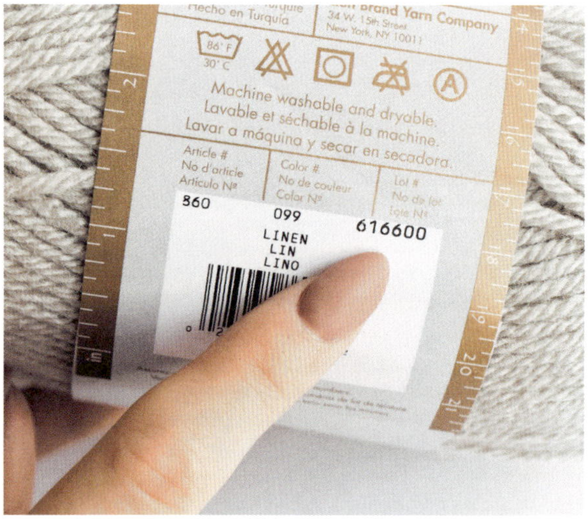

Sehr wichtig: Offene Maschenmarkierer

Sie kommen bei allen Anleitungen in diesem Buch zum Einsatz: zum Markieren von Maschen, zum Zusammenhalten zweier Lagen oder zum Fixieren einzelner Teile, die später zusammengenäht werden. Alternativ kannst du auch Garnreste, Haarspangen oder andere Dinge nehmen, die du an eine Masche klemmen oder binden kannst. Es geht natürlich auch ohne, aber Maschenmarkierer sind vielseitig und ich kann die Anschaffung eines günstigen Satzes für alle zukünftigen Projekte nur empfehlen. Es lohnt sich, viele davon zu kaufen, denn sie gehen oft verloren!

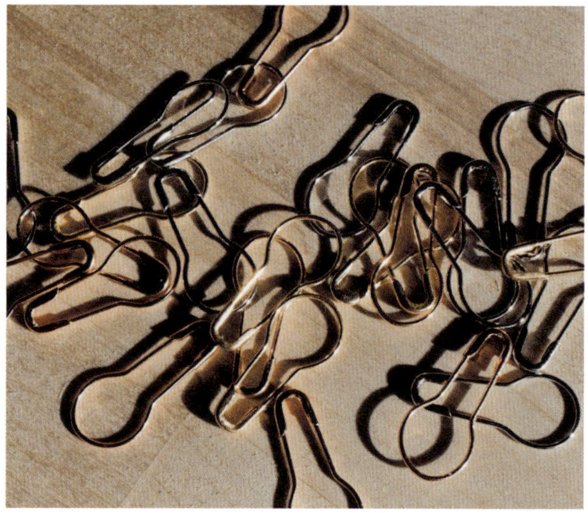

Probestücke/Maschenprobe verstehen

Maschenproben und Probestücke sind entscheidend, wenn du einen gut passenden Pullover anfertigen willst. Sie sind bei allen Anleitungen vorgesehen und dieser Schritt sollte keinesfalls ausgelassen werden. Viele dieser Modelle bestehen einfach aus Reihen fester Maschen, Stäbchen oder halber Stäbchen, also ist die Maschenprobe meist recht simpel; du musst nichts weiter tun, als ein Quadrat aus den entsprechenden Maschen zu häkeln.

Einige Modelle sind in Mustern gearbeitet, die aus zwei oder mehr Maschen bestehen; das Granitmuster ist z. B. eine Kombination aus festen Maschen und Luftmaschen. Bei Anleitungen, in denen mehrere Maschen vorkommen, sind spezifische Instruktionen für Maschenproben in den jeweiligen Maschen angegeben. Probestücke müssen zuverlässig sein.

Wenn du vorhast, das fertige Stück zu spannen, solltest du auch das Probestück vor dem Ausmessen der Maschenprobe spannen. Es kann auch sinnvoll sein, die Maschenprobe so zu waschen, wie du das fertige Stück waschen wirst.

Das Probestück sollte etwas größer sein als die angegebenen Maße. Wenn z. B. die Maschenprobe so lautet:

10 x 10 cm = 16 M und 14 R fM

heißt das, dass ein 10 cm großes Quadrat aus 16 Maschen quer und 14 Reihen hoch bestehen soll. Für eine exakte Messung muss das Probestück etwas größer sein als das Quadrat mit 10 cm Seitenlänge, da die Randmaschen nicht mitzählen. Randmaschen sind etwas anders geformt als die regulären Maschen, aus denen sich das gesamte Stück zusammensetzt. Die Maschenproben müssen die Maschen abbilden, aus denen der Pullover gehäkelt werden soll.

Wenn die Maschenprobe nicht stimmt

Da die Anzahl der Maschen für die Maschenprobe von 10 cm mehrfach auf dem gesamten Umfang des Pullovers wiederholt wird, macht eine Abweichung von 1–2 Maschen einen erheblichen Unterschied.

Nehmen wir an, dass die Maschenanzahl für ein Kleidungsstück von 102 cm Brustumfang bei 160 liegt. Wenn die Maschenprobe bei 16 M auf 10 cm liegt, deine Maschenprobe aber nur aus 14 M auf 10 cm besteht, wird ein Pullover entstehen, der 116 cm Brustumfang hat anstatt der beabsichtigten 102 cm. Das sind fast zwei Größen größer. Eine Abweichung von zwei Maschen in der Maschenprobe mag unbedeutend scheinen, aber es kann den entscheidenden Unterschied zwischen einem perfekt sitzenden und einem mehrere Größen zu großen (oder einem viel zu engen und nicht tragbaren) Pullover ausmachen, wenn man diese zwei Maschen auf den Umfang des Kleidungsstücks hochrechnet.

Da Menschen unterschiedlich fest häkeln, kann das gleiche Stück nach der gleichen Anleitung mit der gleichen Nadel aus dem gleichen Garn von zwei verschiedenen Personen gehäkelt extrem unterschiedlich groß ausfallen. Nimm dir Zeit, ein Probestück zu häkeln, gehe sicher, dass du die passende Häkelnadel für die Festigkeit deiner Arbeit hast, und du wirst dir Stunden, sogar ganze Tage Arbeit ersparen, weil du das Stück dann nicht wieder auftrennen und mit einer anderen Nadelstärke neu häkeln musst.

Fange mit der empfohlenen Nadelstärke an. Da alle Häkelnadeln sich unterscheiden (auch das Material spielt hier eine Rolle), außerdem die Festigkeit oder Lockerheit der Arbeit personenabhängig ist, ist es möglich, dass du eine andere Nadelstärke benötigen wirst als ich. Wenn in deine Maschenprobe mehr Maschen auf 10 cm passen, versuche es noch einmal mit einer dickeren Häkelnadel. Sind es weniger Maschen auf 10 cm, probiere eine dünnere Häkelnadel aus.

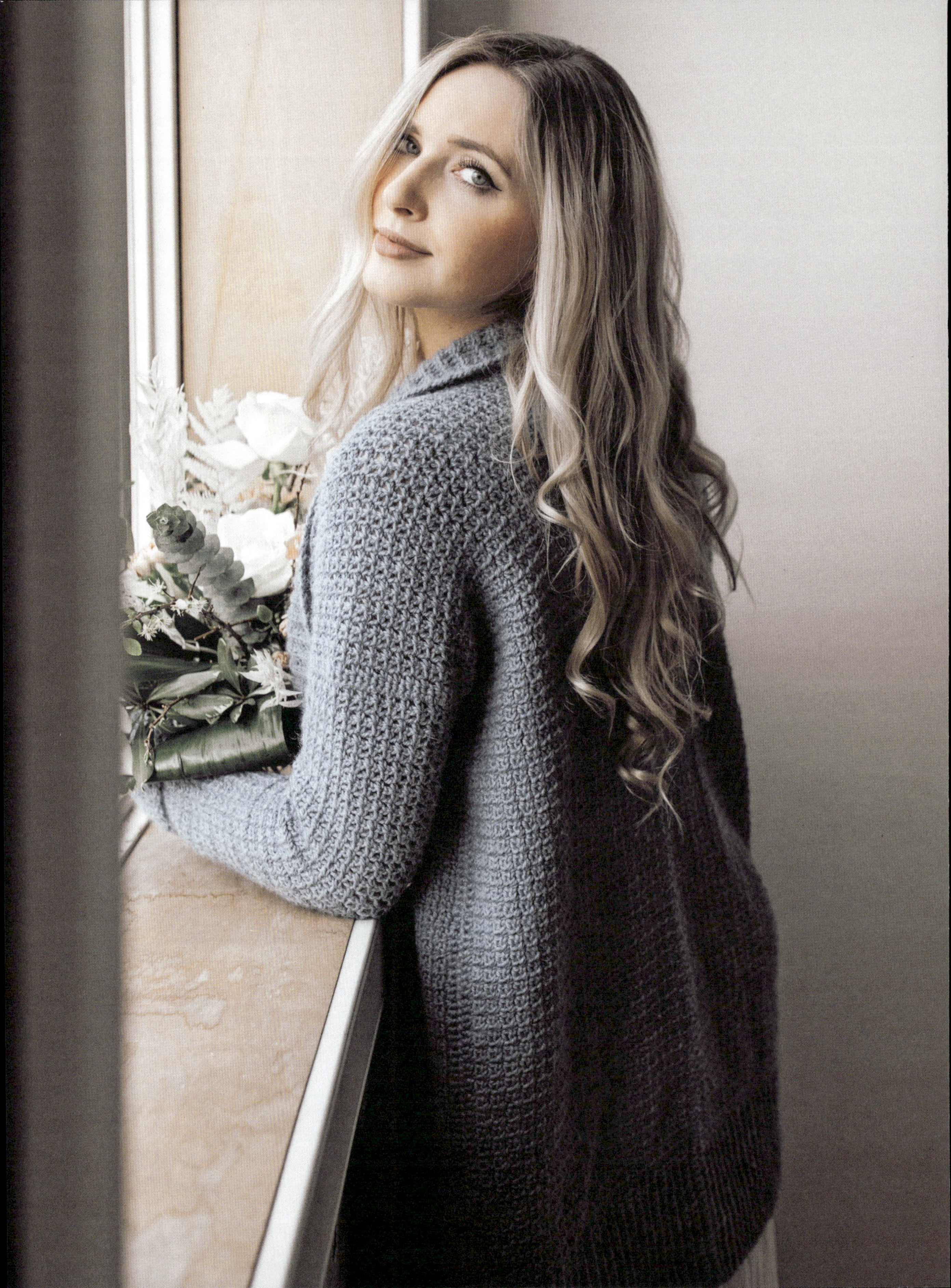

Stil- Klassiker

Must-Haves für jeden Tag

Dieses Buch enthält einige Stücke, die für den Alltag unverzichtbar sind. Es sind Basics, die zu einer großen Bandbreite verschiedener Outfits und Anlässe passen. Die Modelle in diesem Kapitel sind zum häufigen Tragen gedacht, denn sie sind einfach, elegant und zeitlos. Jedes der Stücke kann nahtlos mit denen kombiniert werden, die du bereits im Schrank hast – du wirst immer wieder danach greifen und sie kommen nicht aus der Mode. Wenn du so gestrickt bist wie ich, wirst du sie dir wahrscheinlich in verschiedenen Farben häkeln.

Geschmackvoll zurückhaltend und passend für die Capsule Wardrobe, bietet jedes einzelne Teil in diesem Kapitel ein unendliches Potenzial an Kombinationsmöglichkeiten.

Sacred Woods
Pullover mit Schlitz

Einfach

Darf ich vorstellen? Sacred Woods – ein stimmungsvoller Pullover mit senkrechten Reihen, bequemer Passform und eleganten Seitenschlitzen. Die senkrechten Reihen erinnern an hohe, schlanke Bäume im Wald. Sie sorgen dafür, dass der Pullover sich graziös an den Körper schmiegt. Hier werden simple Maschen benutzt und es wird nur minimal in Form gehäkelt, was bedeutet, dass du kaum in die Anleitung schauen musst – perfekt zum nebenher Häkeln.

Sacred Woods ist lang genug, um über Leggings getragen zu werden – das ultimative Stück für den eiligen Aufbruch. Dramatische Seitenschlitze addieren Tiefe und Bewegung hinzu. Außerdem schaffen sie Raum an der Hüfte – der Pullover schmeichelt also schlanken und kurvigen Figuren.

Aufbau

Der Körper wird quer als langes Rechteck mit einer Öffnung für den Kopf gehäkelt. Dann wird das Teil an den Schultern in die Hälfte gefaltet und die Seitennähte werden geschlossen. Die Ärmel werden direkt angehäkelt. Ohne sichtbare Ärmelnaht entsteht eine glatte, ansprechende Kontinuität; mit den durchgehenden Hin- und Rückreihen sieht es aus, als wäre der Pullover von Handgelenk zu Handgelenk in einem Stück gehäkelt.

Material

Garn:
Mittel (Worsted) – Lion Brand Wool-Ease Yarn in der Farbe Umber (80 % Acryl, 20 % Wolle)

180 m/85 g

Bei yarnsub.com (englischsprachig) kannst du passende Ersatzgarne finden.

Verbrauch:
6 (7, 7, 8, 8) (8, 8, 9, 9) Knäuel oder 1033 (1111, 1189, 1257, 1326) (1372, 1417, 1477, 1509) m

Anmerkung: Günstig!

Dieses Garn kann durch ein anderes Garn der Kategorie Mittel (Worsted) ersetzt werden, mit dem die Maschenprobe stimmt. Der Pullover wird in den meisten Garnen schön aussehen.

Häkelnadel:
5,5 mm oder andere Stärke gemäß Maschenprobe

Zubehör:
Stopfnadel, offene MM

Maschenprobe:
10 x 10 cm = 11,5 M und 7,5 R Stb

Probestück:
18 Lm

R 1: Stb in die 3. M nach der Nadel und in alle M bis R-Ende, wenden. [16 Stb]

R 2–15: 2 Lm, Stb in alle M bis R-Ende, wenden.

Probestück spannen. Für möglichst exakte Messwerte innenliegende 10 cm des Probestücks abmessen (ohne Rm).

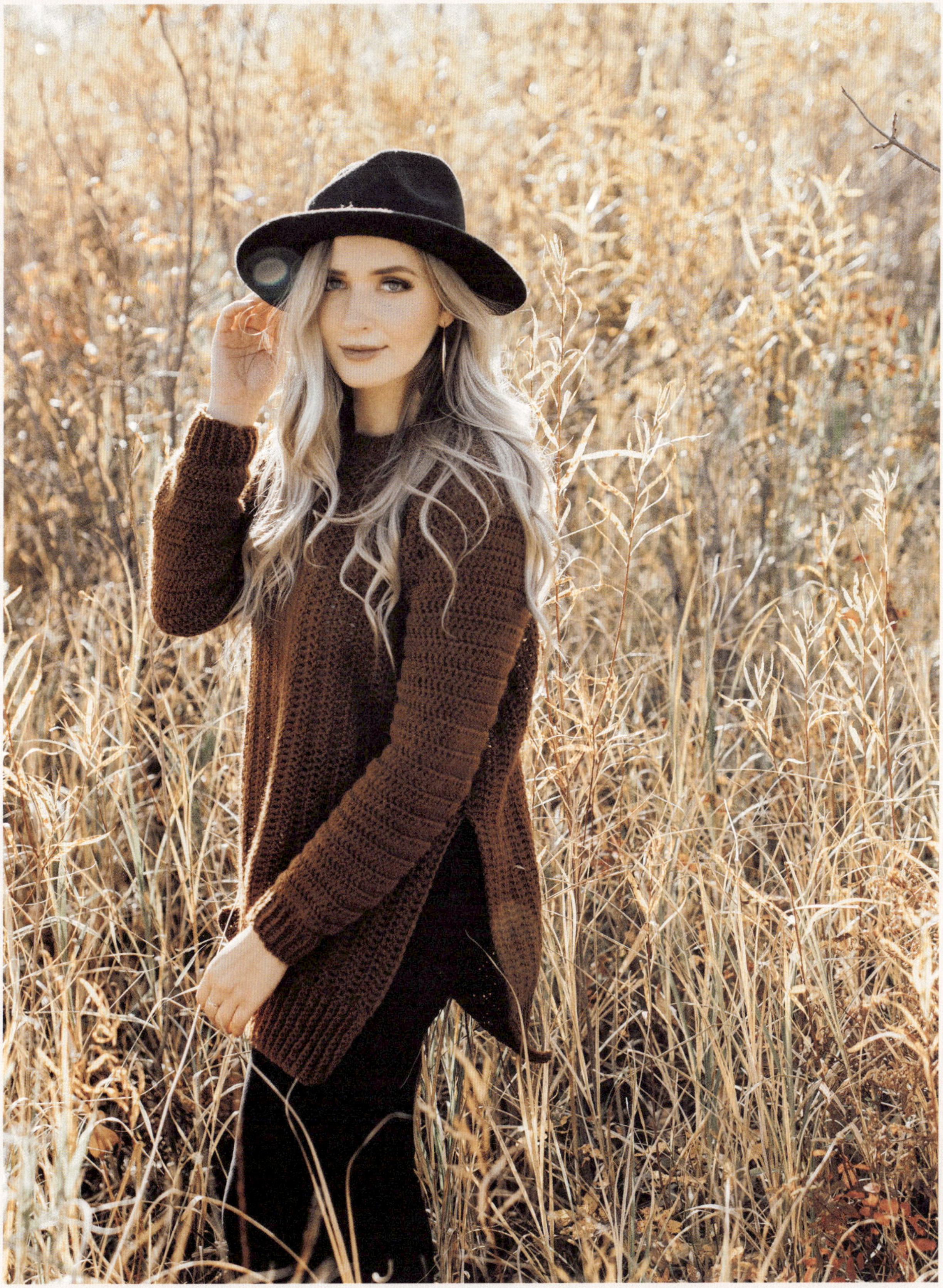

Größentabelle Sacred Woods

	A Brustumfang fertiges Stück	eingeplante Bewegungszugabe	B Gesamtlänge ab Schulter oben	C Ärmellänge ab Achsel	D Umfang Oberarm	E Umfang Handgelenk
XS	99 cm	23–28 cm	75 cm	44 cm	35 cm	23 cm
S	112 cm	25–30 cm	75 cm	42 cm	37 cm	25 cm
M	122 cm	25–30 cm	75 cm	39 cm	39 cm	25 cm
L	132 cm	25–30 cm	75 cm	37 cm	42 cm	25 cm
XL	145 cm	28–33 cm	75 cm	34 cm	44 cm	25 cm
2XL	150 cm	23–28 cm	75 cm	33 cm	49 cm	26 cm
3XL	155 cm	18–23 cm	75 cm	30 cm	53 cm	26 cm
4XL	160 cm	13–18 cm	75 cm	29 cm	55 cm	29 cm
5XL	165 cm	8–13 cm	75 cm	28 cm	55 cm	29 cm

Die Tabelle zeigt die Maße des fertigen Kleidungsstücks. Der Pullover soll je nach Größe mit bis zu 33 cm Bewegungszugabe getragen werden: Finde deine Größe in der Tabelle und rechne die für die Größe eingeplante Bewegungszugabe zu deinem gemessenen Brustumfang dazu. Beispiel: Das Model ist 163 cm groß, hat einen Brustumfang von 86 cm und trägt Größe S. Der Brustumfang des Stücks in Größe S ist 112 cm mit 25 cm Bewegungszugabe. Bei Zwischengrößen nach unten orientieren!

Weitere Infos (auf Englisch) und Tester:innen-Fotos findest du auf knitsnknots.ca/sacred-woods.

ABKÜRZUNGEN

Abn/abg: Abnahme/abnehmen/abgenommen
FaStb: Fußschlingenanschlag mit Stäbchen (S. 178)
fM: feste Masche
fM hMg: feste Maschen ins hintere Maschenglied
Km: Kettmasche
Lm: Luftmasche
M: Masche(n)
MM: Maschenmarkierer
R: Reihe
Rd: Runde(n)
Rm: Randmasche(n)
RT: Rückenteil
Stb: Stäbchen
2 Stb zus: 2 Stb zusammenhäkeln
ü: überspringen
VT: Vorderteil
wdh: wiederholen
Wlm: Wendeluftmasche

Anleitung

Aufbauschema

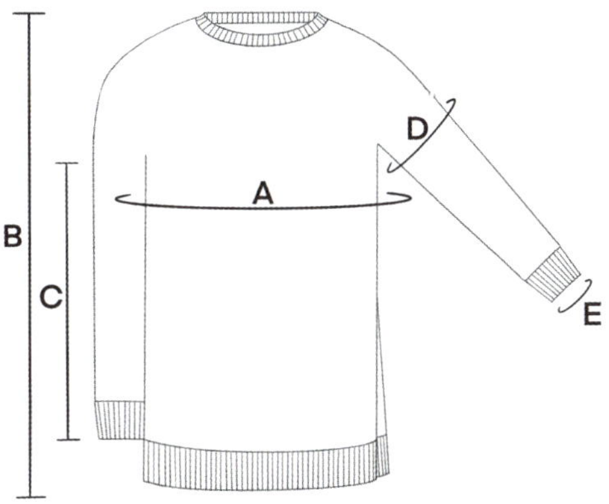

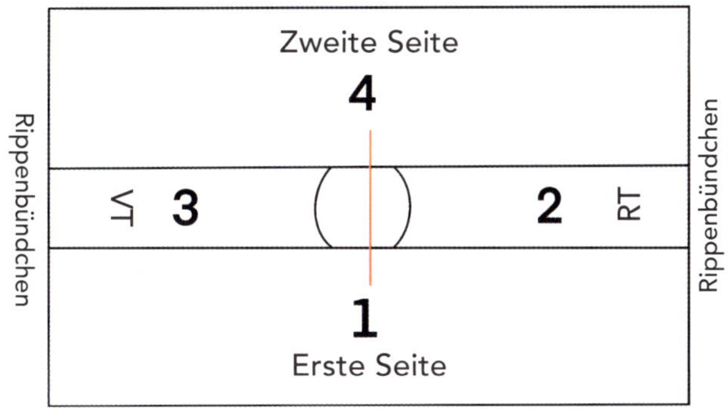

Abb. 1: Dieses Diagramm zeigt, in welcher Reihenfolge du den Körper häkelst.

Körper

Vorbemerkung: Bei diesem Pullover werden VT und RT an einem Stück gehäkelt mit einer Aussparung für den Kopf, ähnlich wie bei einem Poncho: erst ein langes Rechteck, hier als »erste Seite« bezeichnet, dann einige kürzere R, die zum RT gehören. Danach kommt eine ähnliche Partie mit kürzeren R für das VT. Dann folgt eine Rd, in der RT und VT wieder verbunden werden, und im Anschluss entsteht die »zweite Seite«, die identisch mit der ersten Seite ist. Sind diese Teile fertig, das Stück entlang der roten Linie falten (s. Abb. unten).

Angepasst: Länger oder kürzer wird der Pullover, indem du Maschen hinzufügst oder abziehst. Rechne immer ein Vielfaches von 2 – eine M für das VT und eine für das RT.

Wenn du z. B. insgesamt 20 M von R 1 abziehst, werden 10 M vom VT und 10 M vom RT eliminiert. Beim Häkeln von Teil 2 und Teil 3 (RT und VT) ziehst du also je 10 M von der Maschenanzahl ab. Der Rest der Instruktionen bleibt bestehen.

1. Erste Seite

R 1: FaStb: 150 M.

R 2–14 (16, 18, 20, 22) (22, 23, 24, 25): 2 Lm, Stb in alle M bis R-Ende, wenden. [150 Stb]

2. RT

Nächste R: 2 Lm, Stb in die nächsten 68 M, 2 Stb zus, wenden. [69 Stb]

Nächste 7 (7, 7, 7, 7) (9, 9, 9, 9) R: 2 Lm, Stb in alle M bis R-Ende, wenden.

Hier unterbrechen. Diese M langziehen oder einen MM um die M legen, um sie zu fixieren; hier geht es weiter, wenn das VT fertig ist.

3. VT

Mit der RT-Partie zu deiner Rechten 15 M vom RT nach links abzählen – diese 15 M bleiben offen. Mit Km in die nächste M (die 16. M) neuen Faden aufnehmen und von hier aus weiterhäkeln. Die 15 ausgelassenen M werden der Halsausschnitt. Das erste Stb wird in die M nach der Km gehäkelt.

Nächste R: 2 Lm, Stb in nächste M und in alle M bis R-Ende, wenden. [64 Stb]

N 7 (7, 7, 7, 7) (9, 9, 9, 9) R: 2 Lm, Stb in alle M bis R-Ende, wenden.

Faden abtrennen.

4. Zweite Seite

An der Stelle des RT, an der du unterbrochen hast, mit der offenen M und dem Faden weiterarbeiten. Du häkelst am RT entlang, häkelst eine Lm-Kette, dann am VT entlang. So wird die Reihe fortgeführt, damit die zweite Seite und die erste Seite identisch werden.

Verbindungs-R: 2 Lm, Stb in die nächsten 68 M, 2 Stb in die nächste M, 15 Lm, 2 Stb in die erste M des VT, Stb in alle M bis R-Ende, wenden. [135 Stb; 15 Lm]

Nächste 14 (16, 18, 20, 22) (22, 23, 24, 25) R: 2 Lm, Stb in alle M bis R-Ende, wenden. **[150 Stb]**

Faden weiterverwenden bis zum Rippenbündchen an den Unterkanten.

Je 56 (55, 54, 52, 51) (48, 46, 45, 45) M von allen vier Ecken abzählen und MM setzen oder Garnreste in diese M ziehen – als Markierung für die Ärmel, die später angehäkelt werden.

Rippenbündchen an den Unterkanten

Das Teil drehen und in die Rm der eben gehäkelten Reihen arbeiten.

Grund-R: 1 Lm, 74 (82, 90, 98, 106) (110, 114, 118, 122) fM entlang der Unterkante. Möglichst gleichmäßig je 2 fM in jede Stb-Reihe.

16 Lm.

R 1: fM in die 2. Lm ab der Nadel und in alle folgenden Lm, Km in nächste 2 M der Grund-R, wenden. [15 fM]

R 2: [Keine Wlm] Die 2 gerade gehäkelten Km ü, fM hMg in nächste 14 M, fM in letzte M, wenden.

R 3: 1 Lm, fM in erste M, fM hMg in nächste 14 M, Km in nächste 2 M der Grund-R, wenden.

R 2–3 wdh bis zum Ende der Grund-R. Faden abschneiden und vernähen.

Mit Km den Faden an einer der Ecken gegenüber wieder aufnehmen und die Anleitung fürs Rippenbündchen wdh.

Spannen

Das Stück spannen, bevor du fortfährst. Man kann auch den fertigen Pullover am Ende spannen, aber für das Rippenbündchen an den Unterkanten ist es besser, vor dem Zusammennähen zu spannen.

Auf eine Weite von etwa 50 [56, 61, 66, 72] [75, 77, 80, 83] cm und eine Länge von 150 cm spannen.

Zusammenfügen

Pullover an den Schultern in die Hälfte falten, sodass Rippenbündchen und alle MM aneinanderliegen (siehe rote Faltlinie in Abb. 1). Von unten nach oben die Seitenkanten M an M aneinanderlegen. Auf Wunsch mit MM fixieren. Mit neuem Faden und Stopfnadel etwa bei 36 cm ab Unterkante zusammennähen, damit ein Seitenschlitz bleibt.

Für größere (oder kleinere) Schlitze weiter oben (oder unten) als angegeben ansetzen.

Mit z.B. Überwendlingsstich (S. 169) die Seitennähte weiter schließen bis zur M vor den MM. Die MM legen die erste und letzte Ärmel-M fest. Faden abschneiden, aber noch nicht vernähen. Nach der ersten Ärmel-Rd die Seitennaht prüfen und möglicherweise vorhandene Lücken unter der Achsel mit dem Restfaden schließen.

Ärmel

Jetzt sollte der Körper zusammengesetzt sein und Armausschnitte auf beiden Seiten haben. Es sollten nach wie vor 4 MM an den Achseln sitzen (2 pro Seite), mit denen die erste und letzte Ärmelmasche für die erste Runde markiert sind.

Bei einem der MM mit Km neuen Faden aufnehmen. Nun in die richtige Richtung häkeln, damit die Hin- und Rückreihen einheitlich aussehen.

Rd 1: 2 Lm, Stb in gleiche M wie Km, Stb in alle M bis zum 2. MM, Stb in die 2. markierte M, Rd mit Km in das 1. Stb schließen, wenden. [40 (42, 44, 48, 50) (56, 60, 62, 62) Stb]

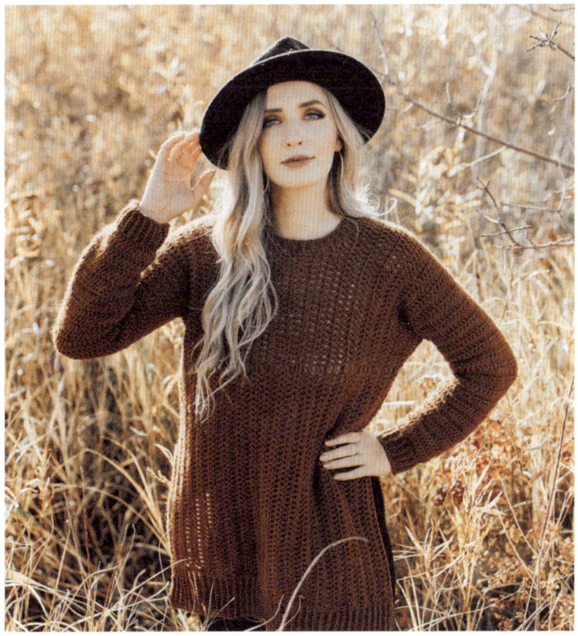

Anmerkung: Die Ärmel werden in Rd gehäkelt; am Ende jeder Rd diese mit 1 Km in die 1. M schließen. Dann wenden und in die andere Richtung arbeiten.

Rd 2: 2 Lm, Stb in alle Stb bis Rd-Ende, mit Km schließen, wenden.

Den Rest des Ärmels deiner Größe entsprechend in Runden häkeln (s. unten):

Runden mit Abn so häkeln: 2 Lm, Stb in 1. M, 2 Stb zus, Stb bis noch 3 M übrig sind, 2 Stb zus, Stb in letzte M, mit Km schließen, wenden. [2 M abg]

Alle Runden ohne Abn sind Wdh von Runde 2.

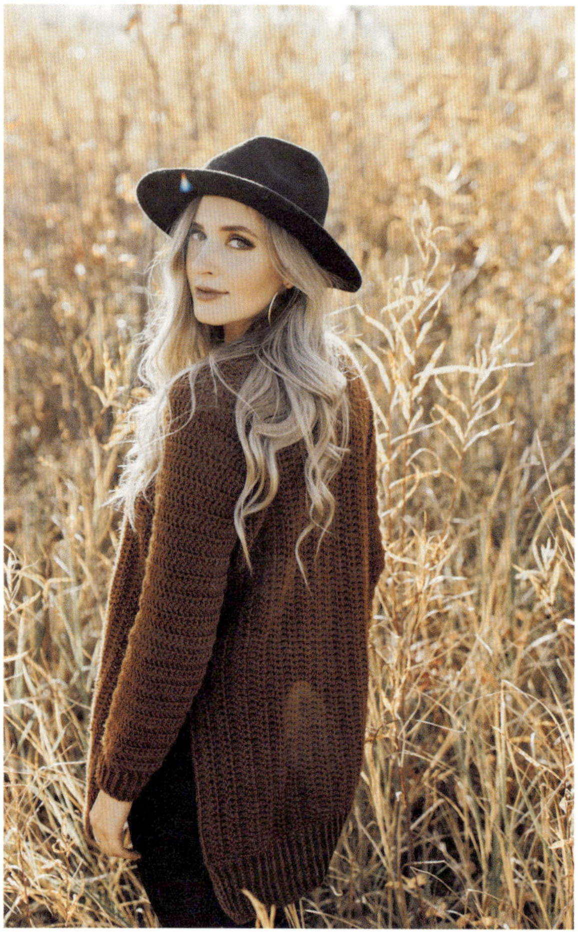

Anmerkung: Bei der Anzahl der Rd sind die 2 bereits gehäkelten Rd eingerechnet. Für längere oder kürzere Ärmel als für deine Größe angegeben: nach Belieben mehr oder weniger R ohne Abn häkeln. Ärmel weiterhäkeln, bis sie 5 cm kürzer sind als das angestrebte Endmaß.

XS: Insgesamt 29 Ärmel-Rd. Abn in diesen Rd: 20, 24, 28. [34 Stb]

S: Insgesamt 27 Ärmel-Rd. Abn in diesen Rd: 18, 22, 26. [36 Stb]

M: Insgesamt 26 Ärmel-Rd. Abn in diesen Rd: 14, 18, 22, 26. [36 Stb]

L: Insgesamt 24 Ärmel-Rd. Abn in diesen Rd: 4, 8, 12, 16, 20, 24. [36 Stb]

XL: Insgesamt 22 Ärmel-Rd. Abn in diesen Rd: 3, 6, 9, 12, 15, 18, 21. [36 Stb]

2XL: Insgesamt 21 Ärmel-Rd. Abn in diesen Rd: 4, 6, 8, 10, 12, 14, 16, 18, 20. [38 Stb]

3XL: Insgesamt 19 Ärmel-Rd. Abn in diesen Rd: 3, 5, 7, 9, 11, 13, 15–19. [38 Stb]

4XL: Insgesamt 18 Ärmel-Rd. Abn in diesen Rd: 3, 5, 7, 9, 11, 13, 15–18. [42 Stb]

5XL: Insgesamt 17 Ärmel-Rd. Abn in diesen Rd: 3, 5, 7, 9, 11, 13–17. [42 Stb]

Ärmelbündchen

10 Lm.

R 1: fM in 2. Lm ab Nadel und in alle Lm bis Rd-Ende, Km in nächste 2 M der letzten Ärmel-Rd, wenden. [9 fM]

R 2: [Keine Wlm] Die gerade gehäkelten 2 Km ü, fM hMg in nächste 8 M, fM in letzte M, wenden.

R 3: 1 Lm, fM in erste M, fM hMg in nächste 8 M, Km in nächste 2 M der letzten Ärmel-Rd, wenden.

R 2 und 3 wdh bis zum Ende der Ärmel-Rd. Faden abschneiden. Erste und letzte R zusammennähen. Fäden vernähen.

Instruktionen beim 2. Ärmel wdh.

Jetzt zu den Seitennähten zurückgehen und mit diesen Fäden mögliche Lücken unter der Achsel schließen.

Ausschnitt

In der Mitte des RT mit Km neuen Faden aufnehmen.

Grund-Rd: 1 Lm, fM in alle M rund um den Ausschnitt, Rd mit Km in 1. fM schließen.

Tipp: Je 1 fM in alle regulären M häkeln, je 2 fM in alle Randmaschen (Rm) der St-R. Die exakte M-Anzahl ist hier nicht wichtig.

Rippenbündchen am Ausschnitt

5 Lm.

R 1: fM in 2. Lm ab Nadel und in alle Lm bis R-Ende, Km in nächste 2 M der Grund-Rd, wenden. [4 fM]

R 2: [Keine Wlm] Die 2 gerade gehäkelten Km ü, fM hMg in nächste 3 M, fM in letzte M, wenden.

R 3: 1 Lm, fM in erste M, fM hMg in nächste 3 M, Km in nächste 2 M der Grund-Rd, wenden.

Reihe 2 und 3 wdh bis zum Ende der Grund-Rd. Faden abschneiden, erste und letzte R mit Stopfnadel im Überwendlingsstich zusammennähen.

Alle Fäden vernähen und den Pullover in den Maßen spannen, die in der Größentabelle (S. 18) stehen.

Lakeside Mist
Cardigan

Einfach

Der perfekte Cardigan für jeden Tag ist ebenso wichtiger Bestandteil deiner Garderobe wie das klassische weiße T-Shirt oder gut sitzende Jeans. Diese charmante, weich fallende Häkeljacke ist das vielleicht vielseitigste Stück im ganzen Buch. Ein sportliches Kleidungsstück, nach dem du immer wieder greifen wirst. Die schmalen Ärmel gleichen den lockeren Schnitt aus. Das Modell wird vom langen Schalkragen dominiert, der dem Modell das gewisse Etwas verleiht. Ein entspannter, eleganter Look für einen geselligen Abend oder ein gemütliches Wochenende. Eines ist sicher: Du wirst den Cardigan in mehreren Farben brauchen.

Aufbau

Der Körper besteht aus zwei identischen Teilen, die quer gehäkelt und anschließend teilweise zusammengenäht werden. Die Ärmel werden in Runden von unten nach oben gehäkelt und anschließend an den Körper gesetzt.

Material

Garn:
Mittel (Worsted) – Berroco Ultra Alpaca in der Farbe Stone Washed Mix (50% feines Alpaka, 50% peruanische Hochlandwolle)

200 m/100 g

Bei yarnsub.com (englischsprachig) kannst du passende Ersatzgarne finden.

Verbrauch:
9 (9, 10, 10, 10) (11, 11, 11, 12) Knäuel oder 1624 (1669, 1806, 1852, 1989) (2012, 2058, 2149, 2218) m

Anmerkung: Berroco Ultra Alpaca ist als Worsted eingeordnet, fühlt sich aber leichter an als Garne vergleichbarer Stärke. Es kann durch ein ähnliches Garn der Kategorie DK, Light Worsted, Worsted oder Aran ersetzt werden, mit dem die Maschenprobe stimmt.

Günstige Alternativen sind z. B. Paintbox Yarns 100% Wool Worsted Superwash, Patons Classic Wool Worsted, Comfy Worsted (ein veganes Garn), WeCrochet Simply Alpaca, Drops Lima Mix, Drops Puna.

Häkelnadel:
5 mm oder andere Stärke gemäß Maschenprobe

Zubehör:
Stopfnadel, mehrere offene MM

Maschenprobe:
10 x 10 cm = 18,5 M und 18 R im Muster; alle M und Lm zählen als Masche (s. Instruktionen unten)

Probestück:
22 Lm

R 1: fM in 2. Lm ab Nadel, *1 Lm, nächste M ü, fM in nächste Lm; wdh von * bis R-Ende, wenden. [11 fM; 10 LmL]

R 2: 1 Lm, fM in erste fM, *1 Lm, nächste LmL ü, fM in nächste fM; wdh von * bis R-Ende, wenden.

R 2 wdh bis min. 20 R.

Probestück spannen. Für möglichst exakte Messwerte innenliegende 10 cm des Probestücks abmessen (ohne Rm).

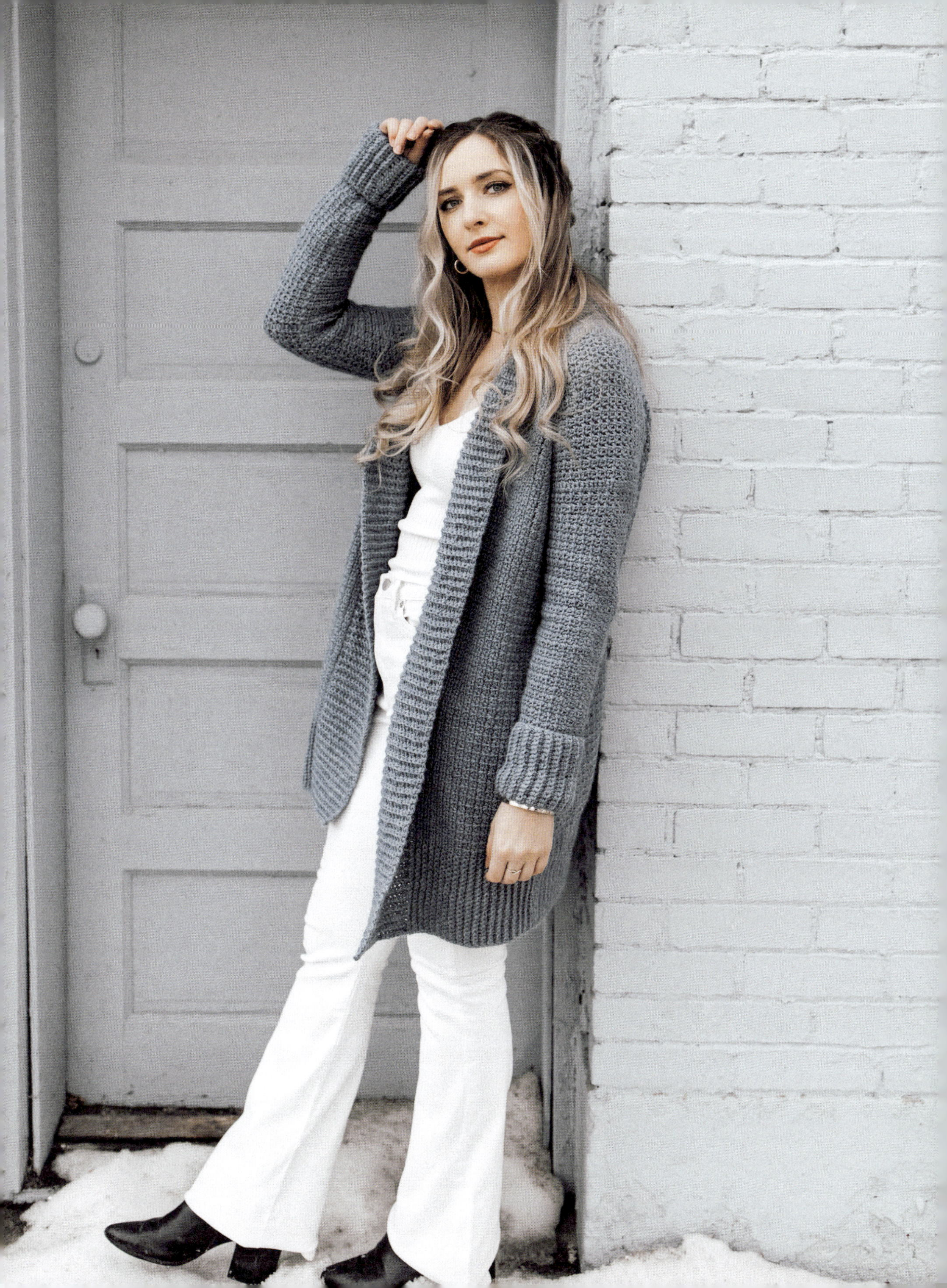

Größentabelle Lakeside Mist

	A Brustumfang fertiges Stück	eingeplante Bewegungszugabe	B Gesamtlänge ab Schulter oben bis Unterkante	C Ärmellänge ab Achsel	D Umfang Oberarm	E Umfang Handgelenk
XS	107 cm	30–36 cm	74 cm	43 cm	30 cm	19 cm
S	117 cm	30–36 cm	74 cm	41 cm	32 cm	19 cm
M	127 cm	30–36 cm	74 cm	38 cm	33 cm	20 cm
L	132 cm	25–30 cm	74 cm	37 cm	36 cm	20 cm
XL	137 cm	20–25 cm	74 cm	35 cm	40 cm	20 cm
2XL	147 cm	20-25 cm	74 cm	33 cm	46 cm	22 cm
3XL	152 cm	15–20 cm	74 cm	32 cm	48 cm	22 cm
4XL	157 cm	10–15 cm	74 cm	30 cm	51 cm	23 cm
5XL	168 cm	10–15 cm	74 cm	28 cm	51 cm	23 cm

Die Tabelle zeigt die Maße des fertigen Kleidungsstücks. Der Cardigan soll je nach Größe bis zu 36 cm Bewegungszugabe haben: Finde deine Größe in der Tabelle und rechne die für die Größe eingeplante Bewegungszugabe zu deinem gemessenen Brustumfang dazu. Beispiel: Das Model ist 163 cm groß, hat einen Brustumfang von 86 cm und trägt Größe S. Der Brustumfang des Stücks in Größe S ist 117 cm mit 30 cm Bewegungszugabe. Bei Zwischengrößen nach unten orientieren!

Weitere Infos (auf Englisch) und Tester:innen-Fotos findest du auf www.knitsnknots.ca/lakeside-mist.

ABKÜRZUNGEN

FafM: Fußschlingenanschlag mit festen Maschen (S. 174)
fM hMg: feste Maschen ins hintere Maschenglied
fM: feste Masche(n)
Km: Kettmasche(n)
Lm: Luftmasche
LmL: Luftmaschenlücken
M: Masche(n)
MM: Maschenmarkierer
Rd: Runde(n)
Rm: Randmasche(n)
RT: Rückenteil
ü: überspringen
VT: Vorderteil
wdh: wiederholen
Wlm: Wendeluftmasche(n)
Zun/zug: Zunahme/zugenommen

Anleitung

Aufbauschema

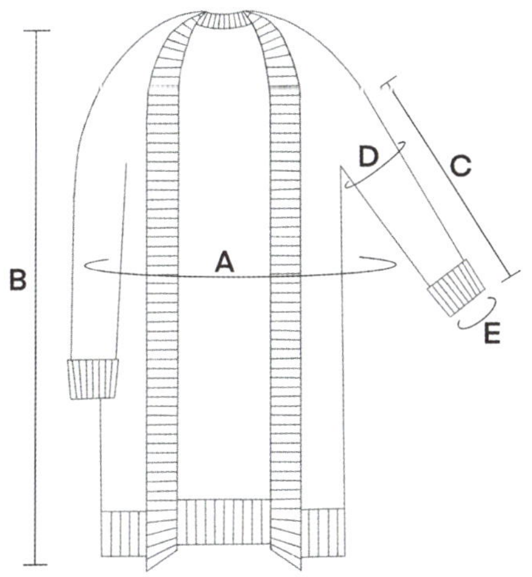

Körper (2-mal häkeln)

Anmerkung: Die Länge des Cardigans legst du mit dem Fußschlingenanschlag fest, mit dem alles beginnt. Er hat die Länge von RT und VT zusammengenommen. Wenn du verlängern oder verkürzen willst, nimm ein Vielfaches von 4 FafM dazu oder ziehe es ab. Notiere dir die veränderte Maschenzahl.

R 1: FafM mit 271 M, beidseitig MM in 20. M ab R-Anfang bzw. -Ende – dorthin kommt später das Rippenbündchen. (Nach dem Häkeln markierter M den MM eine R nach oben in die neue M setzen.)

R 2: 1 Lm (zählt durchgehend nicht als M), fM in erste M, fM hMg in nächste 19 M, fM in nächste M, *1 Lm, nächste M ü, fM in nächste M; wdh ab * bis 20 M vor R-Ende, fM hMg in nächste 19 M, fM in letzte M, wenden. [auf jeder Seite 20 M Rippen, 116 fM; 115 LmL in der Mitte]

R 3: 1 Lm, fM in erste M, fM hMg in nächste 19 M, fM in nächste fM, *1 Lm, nächste LmL ü, fM in nächste fM; ab * wdh, bis 20 M bleiben, fM hMg in nächste 19 M, fM in letzte M, wenden.

R 3 wdh bis 18 [20, 23, 24, 25] [28, 29, 30, 33] cm. Faden nicht abtrennen, sondern für die Nackenpartie weiter nutzen.

Nackenpartie

Jetzt folgen einige Reihen für das RT.

Anmerkung: Falls du die Länge deines Cardigans im Fußschlingenanschlag um ein Vielfaches von 4 M verändert hast, füge in R 1 für jedes Vielfache 1 Wdh hinzu oder ziehe sie ab. Wenn du beispielsweise 8 M mehr im Fußschlingenanschlag gehäkelt hast (2x4 M), häkelst du in Reihe 1 zwei weitere Wdh: Wiederhole die Sequenz 56-mal anstatt 54-mal.

R 1: 1 Lm, fM in erste M, fM hMg in nächste 19 M, fM in nächste fM, *1 Lm, nächste LmL ü, fM in nächste fM; ab * 54 x wdh. [20 M Rippe; 56 fM und 55 LmL nach Rippe]

R 2: 1 Lm, fM in erste fM, *1 Lm, nächste LmL ü, fM in nächste fM; ab * wdh, bis 20 M verbleiben, fM hMg in nächste 19 M, fM in letzte M, wenden.

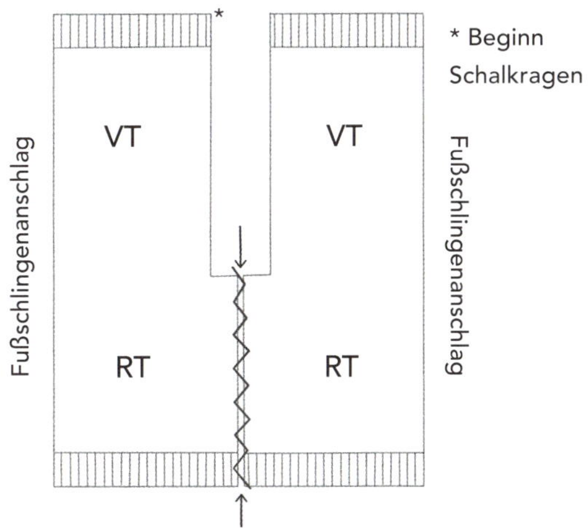

R 1 und 2 wdh, bis das Teil ab Grund-R 23 [25, 28, 29, 30] [33, 34, 36, 38] cm entlang der Nackenpartie misst.

Faden mit langem Restfaden abschneiden zum Zusammennähen.

Die zwei Körperpartien nebeneinanderlegen, sodass sich die Nackenpartien berühren wie abgebildet (blaue Zickzacklinie). Die Teile mit den langen Fäden mit Stopfnadel und z. B. Überwendlingsstich (S. 169) im Nacken zusammennähen.

Die VT über die RT nach vorne falten. Die Seitennähte von der Unterkante mit z. B. Überwendlingsstich bis etwa 16 [18, 18, 18, 20] [23, 26, 26, 26] cm unterhalb der Schultern zusammennähen. Lücken für die Ärmel lassen. Die Seitennaht wird später beim Einsetzen der Ärmel beendet. Dabei können auch vorhandene Lücken geschlossen werden.

Ärmel

Bündchen

21 Lm, längeren Faden stehen lassen zum Schließen der Naht am Bündchen.

R 1: fM in 2. Lm ab Nadel und in alle Lm bis R-Ende, wenden. [20 fM]

R 2: 1 Lm, fM in erste fM, fM hMg in alle M bis vorletzte M, fM in letzte M, wenden.

R 2 wdh bis 35 (35, 37, 37, 37) (39, 39, 41, 41) R.

Arbeit drehen und weiter in die Kante der gerade gehäkelten Reihen arbeiten. Jede Rm = 1 M.

Rd 1: 1 Lm, fM in erste Rm, *1 Lm, nächste Rm ü, fM in nächste Rm; ab * bis R-Ende wdh, Rd mit Km in erste fM schließen, wenden. [18 (18, 19, 19, 19) (20, 20, 21, 21) fM; 17 (17, 18, 18, 18) (19, 19, 20, 20) LmL]

Mit Stopfnadel und z. B. Überwendlingsstich das Bündchen mit dem Restfaden schließen.

Den Rest des Ärmels in Runden deiner Größe entsprechend häkeln (s. unten):

Runden mit Zun so häkeln: 1 Lm, fM in 1. fM, 1 Lm, fM in erste LmL, 1 Lm, fM in nächste fM, *1 Lm, nächste LmL ü, fM in nächste fM; ab * wdh bis 1 fM bleibt, 1 Lm, fM in nächste LmL, 1 Lm, fM in letzte fM, Runde mit Km in 1. fM schließen, wenden. [2 fM und 2 Lm zug]

Rd ohne Zun so häkeln: 1 Lm, fM in 1. fM, *1 Lm, nächste LmL ü, fM in nächste fM; ab * bis Rd-Ende wdh, Rd mit Km in 1. fM schließen, wenden.

> *Anmerkung:* Angegeben wird die Anzahl der Rd einschließlich der bereits gehäkelten Rd.

XS: Insgesamt 76 Rd, zun in diesen Rd: 2, 10, 18, 26, 34. [28 fM; 27 LmL]

S (M): Insgesamt 72 (67) Rd, zun in diesen Rd: 2, 10, 18, 26, 34, 42. [30 (31) fM; 29 (30) LmL]

L: Insgesamt 65 Rd, zun in diesen Rd: 2, 8, 14, 20, 26, 32, 38. [33 fM; 32 LmL]

XL: Insgesamt 62 Rd, zun in diesen Rd: 2, 8, 14, 20, 26, 32, 38, 44, 50. [37 fM; 36 LmL]

2XL: Insgesamt 58 Rd, zun in diesen Rd: 2, 7, 12, 17, 22, 27, 32, 37, 42, 47, 52. [42 fM; 41 LmL]

3XL: Insgesamt 56 Rd, zun in diesen Rd: 2, 6, 10, 14, 18, 22, 26, 30, 34, 38, 42, 46. [44 fM; 43 LmL]

4XL (5XL): Insgesamt 54 (49) Rd, zun in diesen Rd: 2, 5, 9, 12, 16, 19, 23, 26, 30, 33, 37, 40, 44. [47 (47) fM; 46 (46) LmL]

Faden mit ca. 60 cm Restfaden zum Annähen des Ärmels abschneiden.

Instruktionen beim 2. Ärmel wdh.

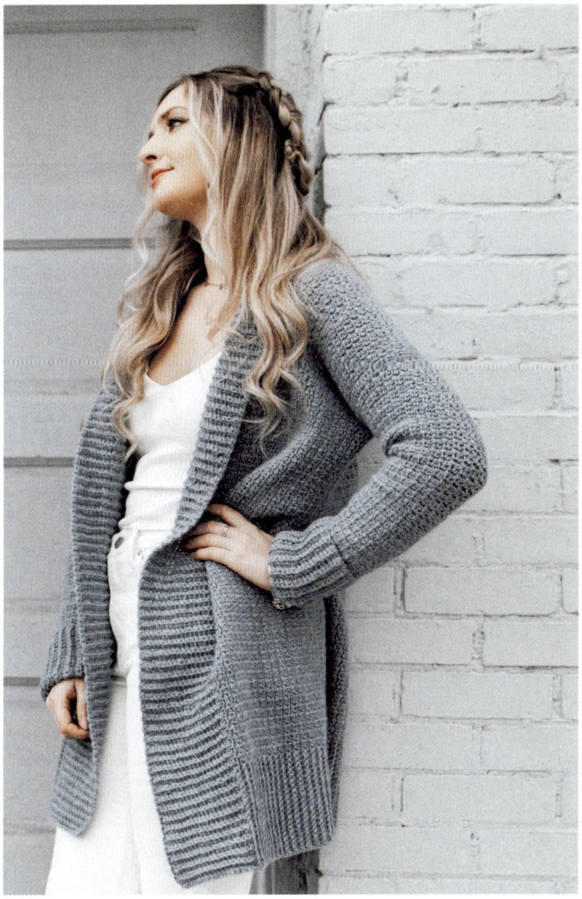

Zusammenfügen

Arbeit flach auslegen. Ärmel an den Armausschnitten mit der Naht nach unten zur Achsel anlegen. Mit MM die M gleichmäßig um die Armausschnitte an die Körperpartien fixieren. Mit Stopfnadel im z. B. Überwendlingsstich mit dem Restfaden die Ärmel annähen. Beim Schließen der Nähte darauf achten, dass diese locker und elastisch sind. Zu enge Nähte können sich zusammenziehen und die Arme beim Tragen einengen. Mit dem Restfaden der Seitennaht mögliche Lücken schließen. Fadenenden vernähen.

Kragen

An einer der unteren Ecken innen mit Km neuen Faden aufnehmen. Hier beginnt der Schalkragen (s. Skizze).

Grund-R: 1 Lm, fM gleichmäßig entlang der Kante, um den Ausschnitt und auf der anderen Seite wieder hinunter. In alle fM und LmL arbeiten. An der gegenüberliegenden Ecke die Arbeit wenden und fM in die Grund-R zurückhäkeln.

Rippenbündchen

21 Lm.

R 1: fM in 2. Lm ab Nadel und in alle Lm bis R-Ende, mit Km in nächsten 2 M der Grund-R, um diese R mit dem Körper-Teil verbinden, wenden. [20 fM]

R 2: [Keine Wlm] Die 2 gerade gehäkelten Km ü, fM hMg in alle M bis 1 M bleibt, fM in letzte M, wenden. [19 fM hMg; 1 fM]

R 3: [Keine Wlm] fM in 1. M, fM hMg in alle M bis R-Ende, Km in nächste 2 M der Grund-R, wenden.

R 2 und 3 wdh, bis du um den gesamten Schalkragen gehäkelt hast und die gegenüberliegende Ecke erreicht ist.

Faden abschneiden, alle Fäden vernähen und den Cardigan in den Maßen spannen, die in der Größentabelle (S. 26) stehen.

Distant Fog
Pulloverkleid

Distant Fog ist ein lässiges, elegantes Stück, das vielseitig kombinierbar ist. Es wertet ein Outfit nicht einfach auf – es *wird* das Outfit. Mit dem schlichten Design und dem bequemen Schnitt bist du zu jedem Anlass gut angezogen und das Kleid wird bestimmt zum festen Bestandteil deiner Grundgarderobe werden. Weiche Elemente wie der weite V-Ausschnitt und der leicht geschlitzte Saum geben diesem sonst eher kastigen Kleid seine Leichtigkeit. Die Länge lässt sich gut ändern, ohne Muster oder Schnitt zu beeinflussen; das schlichte Stück kann ein hüftlanger Pullover oder ein kurzes Kleid sein – beides komfortable, legere Outfits ganz nach deinem Geschmack. Mit einem Gürtel um die Taille bekommt es eine figurbetontere Passform.

Welches Garn man verwendet, hat großen Einfluss auf die Richtung, in die sich dieses Modell entwickelt. Mittelstarkes Garn mit Mohairfaden als Beilaufgarn erzeugt schimmerndes Volumen, andere Garne ein stärker fallendes Gewebe.

Distant Fog ist die Pulloverversion des Mountain Peaks Cardigan auf Seite 136. Die Modelle sind im gleichen Muster gehäkelt und haben spitz zulaufende Ausschnitte – so entsteht mit einer winzigen Veränderung ein völlig neues Design.

Aufbau

Der Pullover wird in vier Teilen gehäkelt: VT, RT und zwei Ärmel. Du häkelst erst VT und RT und nähst sie an den Schultern und Seiten zusammen, wobei du die Ausschnitte für die Ärmel offen lässt. Dann häkelst du die Ärmel vom Handgelenk aufwärts in Runden, die am Rd-Ende geschlossen und in Hin- und Rückrunden gehäkelt werden.

Einfach

Material

Garn:
Mittel (Aran) – WeCrochet Simply Alpaca Aran in der Farbe Alfie (100% superfeines Alpaka)

225 m/100 g

Bei yarnsub.com (englischsprachig) kannst du passende Ersatzgarne finden.

Verbrauch:
7 (8, 8, 8, 8) (9, 9, 10, 10) Knäuel oder 1509 (1578, 1692, 1738, 1806) (1897, 2034, 2126, 2217) m

Anmerkung: Die Garnmenge ist für die in der Größentabelle (S. 32) angegebene Länge gedacht. Für ein längeres Kleid benötigst du mehr Garn.

Günstigere Alternativen sind z. B. WeCrochet Palette doppelt genommen und Lion Brand Touch of Alpaca.

WeCrochet Simply Alpaca Aran ist dicker ausgezeichnet, als es sich anfühlt. Du kannst es durch ähnliche Garne der Kategorie DK, Worsted oder Aran ersetzen, mit denen die Maschenprobe stimmt.

Greife bei der Garnauswahl zu einer Sorte, die besonders schön fällt und über längere Zeit angenehm auf der Haut ist. Gut aussehen werden alle.

Um dem hier gezeigten Look am nächsten zu kommen, solltest du ein Alpaka-Garn verarbeiten. Wenn du empfindliche Haut hast, wäre eines mit der Bezeichnung »Baby Alpaka« am besten, da diese besonders weich sind, oder du nimmst eine andere Garnsorte. Simply Alpaca ist weich versponnen und hat einen leichten Glanz; diese Optik kann auch mit anderen Garnen und Zulaufgarn aus Mohair oder Suri-Alpaka erzielt werden.

Häkelnadel:
4,5 mm oder andere Stärke gemäß Maschenprobe

Zubehör:
Stopfnadel, MM als Hilfe für die Nähte

Maschenprobe:
13 x 13 cm = 22 M und 17 R hStb

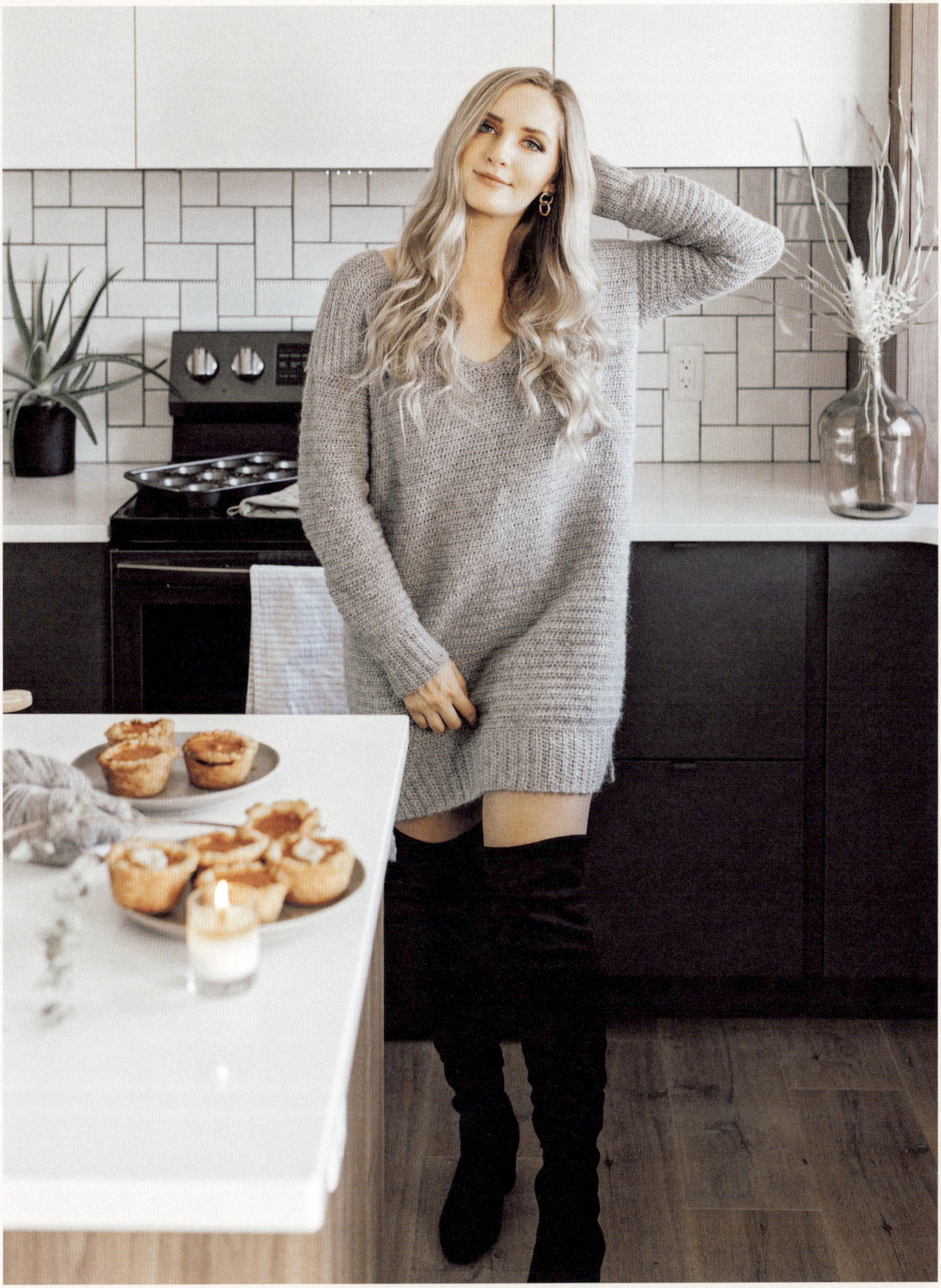

Größtabelle Distant Fog

	A Brustumfang fertiges stück	B Gesamtlänge ab Schulter oben bis Kleidunterkante	C V-Ausschnitt Länge ab Schulter	D Ärmellänge ab Achsel	E Umfang Oberarm	F Umfang Handgelenk
XS	90 cm	79 cm	19 cm	54 cm	29 cm	23 cm
S	100 cm	79 cm	19 cm	53 cm	30 cm	24 cm
M	110 cm	79 cm	19 cm	51 cm	32 cm	24 cm
L	121 cm	79 cm	19 cm	48 cm	35 cm	24 cm
XL	132 cm	79 cm	19 cm	46 cm	39 cm	26 cm
2XL	142 cm	79 cm	19 cm	43 cm	43 cm	26 cm
3XL	152 cm	79 cm	19 cm	41 cm	48 cm	26 cm
4XL	163 cm	79 cm	19 cm	39 cm	51 cm	28 cm
5XL	173 cm	79 cm	19 cm	37 cm	51 cm	28 cm

Die Tabelle zeigt die Maße des fertigen Kleidungsstücks. Das Kleid soll mit 13–20 cm Bewegungszugabe getragen werden. Richte dich bei der Größenauswahl nach einem Brustumfang, der 13 – 20 cm größer ist als deine tatsächlichen Maße. Wenn der Umfang des fertigen Stücks in Spalte A kleiner ist als dein Hüftumfang, orientiere dich nach oben, damit die breiteste Stelle deiner Hüften Platz hat. Beispiel: Das Model ist 163 cm groß, hat einen Brustumfang von 86 cm und trägt Größe S. Der Brustumfang des fertigen Kleides beträgt 100 cm. Bei Zwischengrößen nach unten orientieren.

Weitere Infos (auf Englisch) und Tester:innen-Fotos findest du auf knitsnknots.ca/distant-fog.

ABKÜRZUNGEN

fM: feste Masche(n)
hSt: halbe Stäbchen
2 hStb zus: 2 hStb zusammenhäkeln
Km: Kettmasche
Lm: Luftmasche(n)
M: Masche(n)
R: Reihe(n)
Rd: Runde(n)
Rm: Randmasche(n)
RT: Rückenteil
VT: Vorderteil
wdh: wiederholen

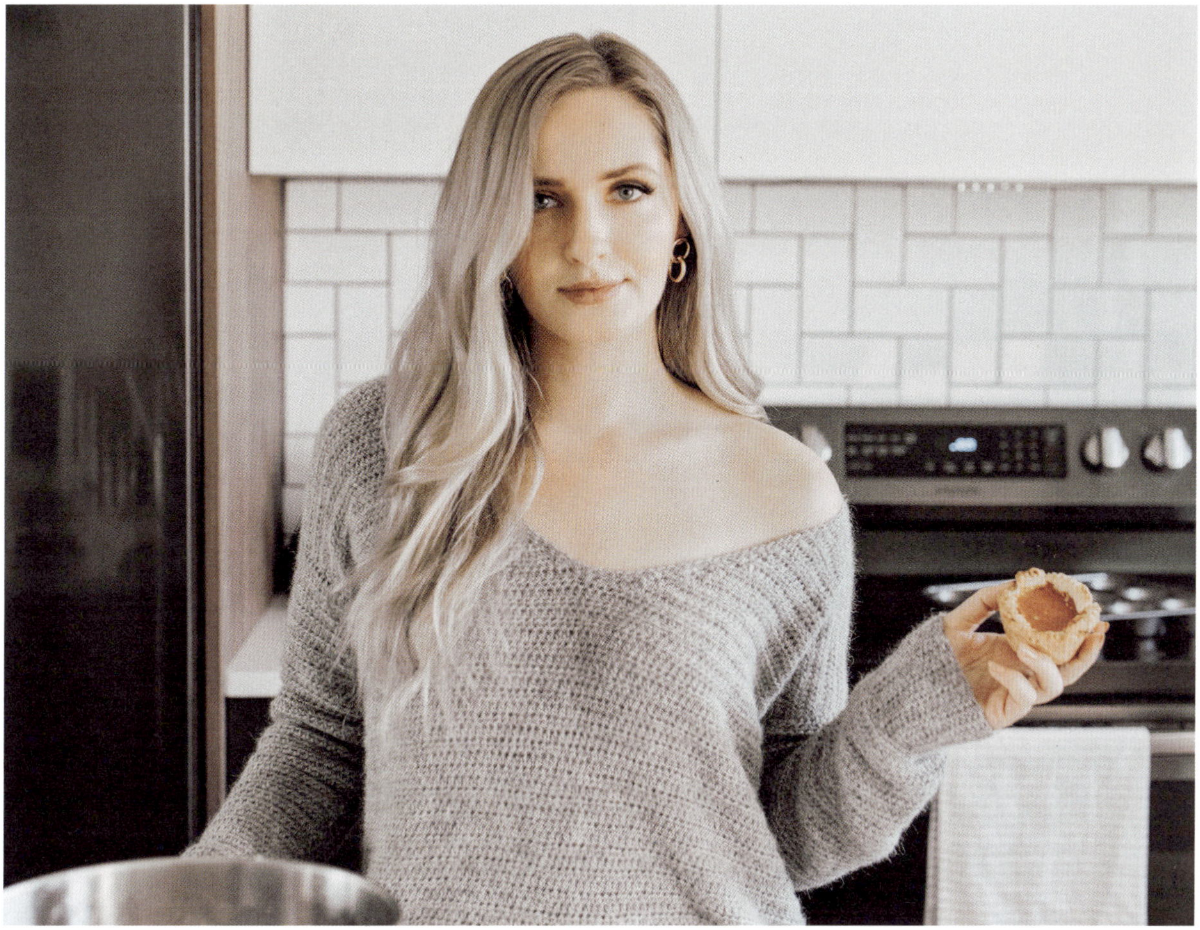

Aufbauschema

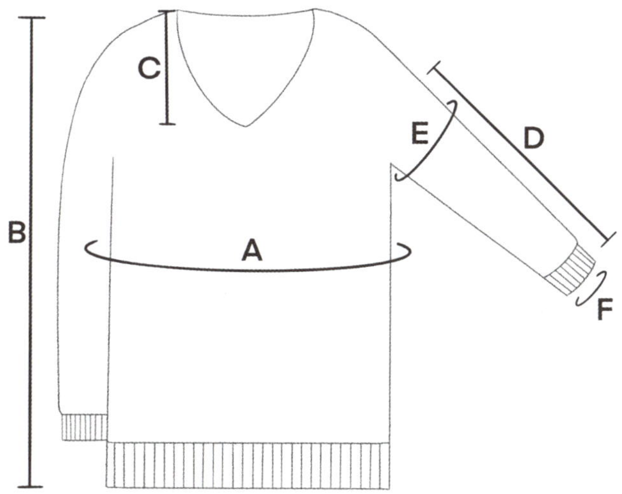

Anleitung

Vorderteil

Bündchen unten

16 (16, 16, 16, 18) (18, 18, 20, 20) Lm.

R 1: hStb in 2. Lm ab Nadel und in alle Lm bis R-Ende, wenden. [15 (15, 15, 15, 17) (17, 17, 19, 19) hStb]

R 2: 1 Lm (zählt hier und grundsätzlich nicht als M), hStb in alle hStb bis R-Ende, wenden.

R 2 wdh bis insgesamt 52 (58, 64, 70, 76) (82, 88, 94, 100) R.

Denke daran, dass das Bündchen etwa 45 [50, 55, 60, 66] [71, 76, 81, 86] cm weit sein sollte – nach dem Spannen.

Körper

Nach der letzten R Arbeit drehen und in die Rm der gerade gehäkelten Reihen arbeiten.

R 1: 1 Lm, *je 3 hStb pro 2 R Rippe; ab * wdh bis zum Ende des Bündchens, wenden. [78 (87, 96, 105, 114) (123, 132, 141, 150) hStb]

R 2: 1 Lm, hStb in alle M bis R-Ende, wenden.

Letzte R wdh bis insgesamt 68 (68, 68, 68, 66) (66, 66, 66, 66) R.

Angepasst: Um das Stück länger oder kürzer zu machen, mehr (oder weniger) R häkeln als angegeben. Die veränderte R-Anzahl notieren und RT entsprechend häkeln.

V-Ausschnitt

Seite 1

R 1: 1 Lm, hStb in nächste 35 (39, 44, 48, 53) (57, 62, 66, 70) M, 2 hStb zus, hStb in nächste M, wenden. [37 (41, 46, 50, 55) (59, 64, 68, 72) hStb]

R 2: 1 Lm, hStb in 1. M, [2 hStb zus] 2 Mal, hStb in alle M bis R-Ende, wenden. [35 (39, 44, 48, 53) (57, 62, 66, 70) hStb]

R 3: 1 Lm, hStb in alle M bis letzte 3 M, 2 hStb zus, hStb in letzte M, wenden. [34 (38, 43, 47, 52) (56, 61, 65, 69) hStb]

R 4–9: R 2 und 3 wdh. [25 (29, 34, 38, 43) (47, 52, 56, 60) hStb]

R 10: 1 Lm, hStb in alle M bis R-Ende, wenden.

R 11: 1 Lm, hStb in alle M bis letzte 3 M, 2 hStb zus, hStb in letzte M, wenden. [24 (28, 33, 37, 42) (46, 51, 55, 59) hStb]

R 12–15: R 10 und 11 wdh. [22 (26, 31, 35, 40) (44, 49, 53, 57) hStb]

R 16–25: R 10 wdh.

Für einen tieferen (oder weniger tiefen) Ausschnitt letzte R wdh (oder weniger oft häkeln) bis zur gewünschten Ausschnittstiefe.

Faden mit ca. 40 cm Restfaden zum Schließen der Schulternaht abschneiden.

Seite 2

Arbeit mit der fertigen Seite 1 auf rechts legen. Seite 2 wird ans VT angehäkelt, spiegelverkehrt zu Seite 1.

2 (3, 2, 3, 2) (3, 2, 3, 4) M ab Rm der R 1 an Seite 1 abzählen und Nadel in nächste M einstechen. Diese M nicht häkeln und so eine kleine Lücke zwischen den beiden Seiten bilden. Mit Km fixieren.

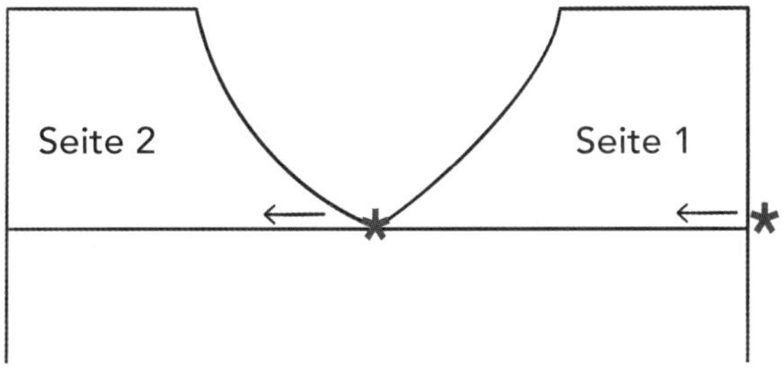

Arbeitsrichtung für Seite 1 und 2. Beginne jeweils bei den Sternchen und häkle in Pfeilrichtung.

R 1: 1 Lm, hStb in gleiche M wie die Km, 2 hStb zus, hStb in alle M bis R-Ende, wenden. [37 (41, 46, 50, 55) (59, 64, 68, 72) hStb]

R 2: 1 Lm, hStb in alle M bis letzte 5 M, 2 Mal [2 hStb zus], hStb in letzte M, wenden. [35 (39, 44, 48, 53) (57, 62, 66, 70) hStb]

R 3: 1 Lm, hStb in erste M, 2 hStb zus, hStb in alle M bis R-Ende, wenden. [34 (38, 43, 47, 52) (56, 61, 65, 69) hStb]

R 4–9: R 2 und 3 wdh. [25 (29, 34, 38, 43) (47, 52, 56, 60) hStb]

R 10: 1 Lm, hStb in alle M bis R-Ende, wenden.

R 11: 1 Lm, hStb in 1. M, 2 hStb zus, hStb in alle M bis R-Ende, wenden. [24 (28, 33, 37, 42) (46, 51, 55, 59) hStb]

R 12–15: R 10 und 11 wdh. [22 (26, 31, 35, 40) (44, 49, 53, 57) hStb]

R 16–25: R 10 wdh.

Falls du den V-Ausschnitt an Seite 1 verändert hast, Seite 2 genauso behandeln.

Faden mit ca. 40 cm Restfaden zum Schließen der Schulternaht abschneiden. In den Maßen spannen, die in der Größentabelle (S. 32) stehen.

Rückenteil

Instruktionen für VT wdh bis einschl. R 2 des Körpers.

Letzte R wdh, bis insgesamt 93 (93, 93, 93, 91) (91, 91, 91, 91) Reihen.

Falls die Länge des VT verändert wurde, RT genauso behandeln. Faden abschneiden und Fadenende vernähen. In den Maßen spannen, die in der Größentabelle (S. 32) stehen.

Teilweise zusammenfügen

Schulter- und Seitennähte schließen, dann Ärmel fertigstellen. So kannst du das Kleid anprobieren und die Ärmel schon beim Häkeln platzieren, sodass sie die richtige Länge bekommen. Danach erst Faden abschneiden und das Kleid fertig zusammennähen.

Nach dem Spannen das VT über das RT legen. Außen- und Innenseiten sind identisch. Die Maschen aneinanderlegen und mit MM fixieren.

Die Seitennähte erst kurz oberhalb des Rippenbündchens schließen, damit ein Schlitz entsteht. Wenn keine Seitenschlitze gewünscht sind, an der Unterkante beginnen. Seitennähte mit Stopfnadel und neuem Faden von etwa 100 cm Länge mit z. B. Überwendlingsstich (S. 169) schließen. Mindestens 18 [18, 18, 20, 20] [25, 25, 28, 28] cm ab der Schulter für die Ärmel offen lassen. Diese Naht wird später fertiggestellt, Fadenende also noch nicht vernähen. Beide Seiten gleich behandeln.

Die Schulternähte von VT und RT M an M aneinanderlegen und mit MM exakt fixieren. Mit Stopfnadel und z. B. Überwendlingsstich zunähen. Fäden abschneiden und Fadenenden vernähen. Beide Schulternähte gleich behandeln.

Ausschnitt fertigstellen

Außenseite festlegen und die Arbeit so auslegen, dass die Außenseite des VT zu dir zeigt. An der linken Schulternaht mit Km neuen Faden aufnehmen (Naht rechts von dir) und den Ausschnitt umhäkeln. 1 Lm, dann fM entlang des V-Ausschnitts und wieder hoch bis zur anderen Schulternaht. Km entlang der Nackenkante bis zum Anfangspunkt, mit Km in die erste fM die Kante schließen. Faden abschneiden und Fadenenden vernähen.

Wenn VT und RT zusammengenäht sind, geht es los mit den Ärmeln.

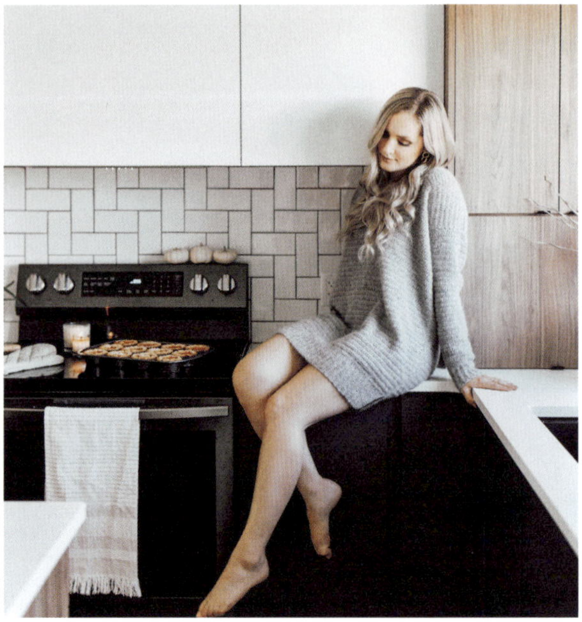

Ärmel (2 Stück)

Bündchen

16 Lm, 30 cm Restfaden zum Zunähen des Bündchens stehen lassen.

R 1: hStb in 2. Lm ab Nadel und in alle M bis R-Ende, wenden. [15 hStb]

R 2: 1 Lm, hStb in jedes hStb bis R-Ende, wenden.

R 2 wdh bis 26 (28, 28, 28, 30) (30, 30, 32, 32) R.

Nach der letzten R Arbeit drehen und in die Rm der gerade gehäkelten R arbeiten.

R 1: 1 Lm, *3 hStb pro 2 R Rippe; ab * wdh bis Ende des Bündchens, R mit Km in 1. hStb schließen, wenden. [39 (42, 42, 42, 45) (45, 45, 48, 48) hStb]

Mit Stopfnadel und dem Fadenende der Lm-Kette mit z. B. Überwendlingsstich die 1. und letzte R der Rippe zu einem Schlauch zusammennähen

Die Ärmel werden in Rd gehäkelt. Die Arbeit wird nach jeder Rd gewendet.

Den Rest des Ärmels in Runden deiner Größe entsprechend häkeln (s. unten):

Wenn du zunehmen sollst, häkelst du so: 1 Lm, hStb in 1. M, 2 hStb in nächste M, hStb bis 2 M vor R-Ende, 2 hST in nächste M, hStb in letzte M, mit Km in erstes hStb schließen, wenden. [2 M zug]

Alle Rd ohne Zun werden so gehäkelt: 1 Lm, hStb in alle M bis Rd-Ende, Rd mit Km in erstes hStb schließen, wenden.

Halte dich nur an deine Größe; angegeben wird die Anzahl der Rd einschließlich der bereits gehäkelten Rd.

XS: Insgesamt 61 Rd, in diesen Rd zun: 10, 20, 30, 40, 50, 60. [51 hStb]

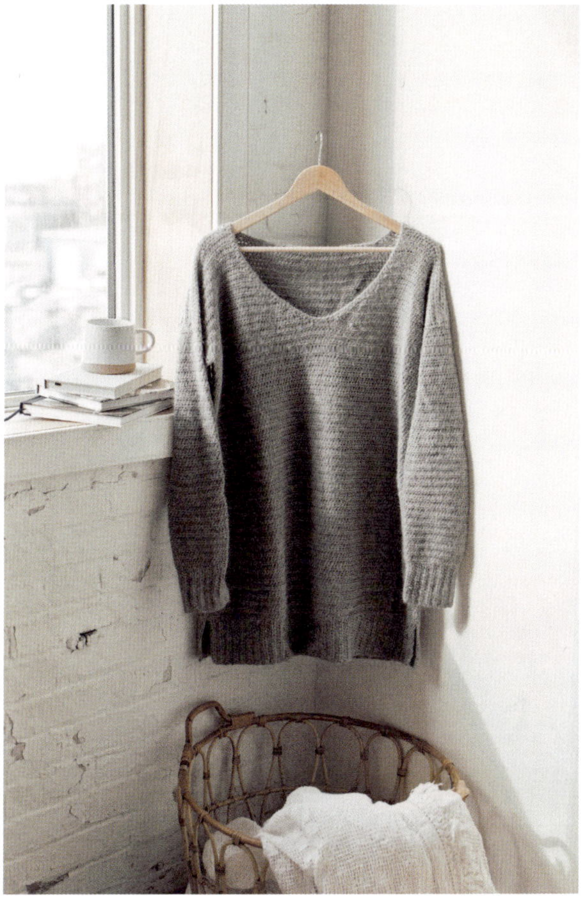

S: Insgesamt 60 Rd, in diesen Rd zun: 12, 24, 36, 48, 60. [52 hStb]

M: Insgesamt 56 Rd, in diesen Rd zun: 8, 16, 24, 32, 40, 48, 56. [56 hStb]

L: Insgesamt 53 Rd, in diesen Rd zun: 5, 10, 15, 20, 25, 30, 35, 40, 45. [60 hStb]

XL: Insgesamt 49 Rd, in diesen Rd zun: 4, 8, 12, 16, 20, 24, 28, 32, 36, 40, 44. [67 hStb]

2XL: Insgesamt 46 Rd, in diesen Rd zun: 3, 6, 9, 12, 15, 18, 21, 24, 27, 30, 33, 36, 39, 42, 45. [75 hStb]

3XL: Insgesamt 43 Rd, in diesen Rd zun: 2, 4, 6, 8, 10, 12, 14, 16, 18, 20, 22, 24, 26, 28, 30, 32, 34, 37, 40. [83 hStb]

4XL: Insgesamt 41 Rd, in diesen Rd zun: 2, 4, 6, 8, 10, 12, 14, 16, 18, 20, 22, 24, 26, 28, 30, 32, 34, 36, 38, 40. [88 hStb]

5XL: Insgesamt 38 Rd, in diesen Rd zun: 3–6, 8, 10, 12, 14, 16, 18, 20, 22, 24, 26, 28, 30, 32, 34, 36, 38. [88 hStb]

Wenn die Ärmellänge stimmt, Faden mit 61 cm Restfaden zum Annähen des Ärmels an den Körper abschneiden. Auf Wunsch die Ärmel vor dem Annähen spannen.

Zusammenfügen

Ärmel mit der Naht nach unten anlegen (an der Achsel) und mit MM am Körper fixieren. Den Ärmel so weit über die Maschen an der Kante ziehen, dass die Naht am Ärmel nicht zu fest wird. Das Gewebe am Körper kann auf bis zu 3 Ärmelmaschen pro 2 R gedehnt werden.

Mit Stopfnadel und dem Fadenende vom Ärmel den Ärmel locker mit z. B. Überwendlingsstich an den Körper annähen. Keinesfalls zu fest nähen und den Faden nicht zu fest anziehen, sonst wird die Naht zu straff und engt dich ein. Die Naht soll locker sein, damit der Armausschnitt etwas Spiel hat, genau wie der Rest des Kleides. Unbedingt anprobieren, bevor du den Faden abschneidest, ob die Länge stimmt.

Jetzt an den vorhin geschlossenen Seitennähten alle möglichen Lücken unter der Achsel schließen.

Fadenenden vernähen und das Pulloverkleid in den Maßen spannen, die auf Seite 32 in der Größentabelle stehen.

Einfach

Infinite Prairies
Poncho

Die Schönheit der Prärie ist subtil und unaufdringlich, genau wie dieses Design. Infinite Prairies ist ein Übergangsstück mit Struktur und Eleganz für die frischen Herbsttage, für die man eine zweite Schicht braucht. Der Rollkragen ist modern und funktional zugleich: Er hält dich warm und gibt diesem sonst ganz alltäglichen Stück etwas Besonderes. Dein Infinite Prairies Poncho passt zu jedem Outfit; besonders lässig kannst du ihn mit einem figurnahen Langarmshirt, Leggings und Stiefeln kombinieren.

Du arbeitest mit dickem Garn und hohen Maschen, es ist also ein schnelles Projekt, das in wenigen Tagen fertig sein kann. Die verspielten Reihen aus Noppenstich sind ein unterhaltsames Element, das dich von Anfang bis Ende bei Laune hält.

Aufbau

Der Poncho hat eine Rundpasse und wird von oben nach unten gehäkelt. Du beginnst mit dem Rollkragen, dann kommt das Muster mit den Noppenmaschen in Runden; zugenommen wird alle paar Runden bis zu der Höhe, an der die Schlitze für die Arme anfangen. Über die Länge der Schlitze werden zwei getrennte Teile gehäkelt, danach geht es wieder in der Runde weiter bis zur gewünschten Länge des Ponchos.

Material

Garn:
Dick (Bulky) – Lion Brand Hue & Me in der Farbe Desert (80 % Acryl, 20 % Wolle)

125 m/125 g

Bei yarnsub.com (englischsprachig) kannst du passende Ersatzgarne finden.

Verbrauch:

11 (12, 14, 15) Knäuel oder 1326 (1464, 1646, 1784) m

Anmerkung: Günstig!

Hue & Me kannst du durch ähnlich dicke Garne ersetzen, mit denen die Maschenprobe stimmt. Die Zusammensetzung ist nicht entscheidend. Das Einzige, was zu bedenken ist: Nimm ein Garn, das nicht zu stark haart, da der Poncho über anderen Oberteilen getragen wird.

Häkelnadel:
5,5 mm oder andere Stärke gemäß Maschenprobe

Zubehör:
Stopfnadel, 3–4 MM

Maschenprobe Körper:
10 x 10 cm = 10 M und 6 R St

Maschenprobe Rollkragen:

10 x 10 cm = 13 M und 11 R fM hMg (nicht gedehnt)

Auch für den Rollkragen solltest du auf jeden Fall eine Maschenprobe machen. Nutze die Nadelstärke, mit der die Maschenprobe für den Rollkragen stimmt oder deiner bevorzugten Passform entspricht. Probiere verschiedenen Nadelstärken aus, damit der Rollkragen der Maschenprobe entspricht. Die extra Maschenprobe ist dafür gedacht, dass das Stück dir am Ende so gut wie möglich passt.

Noppe häkeln:

5-mal [U, Nadel in M, U und Schl hochziehen] in die gleiche M (11 Schl auf Nadel), U und alle 11 Schl abmaschen.

Beim Häkeln der Noppen kann es hilfreich sein, die Schl etwas höher zu ziehen. Dann ist es einfacher, alle Schl auf der Nadel abzuhäkeln.

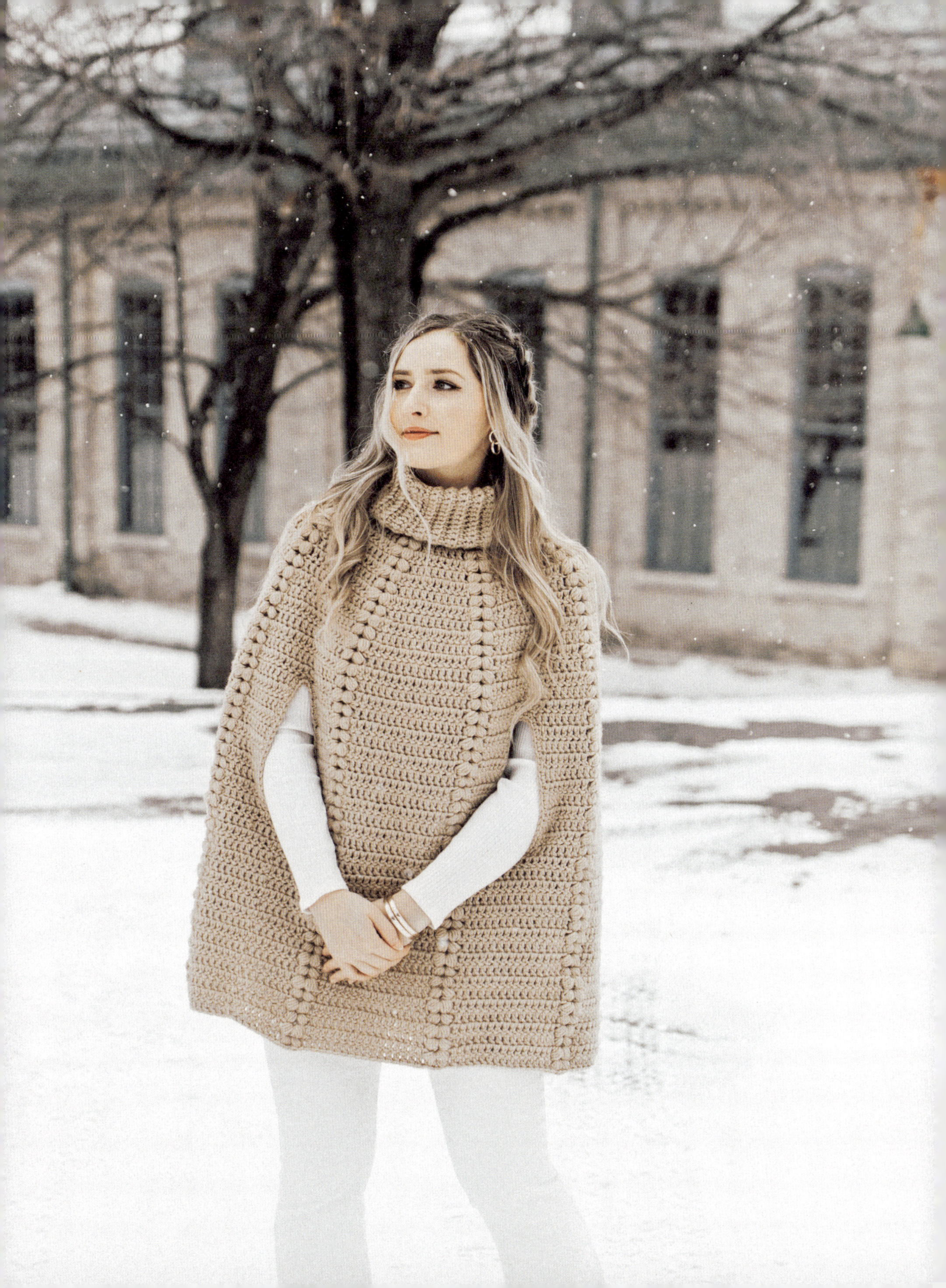

Größentabelle Infinite Prairies

	A Umfang an der weitesten Stelle (Unterkante)	eingeplante Bewegungszugabe	B Länge ohne Rollkragen	C Länge des Rollkragens
XS	127 cm	51–56 cm	74 cm	17 cm
S/M/L	145 cm	38–64 cm	74 cm	17 cm
XL/2XL/3XL	160 cm	23–48 cm	74 cm	17 cm
4XL/5XL	178 cm	20–36 cm	74 cm	17 cm

Die Tabelle zeigt die Maße des fertigen Kleidungsstücks. Es soll Übergröße haben und je nach Größe mit 20–64 cm Bewegungszugabe getragen werden. Richte dich bei der Größenauswahl nach dem Umfang des fertigen Ponchos und plane die angegebene Bewegungszugabe mit ein. Beispiel: Das Model ist 163 cm groß, hat einen Brustumfang von 86 cm und trägt Größe S/M/L mit einem Umfang von 145 cm und 58 cm Bewegungszugabe. Bei Zwischengrößen nach unten orientieren.

Weitere Infos (auf Englisch) und Tester:innen-Fotos findest du auf knitsnknots.ca/infinite-prairies.

ABKÜRZUNGEN

fM: feste Masche(n)
fM hMg: fM ins hintere Maschenglied
Km: Kettmasche(n)
Lm: Luftmasche(n)
LmL: Luftmaschenlücke(n)
M: Masche(n)
MM: Maschenmarkierer
R: Reihe(n)
Rd: Runde(n)
Schl: Schlinge(n)
Stb: Stäbchen
ü: überspringen
U: Umschlagen
wdh: wiederholen
Zun: Zunahme

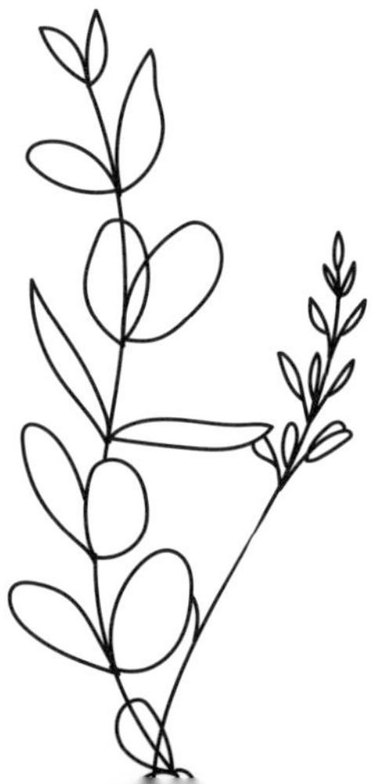

Anleitung

Aufbauschema

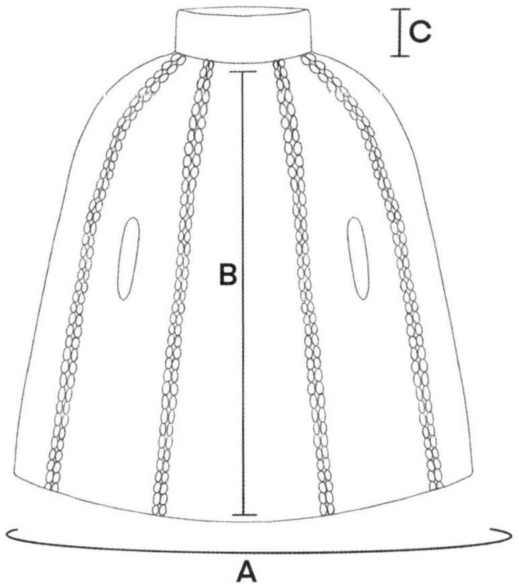

Rollkragen

21 Lm, 30 cm Restfaden zum Zunähen des Rollkragens.

> *Angepasst:* Rollkragen kürzer (oder höher) machen mit weniger (oder mehr) Lm.

R 1: fM in 2. Lm ab Nadel und in alle Lm bis R-Ende, wenden. [20 fM]

R 2: 1 Lm, fM hMg in alle M bis R-Ende, wenden. [20 fM hMg]

R 2 wdh bis insgesamt 56 R.

Arbeit drehen und in die Rm der gerade gehäkelten R arbeiten.

Rd schließen: 1 Lm, 1 fM in alle Rm der Rippenpartie, dann 1. und letzte M zusammenhäkeln, um einen Schlauch zu formen, Rd mit Km in erste fM schließen, wenden. [56 fM]

Rollkragen mit Stopfnadel und z. B. Überwendlingsstich (S. 169) zusammennähen. Restfaden der LmK verwenden.

Körper

Rd 1: 2 Lm, Stb in erste(n) 1 (2, 3, 3) M, (Noppe, 2 Lm, Noppe) in nächste M, 7-mal [Stb in nächste 6 M, (Noppe, 2 Lm, Noppe) in nächste M], Stb in letzte 5 (4, 3, 3) M, Rd mit Km in erstes Stb schließen, wenden. [48 Stb; 16 Noppen]

Rd 2 (Zun-Rd): 2 Lm, 8-mal [Stb in alle Stb bis nächste Noppe, Stb in nächste Noppe, (Noppe, 2 Lm, Noppe) in mittlere 2 LmL aus R davor, Stb in nächste Noppe], Stb in Stb bis Rd-Ende, mit Km Rd schließen, wenden. [64 Stb; 16 Noppen]

Rd 3: 2 Lm, 8-ml [Stb in alle Stb bis nächste Noppe, Noppe ü, (Noppe, 2 Lm, Noppe) in mittlere 2-LmL aus R davor, nächste Noppe ü], Stb in alle Stb bis Rd-Ende, mit Km Rd schließen, wenden.

Rd 2 und 3 noch 2 (3, 4, 5)-mal wdh [96 (112, 128, 144) Stb; 16 Noppen]

Jetzt sollten es insgesamt 7 (9, 11, 13) Rd sein. 12 (14, 16, 18) Stb zwischen den Noppen.

7 (5, 4, 2) Rd als Wdh von Rd 3 häkeln.

Jetzt solltest du insgesamt 14 (14, 15, 15) Rd gehäkelt haben.

Körper teilen für die Armöffnung

Partie 1

Um die Schlitze für die Arme zu häkeln, ohne das Muster zu unterbrechen, müssen zwei Partien in Hin- und Rückreihen gehäkelt werden, wobei zwei Schlitze entstehen. Um die Armöffnungen zu schließen, werden die Partien wieder zusammengeführt.

Das Sternchen in Abb. 1 markiert den Beginn des Häkelns in R. Die mit 1 gekennzeichnete Partie ist die längere Rückenpartie, das Vorderteil ist mit 2 beschriftet. Die blaue Linie ist die Nahtstelle, die beim Schließen der Rd entstanden ist – die Stelle, an der die Rd bisher beginnen und enden.

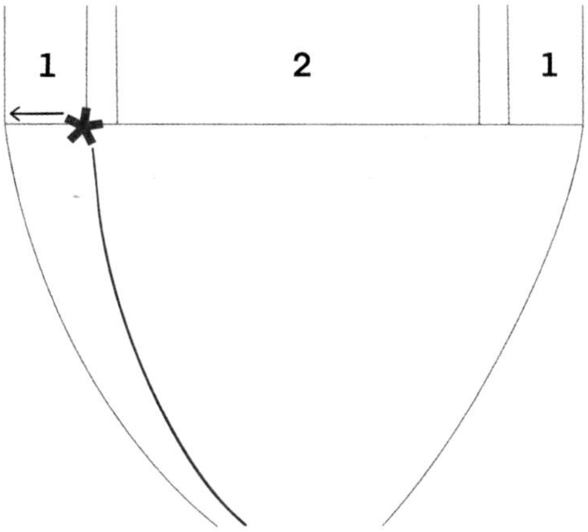

Abb. 1

Für alle Größen

R 15 (15, 16, 16): 2 Lm, Stb in alle Stb bis 1. Noppe, Noppe ü, (Noppe, 2 Lm, Noppe) in mittlere 2 LmL der R davor, nächste Noppe ü, 5-mal [Stb in alle Stb bis nächste Noppe, Noppe ü, (Noppe, 2 Lm, Noppe) in mittlere 2 LmL der R davor, nächste Noppe ü], Stb in nächste 4 (6, 8, 9) M, jetzt stoppen. Nächste M ü, MM in nächste M (hier geht es bei Partie 2 weiter), wenden. [68 (82, 96, 108) Stb; 12 Noppen]

R 16 (16, 17, 17)–27: 2 Lm, Stb in alle Stb bis erste Noppe, Noppe ü, (Noppe, 2 Lm, Noppe) in mittlere 2 LmL der R davor, nächste Noppe ü, 5-mal [Stb in alle Stb bis nächste Noppe, Noppe ü, (Noppe, 2 Lm, Noppe) in mittlere 2 LmL der R davor, nächste Noppe ü], Stb in alle Stb bis R-Ende, wenden.

Diese M langziehen und einen MM setzen, um sie zu fixieren. Hier geht es nach dem Fertigstellen von Partie 2 weiter. Dann arbeitest du in die gleiche Richtung wie in R 27, über Partie 2.

Partie 2

Vor dem Häkeln von Partie 2 das Teil ausbreiten, sodass das nicht gehäkelte Stück ab R 15 zu dir zeigt. Das Garn in die markierte M einziehen (die zweite verfügbare M von rechts) – die Stelle ist in Abb. 2 mit einem Sternchen gekennzeichnet.

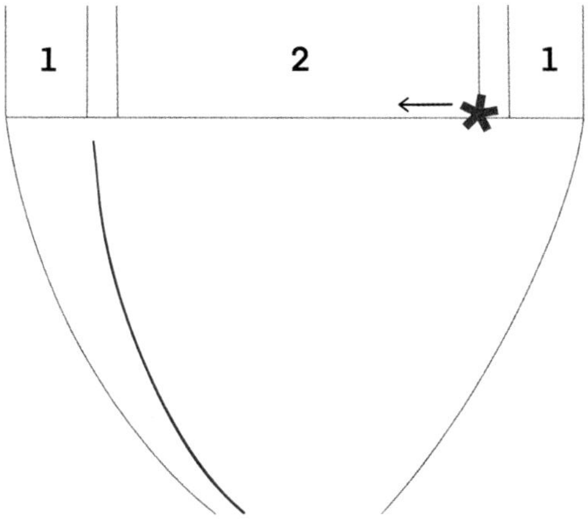

Abb. 2

R 15 (15, 16, 16): Mit neuem Faden und Km 2 M neben der ersten Partie weiterarbeiten. 1 M bleibt zwischen Partie 1 und 2 offen. 2 Lm, *Stb in alle M bis nächste Noppe, Noppe ü, (Noppe, 2 Lm, Noppe) in mittlere 2 LmL der R davor, nächste N ü; ab * 1-mal wdh, Stb in alle M bis R-Ende. 1 M bleibt zwischen Partie 2 und 1 offen, wenden. [26 (28, 30, 34) Stb; 4 Noppen]

R 16 (16, 17, 17)–26: 2 Lm, *Stb in alle M bis erste Noppe, Noppe ü, (Noppe, 2 Lm, Noppe) in mittlere 2 LmL der R davor, nächste N ü; ab * 1-mal wdh, Stb in alle Stb bis R-Ende, wenden.

Faden abschneiden.

Nadel in die M einstechen, bei der du in Partie 1 aufgehört hast.

Jetzt hast du R 27 über Partie 1 gehäkelt, aber noch nicht über Partie 2. Führe also R 27 über Partie 2 fort:

R 27: 1 Lm, Stb in erstes Stb von Partie 2 und *Stb in alle Stb bis nächste Noppe, Noppe ü, (Noppe, 2 Lm, Noppe) in mittlere 2 LmL der R davor, nächste Noppe ü; ab * 1-mal wdh, Stb in alle M bis R-Ende, 1 Lm, Rd mit Km in erstes Stb der R 27 in Partie 1 schließen, wenden.

Jetzt sollten alle Teile verbunden sein und du kannst ab hier in Hin- und Rückrunden weiterarbeiten, genau wie bis zu den Armöffnungen.

Rd 28: R 3 wdh; Stb in alle LmL aus R 27, um die Schlitze zu schließen. LmL werden wie Stb behandelt.

Rd 29–44: R 3 wdh.

Um den Poncho kürzer (oder länger) zu machen, weniger (oder mehr) Wdh von R 3 bis zur gewünschten Länge.

Faden abschneiden.

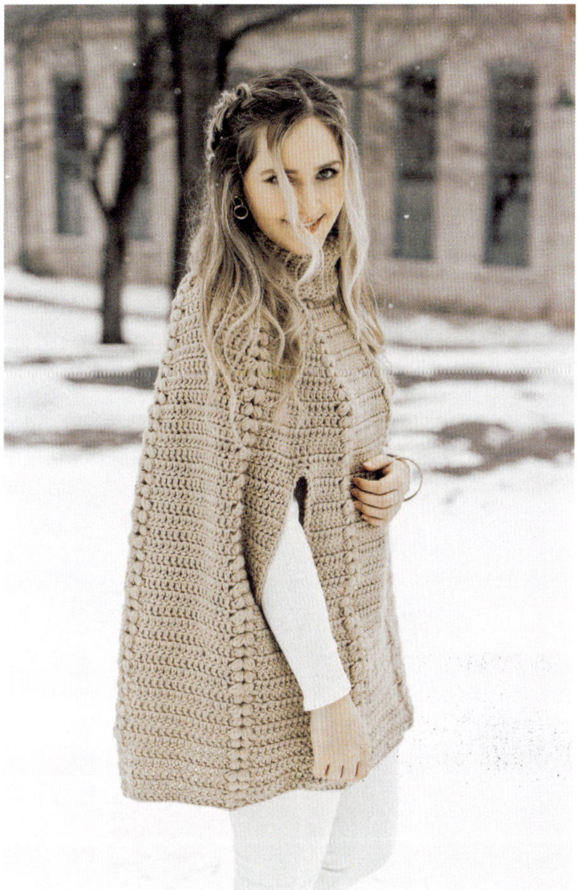

Armöffnungen fertigstellen

Unten an der Öffnung mit Km neuen Faden aufnehmen.

1 Lm, gleichmäßig um die Armöffnung fM häkeln – etwa 2 fM für jede Rm an den Stb-Reihen. Rd mit Km in erste fM schließen, Faden abschneiden.

Zweite Armöffnung ebenso behandeln.

Alle Fäden vernähen.

Deinen Poncho in den Maßen spannen, die auf Seite 40 in der Größentabelle stehen.

Rosebud
Cardigan

Mittel

Der Rosebud Cardigan ist ein zeitloses Stück zum Layern, das niemals aus der Mode kommt und zu jedem Outfit passt. Das Design ist modisch und funktional, mit Taschen vorne, einem optionalen Taillengürtel und verkürzten Reihen am Kragen. Für einen luftigen, sportlichen Look kannst du ihn offen tragen, um das Outfit darunter zu betonen. Mit dem Bindegürtel in der Taille wird ein gemütlicher, figurnaher Cardigan daraus, der nicht verrutscht und wärmend am Körper anliegt. Du kannst auch statt des Gürtels Knöpfe und Knopflochleiste anfügen. Das Kontrastmuster am oberen Rand der Taschen bringt einen dynamischen Mix aus verschiedenen Strukturen, aber dank der einheitlichen Farbgebung ohne zu sehr abzulenken. Mit Jeans und Lieblingsstiefeln dazu entsteht ein lässiger Look.

Anmerkung: Dieser Cardigan ist eine Variante eines meiner Bestseller: des Rosebud Raglan-Pullovers. Die ursprüngliche englischsprachige Anleitung für den Rosebud Raglan findest du auf den bekannten Plattformen, die Häkelanleitungen verkaufen. Weitere Informationen gibt es auf knitsnknots.ca/rosebud-raglan (ebenfalls auf Englisch).

Aufbau

Der Körper des Cardigans wird an einem Stück gehäkelt, erst das RT, dann nacheinander die beiden VT, die über das RT gefaltet werden. Die nach unten enger zulaufenden Ärmel werden in Runden direkt an den Körper angehäkelt. Kragen, Taschen und Gürtel folgen zuletzt.

Material

Garn:
Mittel (Worsted) – Lion Brand Jeans in der Farbe Top Stitch (100 % Acryl)

225 m/100 g

Bei yarnsub.com (englischsprachig) kannst du passende Ersatzgarne finden.

Verbrauch:
6 (6, 7, 7, 8) (8, 9, 9, 9) Knäuel oder 1235 (1304, 1418, 1532, 1646) (1692, 1806, 1875, 1966) m

Anmerkung: Günstig!

Das Garn kann durch ein anderes Garn der Kategorie Mittel (Worsted) ersetzt werden, mit dem die Maschenprobe stimmt. Jeans ist einer meiner günstigen Favoriten, denn so weiches Acrylgarn ist in dieser Preisklasse nicht leicht zu finden.

Häkelnadel:
5,5 mm oder andere Stärke gemäß Maschenprobe

Zubehör:
Stopfnadel, mehrere offene MM, Knöpfe (optional)

Maschenprobe:
10 x 10 cm = 12 M und 12 R im Häkelmuster (s. Instruktionen unten)

Probestück:
15 Lm.

R 1: fM in 2. Lm ab Nadel, Stb in nächste Lm, *fM in nächste Lm, Stb in nächste Lm; ab * bis R-Ende wdh, wenden. [14 M]

R 2: 1 Lm, fM in erstes Stb, Stb in nächste fM, *fM in nächstes Stb, Stb in nächste fM; ab * bis R-Ende wdh, wenden.

R 2 wdh bis insgesamt 15 R.

Probestück spannen. Für möglichst exakte Messwerte innenliegende 10 cm des Probestücks abmessen (ohne Rm).

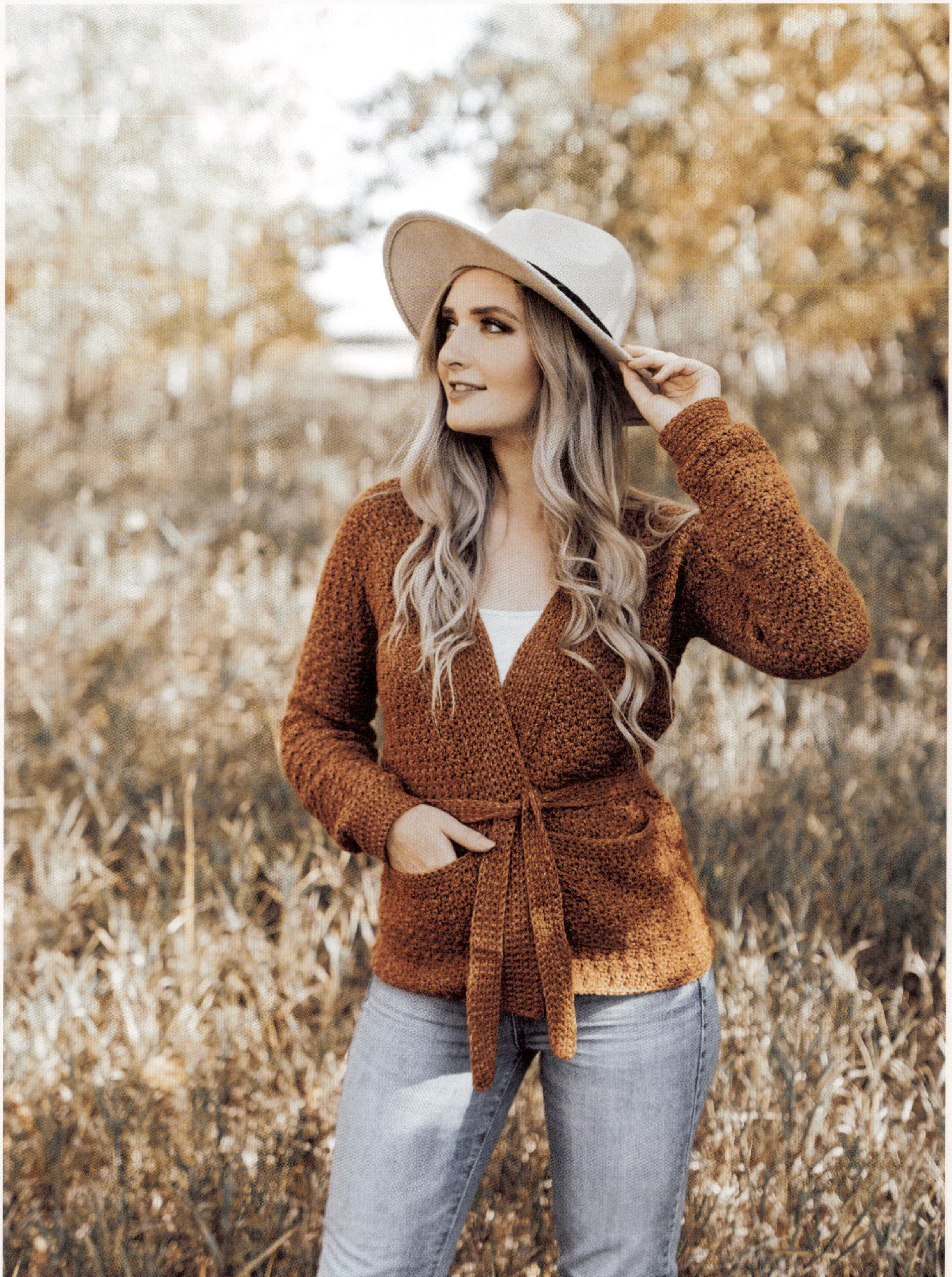

Größentabelle Rosebud

	A *Brustumfang fertiges Stück*	B *Gesamtlänge ab Schulter bis Unterkante*	C *Ärmellänge ab Achsel*	D *Umfang Oberarm*	E *Umfang Handgelenk*
XS	*91 cm*	*58 cm*	*53 cm*	*29 cm*	*20 cm*
S	*102 cm*	*58 cm*	*52 cm*	*30 cm*	*20 cm*
M	*112 cm*	*58 cm*	*50 cm*	*32 cm*	*22 cm*
L	*122 cm*	*58 cm*	*48 cm*	*34 cm*	*22 cm*
XL	*132 cm*	*58 cm*	*45 cm*	*39 cm*	*23 cm*
2XL	*142 cm*	*58 cm*	*43 cm*	*43 cm*	*23 cm*
3XL	*152 cm*	*58 cm*	*41 cm*	*44 cm*	*23 cm*
4XL	*163 cm*	*58 cm*	*39 cm*	*51 cm*	*25 cm*
5XL	*173 cm*	*58 cm*	*36 cm*	*51 cm*	*25 cm*

Die Tabelle zeigt die Maße des fertigen Kleidungsstücks. Der Cardigan soll mit etwa 15–20 cm Bewegungszugabe getragen werden. Richte dich bei der Größenauswahl nach einem Brustumfang, der 15–20 cm weiter ist als deine Maße. Beispiel: Das Model ist 163 cm groß, hat einen Brustumfang von 86 cm und trägt Größe S. Der Brustumfang des fertigen Stücks beträgt 102 cm mit einer Bewegungszugabe von 15 cm. Bei Zwischengrößen nach oben orientieren.

Weitere Infos (auf Englisch) und Tester:innen-Fotos findest du auf knitsnknots.ca/rosebud-cardigan.

ABKÜRZUNGEN

Abn/abg: Abnahme/abgenommen
FafM: Fußschlingenanschlag mit festen Maschen (S. 174)
FaStb: Fußschlingenanschlag mit Stäbchen (S. 178)
fM: feste Masche(n)
2 fM zus: 2 fM zusammenhäkeln
Km: Kettmasche(n)
Lm: Luftmasche(n)
LmK: Luftmaschenkette
M: Masche(n)
MM: Maschenmarkierer
Rd: Runde(n)
Rm: Randmasche(n)
RT: Rückenteil
Stb: Stäbchen
ü: überspringen
VT: Vorderteil
wdh: wiederholen
Wlm: Wendeluftmasche(n)

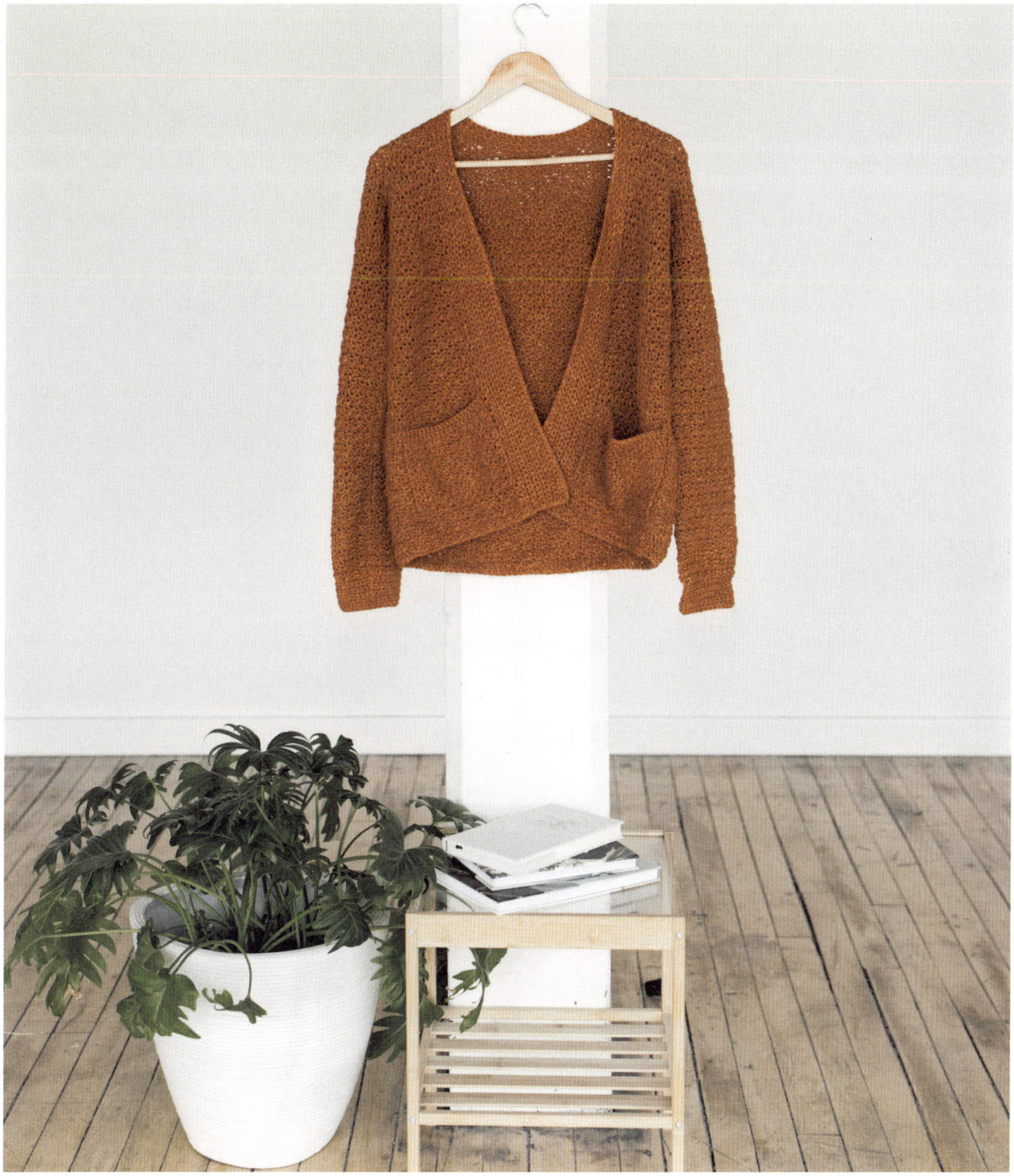

Anleitung

Aufbauschema

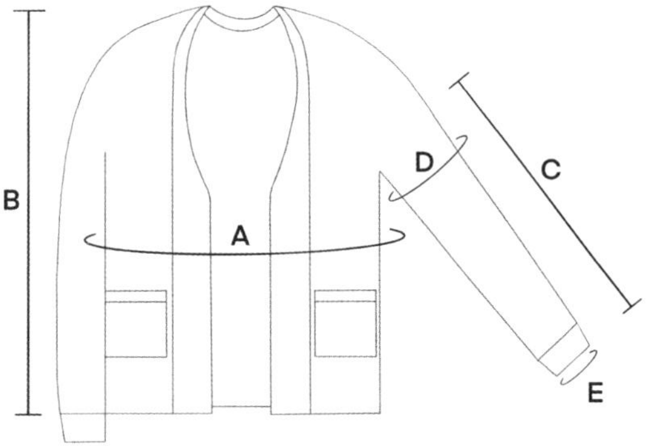

RT

R 1: FaStb: 54 (60, 66, 72, 78) (84, 90, 96, 102) M.

R 2: 1 Lm (zählt durchgehend nicht als M), fM in 1. M, Stb in nächste M, *fM in nächste M, Stb in nächste M; ab * bis R-Ende wdh, wenden. [54 (60, 66, 72, 78) (84, 90, 96, 102) M]

R 3: 1 Lm, fM in 1. Stb, Stb in nächste fM, *fM in nächste M, Stb in nächste M; ab * bis R-Ende wdh, wenden.

R 4–66: R 3 wdh.

Wenn der Cardigan länger (oder kürzer) werden soll, mehr (oder weniger) R bis zur gewünschten Länge des RT häkeln. Zusätzliche Länge erhöht die unter »Material« angegebene Garnmenge (S. 44).

Den Faden weiter benutzen für das erste VT, das direkt an das RT gehäkelt wird.

Erstes VT

R 1: 1 Lm, fM in 1. Stb, *Stb in nächste fM, fM in nächstes Stb; ab * 10 (11, 13, 14, 16) (17, 19, 20, 22)-mal wdh, wenden. [23 (25, 29, 31, 35) (37, 41, 43, 47) M]

R 2: 1 Lm, 1. fM ü, *fM in nächstes Stb, Stb in nächste fM; ab * bis R-Ende wdh, wenden. [22 (24, 28, 30, 34) (36, 40, 42, 46) M]

R 3: 1 Lm, *fM in nächstes Stb, Stb in nächste fM; ab * bis R-Ende wdh, wenden.

R 4–72: R 3 wdh.

Anmerkung: Falls du das RT verändert hast, behandle auch das VT entsprechend.

Faden mit einem Restfaden von ca. 75 cm für die Seitennaht abschneiden. Wird der Cardigan länger, auch einen längeren Restfaden lassen.

Zweites VT

23 (25, 29, 31, 35) (37, 41, 43, 47) M an der noch offenen Kante des RT abzählen und mit Km in dieser M neuen Faden aufnehmen. 8 (10, 8, 10, 8) (10, 8, 10, 8) M bleiben am RT offen.

R 1: 1 Lm, Stb in gleiche fM wie Km, *fM in nächstes Stb, Stb in die nächste fM; ab * bis R-Ende wdh, wenden. [23 (25, 29, 31, 35) (37, 41, 43, 47) M]

R 2: 1 Lm, *fM nächstes Stb, Stb in nächste fM; ab * wdh, bis noch 1 M bleibt, letzte M ü, wenden. [22 (24, 28, 30, 34) (36, 40, 42, 46) M]

R 3: 1 Lm, *fM in nächstes Stb, Stb in nächste fM; ab * bis R-Ende wdh, wenden.

R 4–73: R 3 wdh.

Faden abschneiden und eine Restlänge von ca. 75 cm für die Seitennaht stehen lassen. (Länger, falls dein Cardigan mehr R hat.)

Anmerkung: Das zweite VT hat eine Reihe mehr als das erste, damit der Restfaden an der richtigen Stelle für die Seitennaht ist. Den Unterschied wird man am fertigen Stück nicht sehen. Wenn dich diese Diskrepanz stört, kannst du aber auch beide Seiten gleich häkeln und die Naht mit einem neuen Faden schließen.

Ärmel

VT über das RT falten, sodass die Grund-R des RT so exakt wie möglich M für M an den letzten R der VT anliegt (Unterkante des Cardigans). Den M bis zum Falz folgen – der Faltkante zwischen RT und VT – und an den Seitenkanten MM setzen, um die Oberkante der Schulter zu markieren, wo die Ärmel später angehäkelt werden. Mithilfe dieser MM können die Ärmel später richtig platziert werden. Der Mittelfalz sollte um die 3. oder 4. R des VT liegen.

An einer Seite des Cardigans beginnen. Arbeit drehen, um die erste R des Ärmels in die Rm zu häkeln. Der MM sitzt in der Mitte des Ärmels. 17 (18, 19, 20, 23) (25, 26, 30, 30) R des VT ab MM in der Mitte abzählen und hier einen MM setzen. 16 (17, 18, 19, 22) (24, 25, 29, 29) R des RT ab MM in der Mitte abzählen und hier einen MM setzen, um den Anfang zu markieren. An diesem MM beginnt R 1 des Ärmels.

Anmerkung: Alle Rm an der Seitenkante der Körperpartie als M behandeln.

R 1: Nadel in die markierte M am RT einstechen und mit Km in die markierte M Faden aufnehmen, 1 Lm, fM in gleiche M wie Km, Stb in nächstes R-Ende, *fM in nächstes R-Ende, Stb in nächstes R-Ende, ab * bis R-Ende, wdh, über MM in der Mitte hinaus bis einschließlich der am weitesten entfernten markierten M, dann erste und letzte M zusammenführen, um den Ärmel zu verbinden, Km in 1. M der Reihe, um zur Rd zu schließen, wenden. [34 (36, 38, 40, 46) (50, 52, 60, 60) M]

Nach R 1 können die Seitennähte mit der Stopfnadel geschlossen werden (s. »Nähte schließen« S. 169). Es kann dann einfacher sein, die restlichen Ärmel zu häkeln.

Anmerkungen: Die Ärmel werden in Hin- und Rückrunden gehäkelt; am Ende der Rd immer Km in die erste M der Rd häkeln, um die Rd zu schließen, dann Arbeit wenden.

Für engere (oder weitere) Ärmel einfach mehr (oder weniger) Abn-Rd häkeln.

Für längere (oder kürzere) Ärmel als in der Größentabelle auf Seite 46 angegeben, einfach mehr (oder weniger) Rd ohne Abn häkeln.

Den Rest des Ärmels in Rd häkeln wie für deine Größe angegeben:

Abn-Rd so häkeln: 1 Lm, 1. M ü, weiter nach Muster, bis noch 1 M offen, letzte M ü, Rd mit Km in erste M schließen, wenden. [2 M abg]

Die 1. M in den Abn-Rd ist abwechselnd eine fM und ein Stb.

Alle Rd ohne Abn so häkeln: 1 Lm, nach Muster bis Rd-Ende, mit Km in erste M schließen, wenden.

Nur nach deiner Größe arbeiten; Anzahl der Rd einschließlich der gerade gehäkelten Rd 1.

XS: Insgesamt 57 Rd, Abn in diesen Rd: 10, 20, 30, 40, 50. [24 M]

S: Insgesamt 56 Rd, Abn in diesen Rd: 8, 16, 24, 32, 40, 48. [24 M]

M: Insgesamt 53 Rd, Abn in diesen Rd: 12, 19, 26, 33, 40, 47. [26 M]

L: Insgesamt 51 Rd, Abn in diesen Rd: 7, 14, 21, 28, 35, 42, 49. [26 M]

XL: Insgesamt 48 Rd, Abn in diesen Rd: 5, 10, 15, 20, 25, 30, 35, 40, 45 [28 M]

2XL: Insgesamt 45 Rd, Abn in diesen Rd: 4, 8, 12, 16, 20, 24, 28, 32, 36, 40, 44. [28 M]

3XL: Insgesamt 42 Rd, Abn in diesen Rd: 9, 12, 15, 18, 21, 24, 27, 30, 33, 36, 39, 42. [28 M]

4XL: Insgesamt 40 Rd, Abn in diesen Rd: 4, 6, 9, 11, 14, 16, 19, 21, 24, 26, 29, 31, 34, 36, 39. [30 M]

5XL: Insgesamt 37 Rd, Abn in diesen Rd: 4, 6, 9, 11, 14, 16, 19, 21, 24, 26, 29, 31, 34, 36. [32 M]

Ärmelbündchen

Rd 1: 1 Lm, Fm in alle M bis Rd-Ende, mit Km in 1. M schließen, wenden. [24 (24, 26, 26, 28) (28, 28, 30, 32) fM]

Rd 2: 1 Lm, 1. M ü, fM in nächste M und alle M bis noch 1 M bleibt, letzte M ü, Rd mit Km in erste M schließen, wenden. [22 (22, 24, 24, 26) (26, 26, 28, 30) fM]

Rd 3 und 4: Rd 1 und 2 wdh. [20 (20, 22, 22, 24) (24, 24, 26, 28) fM]

Rd 5–9: Rd 1 wdh.

Faden abschneiden und Fadenenden vernähen.

Alle Instruktionen beim 2. Ärmel wdh.

Naht schließen

Mit der Stopfnadel und allen Fadenenden Seitennähte und Lücken schließen, z. B. Überwendlingsstich verwenden (S. 169). Von unten nach oben bis zu den Ärmeln nähen. Gilt für beide Seiten.

Kragen/Revers

Garn an der unteren Ecke innen mit Km aufnehmen und in die Rm an der Kante entlang arbeiten. Es folgen einige verkürzte Reihen, um den Kragen zu formen.

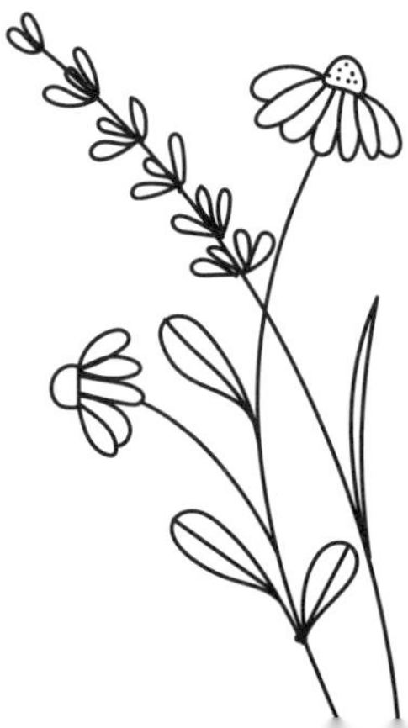

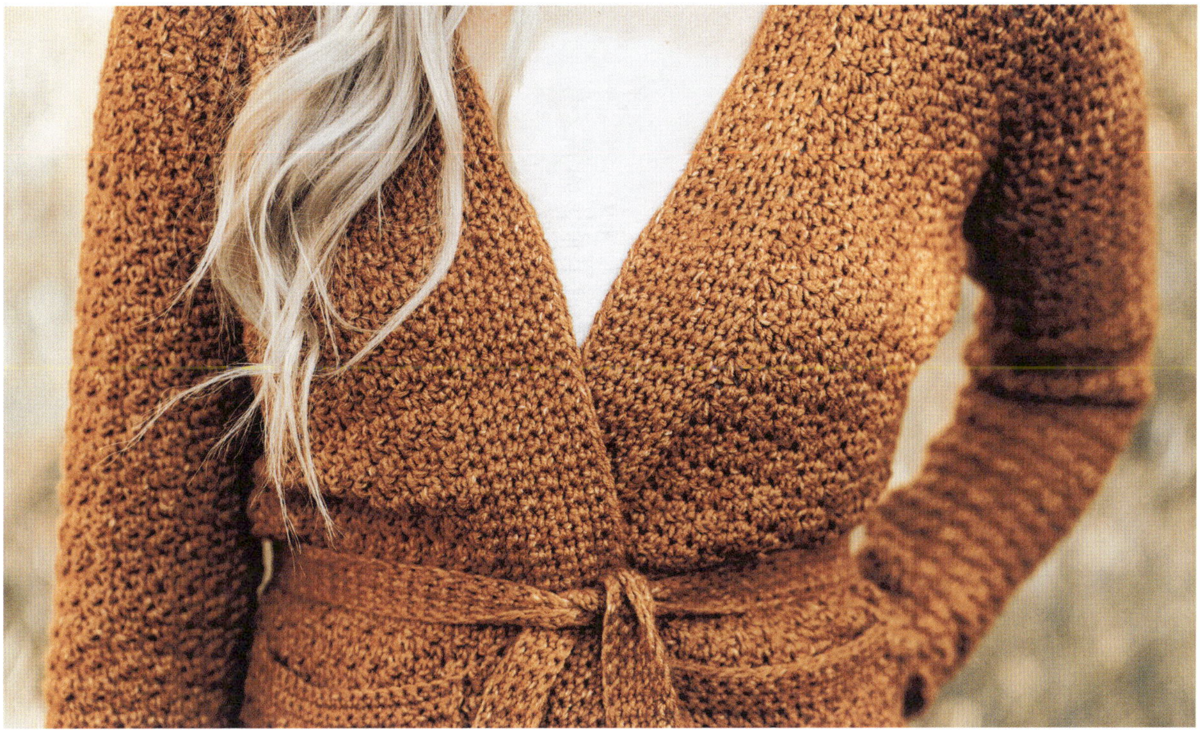

Angepasst: Der Cardigan kann ganz einfach mit Knöpfen versehen werden. Dazu MM an den Stellen am Revers platzieren, an denen Knöpfe sein sollen. Ich empfehle, Knopflöcher in der 4. oder 5. Reihe zu häkeln, damit sie in der Mitte einer symmetrischen Anzahl R liegen. Knopflöcher nach Anleitung, aber je 1–3 M ü, wenn ein MM folgt und stattdessen 1–3 Lm häkeln, je nach Zahl der ü M. Die Größe der Knopflöcher richtet sich nach der Größe der gewünschten Knöpfe. In der folgenden R fM in alle M und alle Lm, dann wieder nach der Anleitung weiterhäkeln. Wenn das Revers fertig ist, die Knöpfe gegenüber den Knopflöchern annähen.

Erste Seite

R 1: [Keine Wlm] Je 1 fM in alle R-Enden, bis etwa 10 cm über der Mitte der Brust, MM in Kante der letzten M, wenden.

R 2: [Keine Wlm] Erste fM ü, fM in nächste fM und alle fM bis R-Ende, wenden.

R 3: [Keine Wlm] fM in alle M bis 5 cm vor R-Ende, MM in Kante der letzten M, wenden.

R 4: R 2 wdh.

R 5: R 3 wdh.

R 6: R 2 wdh.

Jetzt solltest du 3 verkürzte R fertig haben. Alle verkürzten R haben MM am R-Ende, um zu markieren, wo du gewendet und 1 M ü hast. Die ü M kaschiert die Wendestelle etwas. Als Ausgleich für die fehlende M setzt du in R 7 eine neue M an diese markierte Lücke, wenn du über die verkürzten R eine neue R häkelst.

R 7: [Keine Wlm] fM in alle fM bis 1. MM, der die ü M am Ende einer verkürzten R markiert. 1 fM in dieses markierte R-Ende häkeln, um die ü M auszugleichen. Weiter fM in alle fM bis zum nächsten MM, dann den Prozess wdh, bis alle MM abgearbeitet sind. Weiter fM um den Ausschnitt, herum und auf der gegenüberliegenden Seite des Cardigans wieder hinunter bis zur gegenüberliegenden Ecke, wenden.

Zweite Seite

Du hast jetzt 7 R an einer Seite des Kragens und 1 R an der zweiten Seite fertig. Jetzt nur an der zweiten Seite arbeiten. Mit R 2 beginnen, da du schon eine R gehäkelt hast (R 7 der ersten Seite wird auch R 1 der zweiten Seite).

R 2: [Keine Wlm] 1 fM in alle fM, bis etwa 10 cm über der Mitte der Brust, MM in die Kante der letzten M, wenden.

R3: [Keine Wlm] 1. fM ü, fM in nächste fM und alle fM bis R-Ende, wenden.

R 4: [Keine Wlm] fM in alle M bis 5 cm vor R-Ende, MM in Kante der letzten M, wenden.

R 5: R 3 wdh.

R 6: R 4 wdh.

R 7: R 3 wdh.

R 8: [Keine Wlm] fM in alle fM bis 1. MM, der die ü M am Ende einer verkürzten R markiert. 1 fM in dieses markierte R-Ende, als Ausgleich für die ü M. fM in alle fM bis zum nächsten MM, dann den Prozess wdh, bis alle MM abgearbeitet sind. Weiter fM um den Ausschnitt und auf der gegenüberliegenden Seite wieder hinunter bis zur gegenüberliegenden Ecke, wenden.

Die Seiten des Revers sollten jetzt symmetrisch sein: je 8 vollständige R.

R 9–12: [Keine Wlm] fM in alle M bis R-Ende, wenden.

> *Angepasst:* Für ein breiteres Revers letzte R bis zur gewünschten Breite wdh.

Fadenende abschneiden, wenn du mit der Breite zufrieden bist.

Optional: Taillengürtel

R 1: FafM: 138 (150, 162, 174, 186) (198, 210, 222, 234) M oder in der gewünschten Länge.

Diese M-Anzahl ergibt einen Gürtel in 117 [127, 137, 147, 157] [168, 178, 188, 198] cm Länge.

R 2–8: 1 Lm, fM in alle M bis R-Ende, wenden.

Faden abschneiden.

> *Angepasst:* Für Gürtelschlaufen aus einem 15 cm langen Faden eine LmK häkeln, die etwas breiter ist als der Gürtel, ein paar R fM entlang der LmK. Faden so abschneiden, dass ein Restfaden zum Annähen der Schlaufe am Cardigan bleibt. Die Gürtelschlaufe mit den Restfäden an der gewünschten Stelle annähen und Fadenenden vernähen. Beliebig oft wdh.

Taschen (2 Stück)

> *Anmerkung:* Die Taschen werden von unten nach oben gehäkelt. An der Oberkante sind sie etwas schmaler, damit sie beim Tragen nicht ausleihern. Die Oberkante auf die Breite der Tasche dehnen, dann liegt die Öffnung dauerhaft straff am VT an.

R 1: FafM: 20 (22, 26, 28, 30) (32, 34, 36, 38) M, ca. 40 cm Restfaden zum Annähen der Tasche an den Cardigan stehen lassen.

R 2: 1 Lm, *fM in nächste M, Stb in nächste M; wdh ab * bis R-Ende, wenden.

R 3: 1 Lm, *fM in nächstes Stb, Stb in nächste fM; wdh ab * bis R-Ende, wenden.

R 4–16: R 3 wdh.

Für tiefere Taschen R 3 bis zur gewünschten Tiefe wdh.

Jetzt folgt die Kante im Kontrastmuster. Taschen leiern beim Tragen etwas aus. Die Abn in den nächsten R gleichen dies aus und tragen dazu bei, die Form der Taschen langfristig zu erhalten.

Nächste R: 1 Lm, fM in alle M bis R-Ende, wenden.

Nächste R: 1 Lm, fM in erste M, 2 fM zus, fM in nächste M und bis zu den letzten 3 M, 2 fM zus, fM in letzte M, wenden. [18 (20, 24, 26, 28) (30, 32, 34, 36) fM]

Nächste R: 1 Lm, fM in alle M bis R-Ende, wenden.

Letzte 2 R wdh. [16 (18, 22, 24, 26) (28, 30, 32, 34) fM]

Faden mit ca. 40 cm langem Restfaden zum Annähen der Tasche abschneiden.

Auf Wunsch die Tasche vor dem Annähen spannen.

Annähen

Mit MM die Taschen an der gewünschten Stelle fixieren. Die oberen R auf die Breite der restlichen Tasche dehnen. Cardigan anprobieren, um zu prüfen, ob die Taschen wunschgemäß platziert sind.

> *Anmerkung:* Prüfe beim Anprobieren, ob die Taschen so platziert sind, dass sie auch dann passend sitzen, wenn der Cardigan sich beim Tragen aushängt. Wenn das von dir benutzte Garn beim Spannen, Waschen oder Tragen nachgibt, sollten die Taschen etwas höher angesetzt sein als eigentlich gewünscht.

Wenn du mit der Platzierung zufrieden bist, nähe die Taschen mit der Stopfnadel und den beiden Restfäden entlang der Unterkante und den Seiten am Cardigan fest. Mehr zum Annähen von Taschen steht auf Seite 180.

> *Angepasst:* Dem Ausleihern und aus der Form Geraten von Taschen kannst du auch mit einem eingenähten dünnen Gummiband in knapp der Breite der Tasche entgegenwirken. Wenn du ungerne nähst, kannst du mit Textilkleber ein ähnliches Ergebnis erzielen.

Alle Fadenenden vernähen.

Den Cardigan in den Maßen spannen, die auf Seite 46 in der Größentabelle stehen.

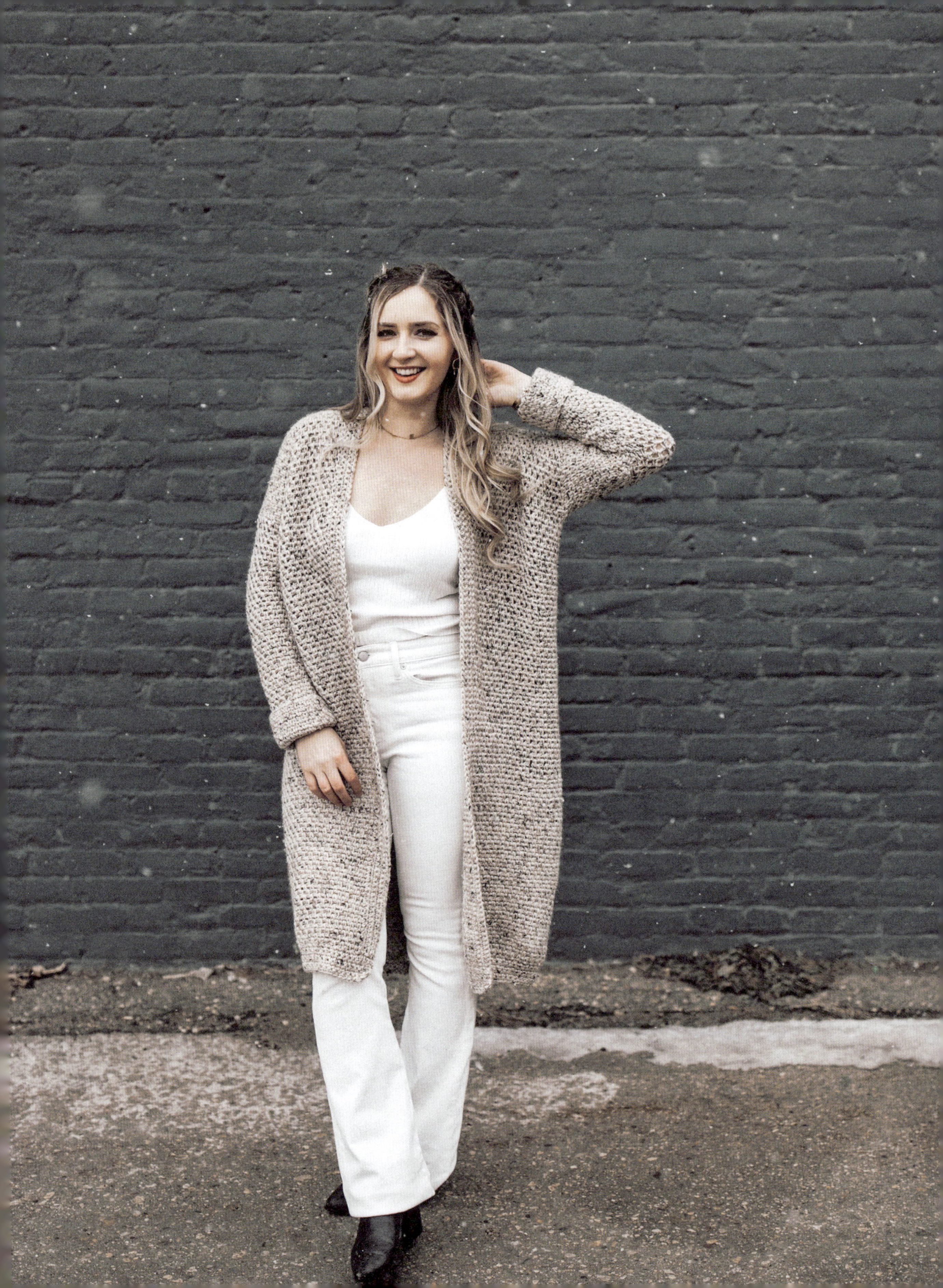

Winter-Garderobe

Die wärmsten Stücke für die kältesten Tage

Für ein halbes Jahr fühlt es sich in Kanada an wie im Inneren einer Schneekugel. Inzwischen weiß ich zu schätzen, wie friedlich die Wintersaison ist, die uns dazu einlädt, langsamer zu werden und den Augenblick zu genießen – aber noch mehr freue ich mich, all die Pullover zu tragen, die ich im Sommer angefertigt habe. Schon bevor ich häkeln konnte, mochte ich dicke Pullover als klassisches Element zu jedem Outfit.

Die fünf Modelle in diesem Kapitel sind perfekt ausbalanciert zwischen warm und elegant. Es kann schwierig sein, mit dickem Garn raffinierte Designs zu entwerfen, da gehäkeltes Gewebe schwer ist. Häkelmaschen sind von Natur aus voluminös und Gehäkeltes fällt anders als Gestricktes. Das bedeutet, dass man Muster, Nadelstärke und Garn besonders sorgfältig auswählen muss, um die gewünschte Optik zu erzielen. Dichte, schwere Häkelstiche geben Kleidungsstücken oft eine unerwünschte Struktur und neigen dazu, nicht so zu fallen, wie man es gern hätte, also habe ich leicht und luftig gearbeitet, damit das dicke Garn sich beim Tragen schön an den Körper anschmiegt.

Die Mischung ist vielseitig: Faux-fur, ein Rollkragenpulli, dickes Garn und übergroße Schnitte, die Form und Funktion perfekt vereinen. Ich tendiere immer zu natürlichen, organischen Texturen und einer eher neutralen Farbpalette und ich hatte viel Spaß dabei, mit so unterschiedlichen Fasern zu experimentieren. Inspiriert von der zeitlosen Schönheit der Natur sind diese Stücke dazu gedacht, draußen getragen zu werden. Mit diesen modischen Basics für kalte Tage kann der Winter kommen.

Vintage Moon

Pullover mit Rundpasse

Einfach

Keine Pulloversammlung wäre komplett ohne Rollkragenpulli. Ich finde die Eleganz dieser hohen Kragen unwiderstehlich. Sie geben eine ganz bestimmte Wärme und Sicherheit und verleihen jedem Kleidungsstück Raffinesse. Dieser einfache Rundpassenpullover bekommt dadurch Stil und Funktion; der Rollkragen strahlt klassische Eleganz aus, wie eine modische Verneigung der Zukunft an die Vergangenheit.

Dank des bequemen Schnitts und der schmal zulaufenden Ärmel passt Vintage Moon unter jeden Parka, wo er den Hals vor dem kalten Winterwind schützt. Er ist oberschenkellang (die Länge kann aber nach Belieben verändert werden) und die Ärmel reichen bis über das Handgelenk, um zusätzlich vor der Kälte zu schützen. Das Modell gibt Wärme und Geborgenheit und jedes damit kombinierte Outfit strahlt Selbstvertrauen aus.

Aufbau

Dieser Pullover hat eine Rundpasse und wird nach dem gerippten Rollkragen nahtlos von oben nach unten gehäkelt. Nach den Zunahmen an der Passe wird diese in Körper und Armausschnitte aufgeteilt. Erst wird der Körper gehäkelt, die Ärmel folgen als Letztes. Der Vorteil dieses Aufbaus ist, dass du während des Häkelns anprobieren und die nötigen Anpassungen für die perfekte Passform vornehmen kannst. Besonders hilfreich ist das, um für dich festzustellen, welche Länge die Ärmel und der Pullover haben sollen. Das gesamte Stück wird in einer Spirale gearbeitet, was eine glatte, nahtlose Textur ohne sichtbare Nähte oder zusammengefasste Stellen ergibt.

Material

Garn:
Dick (Bulky) – The Hook Nook Yummy in der Farbe Olive You (80% Acryl, 20% Wolle)

170 m/100 g

Verbrauch:
6 (6, 6, 7, 7) (8, 8, 8, 9) Knäuel oder 869 (915, 983, 1052, 1143) (1189, 1281, 1349, 1418) m

Anmerkung: Günstig!

The Hook Nook Yummy fühlt sich leichter an als andere dicke Garne (Bulky). Trotzdem kannst du jedes voluminöse Garn verwenden, bei dem die Maschenprobe stimmt.

Häkelnadel Körper und Ärmel:
6,5 mm oder andere Stärke gemäß Maschenprobe

Häkelnadel Rollkragen und Ärmelbündchen:
6 mm bzw. 0,5 mm kleiner als für Pullover und Ärmel

Zubehör:
Stopfnadel, 6 offene MM

Maschenprobe:
15 x 15 cm = 14 M und 12 R hStb in Rd mit der größeren Nadelstärke

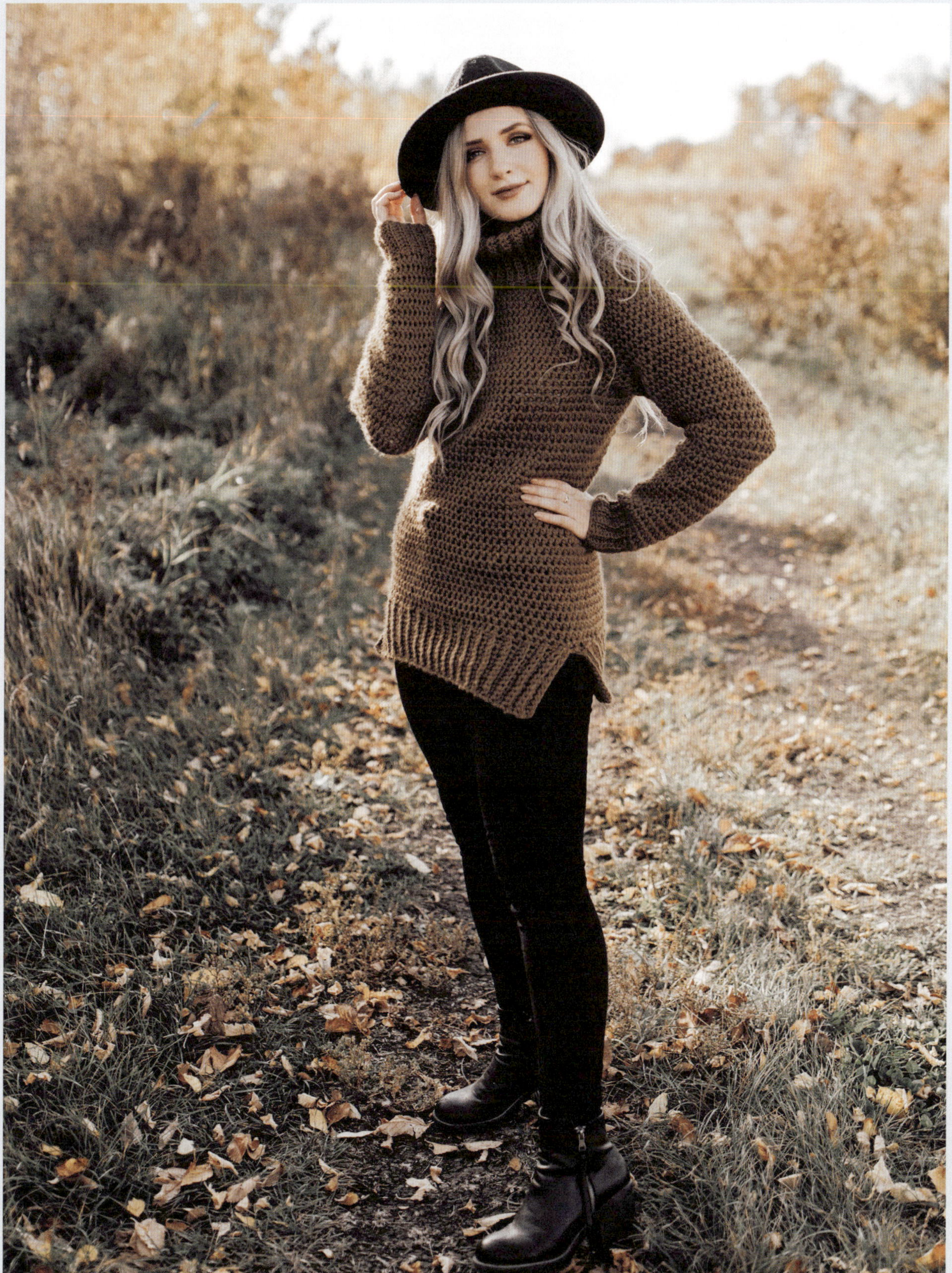

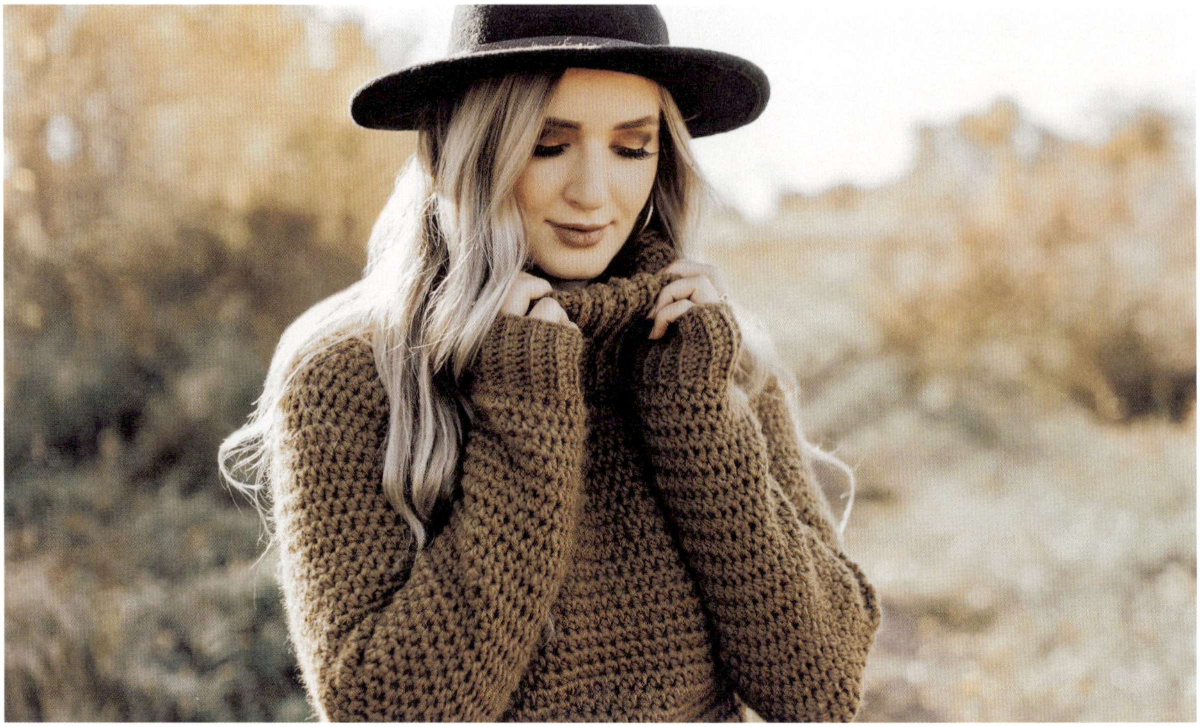

ABKÜRZUNGEN

Abn/abg: Abnahme/abgenommen
fM hMg: feste Masche in hinteres Maschenglied
fM: feste Maschen
hStb: halbe Stäbchen
2 hStb zus: 2 halbe Stäbchen zusammenhäkeln
Km: Kettmasche(n)
Lm: Luftmasche(n)
LmK: Luftmaschenkette
M: Masche(n)
Mg: Maschenglied(er)
MM: Maschenmarkierer
Rd: Runde(n)
Rm: Randmasche(n)
RT: Rückenteil
ü: überspringen
VT: Vorderteil
wdh: wiederholen
Wlm: Wendeluftmasche
Zun: Zunahme – 2 hStb in eine M

Aufbauschema

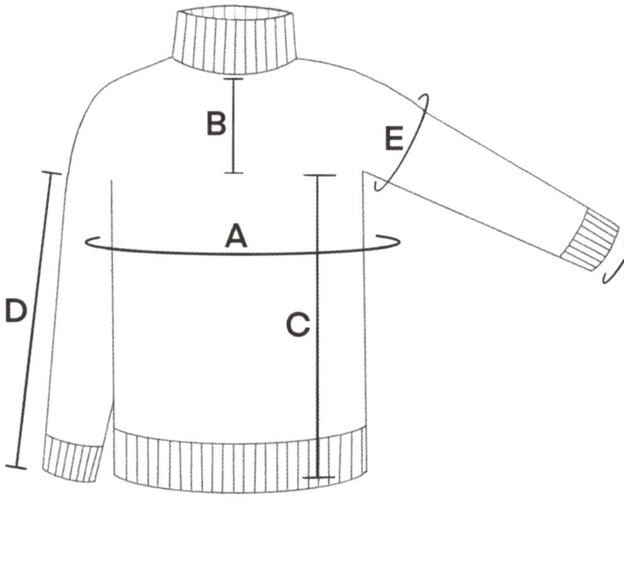

Größentabelle Vintage Moon

	A Brustumfang fertiges Stück	B Länge der Rundpasse erste bis letzte Runde	C Körperlänge ab Achsel	D Ärmellänge ab Achsel	E Umfang Oberarm	F Umfang Handgelenk
XS	89 cm	17 cm	48 cm	44 cm	37 cm	19 cm
S	100 cm	17 cm	48 cm	44 cm	38 cm	19 cm
M	109 cm	17 cm	48 cm	44 cm	40 cm	20 cm
L	119 cm	18 cm	48 cm	44 cm	43 cm	20 cm
XL	130 cm	18 cm	48 cm	44 cm	47 cm	20 cm
2XL	135 cm	18 cm	48 cm	44 cm	51 cm	23 cm
3XL	150 cm	19 cm	48 cm	44 cm	55 cm	23 cm
4XL	160 cm	22 cm	48 cm	44 cm	58 cm	23,5 cm
5XL	170 cm	22 cm	48 cm	44 cm	58 cm	23,5 cm

Die Tabelle zeigt die Maße des fertigen Kleidungsstücks. Der Pullover soll mit etwa 13–18 cm Bewegungszugabe getragen werden. Richte dich bei der Größenauswahl nach einem Brustumfang, der 13–18 cm weiter ist als deine Maße. Beispiel: Das Model ist 163 cm groß, hat einen Brustumfang von 86 cm und trägt Größe S. Der Brustumfang des fertigen Stücks beträgt 100 cm. Bei Zwischengrößen orientiere dich nach unten.

Weitere Infos (auf Englisch) und Tester:innen-Fotos findest du auf knitsnknots.ca/vintage-moon.

Anleitung

Anmerkung zur Anleitung

Rechts: »Auf rechts« bezeichnet die Seite der Arbeit, die beim Häkeln von Passe, Körper und Ärmel zu dir zeigt.

Rollkragen

Mit Nadelstärke 6 mm oder kleiner arbeiten.

34 Lm, ca. 50 cm Restfaden zum Zusammennähen des Rollkragens stehen lassen.

> *Angepasst:* Um den Rollkragen niedriger oder höher zu machen als abgebildet, häkelst du weniger oder mehr Lm. Als Referenz: der abgebildete Rollkragen ist vor dem Umschlagen insgesamt 25 cm lang.

R 1: fM in 2. Lm ab Nadel und in alle Lm bis R-Ende, wenden. [33 fM]

R 2: 1 Lm, fM in 1. M, fM hMg bis letzte M, fM in letzte M, wenden.

R 2 wdh bis insgesamt 60 (63, 63, 66, 69) (69, 69, 72, 72) R.

Arbeit um 90 Grad drehen und in die Rm der gerade gehäkelten R arbeiten.

Grund-Rd: 1 Lm, 1 hStb in alle Rm der Rippe, dann 1. und letzte M zusammenführen und einen Schlauch bilden. hStb direkt in 1. hStb, um die Runde zu schließen. Ab hier häkelst du in Spiralen. [60 (63, 63, 66, 69) (69, 69, 72, 72) hStb]

MM in letztes hStb als Markierung der Mitte des RT. MM in allen neuen Rd nach oben versetzen.

Mit Stopfnadel und Restfaden der LmK 1. und letzte R des Rollkragens zu einem Schlauch zusammenfassen und mit z. B. Überwendlingsstich (S. 169) zusammennähen.

Rundpasse

Weiter mit Häkelnadel 6,5 mm oder der gewählten (größeren) Nadelstärke.

Zun-Rd 1

*Zun in nächste M, hStb in nächste 2 M; ab * bis Rd-Ende wdh. [80 (84, 84, 88, 92) (92, 92, 96, 96) hStb]

hStb in alle M der nächsten 2 (2, 2, 2, 2) (2, 1, 1, 1) Rd

Zun-Rd 2

*Zun in nächste M, hStb in nächste 3 M; ab * bis Rd-Ende wdh. [100 (105, 105, 110, 115) (115, 115, 120, 120) hStb]

hStb in alle M der nächsten 3 (3, 2, 3, 2) (2, 1, 2, 2) Rd

Zun-Rd 3

XS: hStb in erste 5 M, *hStb in nächste 4 M, Zun in nächste M; ab * bis letzte 5 M wdh, hStb in letzte 5 M. [118 hStb]

Alle weiteren Größen: *Zun in nächste M, hStb in nächste 4 M; ab * bis Rd-Ende wdh. [x (126, 126, 132, 138) (138, 138, 144, 144) hStb]

hStb in alle M der nächsten 4 (4, 2, 2, 2) (2, 1, 1, 1) Rd

Größe XS und S: die Rundpasse ist jetzt fertig; weiter bei »Aufteilen in Körper & Ärmel«.

Alle weiteren Größen: weiter bei »Zun-Rd 4«

Angepasst: Die in der Größentabelle auf S. 59 angegebenen Maße für die Passe beachten! Anprobieren und ab Unterkante des Rollkragens messen, um zu sehen, wo die fertige Passe am Körper endet. Wenn sie dir zu tief sitzt, kannst du alle folgenden Zun-Rd früher häkeln als für deine Größe angegeben (reguläre Rd stattdessen weglassen).

Zun-Rd 4

M: hStb in erste 6 M, *Zun in nächste M, hStb in nächste 9 M; ab * bis Rd-Ende wdh. [138 hStb]

L: hStb in erste 6 hStb, *Zun in nächste M, hStb in nächste 5 M; ab * bis letzte 6 M wdh, hStb in letzte 6 M. [152 hStb]

Alle weiteren Größen: *Zun in nächste M, hStb in nächste 5 M; ab * bis Rd-Ende wdh. [x (x, x, x, 161) (161, 161, 168, 168) hStb]

hStb in alle M der nächsten x (x, 2, 2, 1) (1, 1, 2, 2) Rd.

Größe M und L: die Rundpasse ist jetzt fertig; weiter bei »Aufteilen in Körper & Ärmel«

Alle weiteren Größen: weiter bei »Zun-Rd 5«

Zun-Rd 5

XL: hStb in erste M, *Zun in nächste Mt, hStb in nächste 39 M; ab * bis Rd-Ende wdh [165 hStb]

Alle weiteren Größen: *Zun in nächste M, hStb in nächste 6 M; ab * bis Rd-Ende wdh. [x (x, x, x, x) (184, 184, 192, 192) hStb]

hStb in alle M der nächsten x (x, x, x, 1) (1, 2, 2, 2) Rd.

Größe XL und 2XL: die Rundpasse ist jetzt fertig; weiter bei »Aufteilen in Körper & Ärmel«

Alle weiteren Größen: weiter bei »Zun-Rd 6«

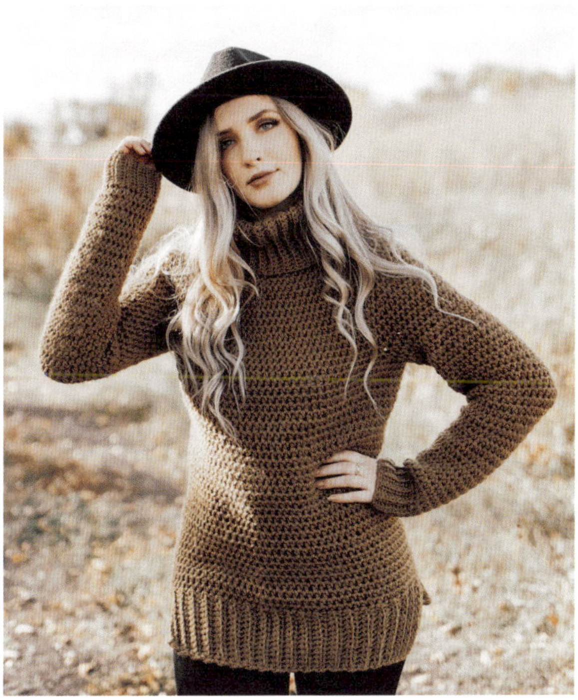

Zun-Rd 6

3XL: hStb in erste 4 M, *Zun in nächste M, hStb in nächste 14 M; ab * bis Rd-Ende wdh. [196 hStb]

4XL: hStb in erste 12 M, *Zun in nächste M, hStb in nächste 11 M; ab * bis Rd-Ende wdh. [207 hStb]

5XL: *Zun in nächste M, hStb in nächste 7 M; ab * bis Rd-Ende wdh. [216 hStb]

hStb in alle M der nächsten x (x, x, x, x) (x, 2, 2, 2) Rd.

Jetzt sollte die Rundpasse aus insgesamt 13 (13, 13, 14, 14) (15, 16, 17, 17) Rd bestehen.

Aufteilen in Körper & Ärmel

hStb in nächste 17 (19, 21, 23, 25) (28, 29, 31, 33) M, 8 (9, 9, 9, 10) (10, 11, 12, 12) Lm, nächste 26 (26, 28, 30, 33) (37, 40, 42, 42) M ü, (Platz für den rechten Ärmel), hStb in nächste 33 (37, 41, 46, 49) (55, 58, 61, 66) M, 8 (9, 9, 9, 10) (10, 11, 12, 12) Lm, nächste 26 (26, 28, 30, 33) (37, 40, 42, 42) M ü (Platz für den linken Ärmel), hStb in nächste 16 (18, 20, 23, 25) (27, 29, 31, 33) M bis Rd-Anfang. [82 (92, 100, 110, 119) (130, 138, 147, 156) M]

MM in 1. und letzte ü M der beiden Ärmel (2 MM pro Ärmel). Auf diese MM beziehst du dich beim Häkeln der ersten Ärmel-Rd.

Körperpartie

MM am Rd-Anfang kann jetzt weg.

Nächste Rd: hStb in alle M und alle Lm bis Rd-Ende.

hStb in alle M bis Rd-Ende, bis 10 cm kürzer als gewünschte Gesamtlänge.

Ist die Wunschlänge erreicht, die Mitte der Achsel finden und von dort senkrecht nach unten bis zur letzten R gehen. Dort rechts und links von der M 1 MM als Markierung für die Bündchenschlitze setzen.

Das Bündchen beginnt an einem der MM. hStb in alle M bis 6 M vor dem nächsten MM, fM in nächste 3 M, Km in nächste 3 M.

Jetzt solltest du eine markierte M erreicht haben.

Rippenpartie am Bündchen

Weiter mit Häkelnadel 6,5 mm oder der größeren Nadelstärke.

13 Lm.

R 1: fM in 2. Lm ab Nadel und in alle Lm bis R-Ende. [12 fM]

Finde die M, in die du die Anfangs-Lm gehäkelt hast. Nicht in diese M arbeiten, sondern Km in die nächsten 2 M des Körpers. Arbeit wenden, um in die gerade gehäkelte R weiterzuarbeiten.

R 2: [keine Wlm] Die 2 gerade gehäkelten Km ü, fM hMg in alle fM bis letzte fM, fM in beide Mg der letzten fM, wenden, Wlm nicht häkeln.

R 3: [keine Wlm] fM in beide Mg der ersten fM, fM hMg in alle fM bis R-Ende, Km in nächste 2 Körper-M, Arbeit wenden, um in die gerade gehäkelte R weiterzuarbeiten.

R 2 und 3 bis zum 2. MM wdh. Letzte R ist eine Wdh von R 3. Hierhin kommt der Schlitz.

13 Lm, R 1–3 wdh, dann R 2 und 3 wdh bis erster MM. Faden abschneiden.

Angepasst: Für ein Bündchen ohne Schlitze R 2 und 3 um die gesamte Unterkante wdh, dann Faden abschneiden und erste und letzte R zusammennähen. Fadenenden vernähen.

Ärmel

Mit 6,5 mm Häkelnadel oder der größeren Nadelstärke mit Km in die geschätzte Mitte der Achsel neuen Faden aufnehmen (Arbeit auf rechts).

Rd 1 (Grund-Rd): 1 Lm, 4 (4, 4, 4, 5) (5, 5, 6, 6) hStb in regelmäßigen Abständen bis 1. MM, hStb in nächste 26 (26, 28, 30, 33) (37, 40, 42, 42) Ärmel-M bis einschl 2. MM, 4 (5, 5, 5, 5) (5, 6, 6, 6) hStb in regelmäßigen Abständen bis Rd-Ende. [34 (35, 37, 39, 43) (47, 51, 54, 54) hStb]

hStb in erstes hStb der Rd 1, ab hier spiralförmig häkeln, MM in diese M als Markierung des Rd-Anfangs.

Den Rest des Ärmels in Rd nach den Angaben für deine Größe häkeln:

XS, S, M, L, XL: Die Abn-Rd so häkeln: hStb in 1. M, 2 hStb zus, hStb in alle M bis Rd-Ende. [1 M abg]

2XL, 3XL, 4XL, 5XL: Rd mit doppelten Abn so häkeln: hStb in 1. M, 2 hStb zus, hStb in jede M bis noch 3 M offen, 1 hStb zus, hStb in letzte M. [2 M abg]

Alle Rd ohne Abn so häkeln: Alle M sind hSt.

XS: Insgesamt 30 Rd, dabei in diesen Rd abn: 4, 8, 12, 16, 20, 24, 28, 30. [26 hStb]

S: Insgesamt 30 Rd, dabei in diesen Rd abn: 3, 6, 9, 12, 15, 18, 21, 24, 27. [26 hStb]

M: Insgesamt 30 Rd, dabei in diesen Rd abn: 3, 6, 9, 12, 15, 18, 21, 24, 27, 30. [27 hStb]

L: Insgesamt 30 Rd, dabei in diesen Rd abn: 2, 5, 7, 10, 12, 15, 17, 20, 22, 25, 27, 30. [27 hStb]

XL: Insgesamt 30 Rd, dabei in diesen Rd abn: 2, 4, 6, 8, 10, 12, 14, 16, 18, 20, 22, 24, 26, 28, 30. [28 hStb]

2XL: Insgesamt 28 Rd, dabei in diesen Rd doppelt abn: 3, 6, 9, 12, 15, 18, 21, 24. [31 hStb]

3XL: Insgesamt 27 Rd, dabei in diesen Rd doppelt abn: 2, 5, 7, 10, 12, 15, 17, 20, 22, 25. [31 hStb]

4XL und 5XL: Insgesamt 26 Rd, dabei in diesen Rd doppelt abn: 2, 4, 7, 9, 12, 14, 17, 19, 22, 24, 26. [32 hStb]

Mit dem gleichen Faden weiterarbeiten; es folgt das Ärmelbündchen.

Ärmelbündchen

6 mm Häkelnadel oder kleinere Nadelstärke.

11 Lm.

R 1: fM in 2. Lm ab Nadel und in alle Lm. [10 fM]

Die M finden, aus der die 1. Lm kam. Nicht in diese M häkeln, sondern Km in die nächsten 2 M der letzten Ärmel-Rd. Arbeit wenden, um in die gerade gehäkelte R weiterzuarbeiten.

R 2: [keine Wlm] 2 gerade gehäkelte Km ü, fM hMg in alle fM bis letzte fM, fM in beide Mg der letzten fM, wenden.

R 3: [keine Wlm] fM in beide Mg der ersten fM, fM hMg in alle weiteren fM bis R-Ende, Km in nächste 2 Ärmel-M, Arbeit wenden, um in die gerade gehäkelte R weiterzuarbeiten.

R 2 und 3 wdh, bis du rund um das gesamte Bündchen gehäkelt hast. Mit der Stopfnadel erste und letzte R der Rippenpartie mit z. B. Überwendlingsstich zusammennähen. Faden abschneiden und Fadenenden vernähen.

Alle Instruktionen beim 2. Ärmel wdh.

Den Pullover in den Maßen spannen, die in der Größentabelle (S. 59) stehen. Damit verhinderst du, dass sich das gerippte Bündchen aufrollt.

Fifty Below

Colorblock-Pullover

Einfach

Der zweifarbige Fifty-Below-Pullover ist ein hübsches, warmes Stück, das dazu gedacht ist, dich auf allen winterlichen Abenteuern zu begleiten. Er ist verspielt, weich und unglaublich kuschelig; vor dem Hintergrund glitzernd weiß verschneiter Berge kommt er bestens zur Geltung. Der süße, unprätentiöse Pullover hat Charakter, von der eigenwilligen Textur bis zu den leuchtenden Farbflächen. Der verspielte Zwei-Farben-Effekt lädt ein, selbst kreative Farbkombinationen zu finden – eine perfekte Gelegenheit, sich kreativ auszutoben. Fifty Below ruft förmlich nach einem Ausflug in den Schnee – das ideale Accessoire zu Schlittschuhen und Skistöcken.

Aufbau

Der Pullover besteht aus 4 Teilen, VT, RT und zwei Ärmeln. Erst werden VT und RT gehäkelt und an Schultern und Seiten bis zu den Armausschnitten zusammengenäht. Die Ärmel werden flach vom Handgelenk nach oben gehäkelt. Erst wird die Ärmelnaht geschlossen, dann werden die Ärmel am Körper angesetzt. Der Pullover sitzt etwa auf der Mitte der Hüfte, aber du kannst die Länge beliebig verändern.

Anmerkungen: Dieses Rippenmuster wird anders gehäkelt als die anderen im Buch benutzten Rippenmuster. Auf Seite 171 ist diese Technik näher erläutert.

Halte dich an die Farbwechsel wie beschrieben, um einen zweifarbigen Pullover zu häkeln wie abgebildet, oder verwirf die Regeln und arbeite nach deinen eigenen Farbideen und einem vorhandenen Garn. Der Verbrauch für einen einfarbigen Pullover ist alternativ angegeben.

Material

Garn:
Dick (Bulky) – Wool and the Gang Alpachino Merino in den Farben Chestnut Brown (Fb A) und Sahara Dust (Fb B) (60% Merino, 40% Baby-Alpaka)

100 m/100 g

Bei yarnsub.com (englischsprachig) kannst du passende Ersatzgarne finden.

Verbrauch (2-farbig):
Fb A (unten): 4 (5, 5, 5, 6) (7, 7, 7, 8) Knäuel oder 366 (412, 458, 503, 526) (618, 663, 686, 755) m

Fb B (oben): 4 (4, 4, 5, 5) (6, 6, 7, 7) Knäuel oder 343 (366, 389, 435, 481) (526, 595, 641, 686) m

Verbrauch uni: 8 (8, 9, 10, 10) (12, 13, 14, 15) Knäuel oder 709 (778, 846, 938, 1006) (1143, 1258, 1326, 1441) m

Alpachino Merino passt so gut zu diesem Pullover, ohne zu schwer oder zu fest zu wirken, weil es aus zwei glatten Fasern, Merinowolle und Baby-Alpaka, locker zu einem voluminösen, luftigen Garn versponnen ist. Du kannst es trotzdem durch andere, stärkere Garne der Kategorie Bulky ersetzen, mit denen die Maschenprobe stimmt.

Anmerkung: Günstigere Alternativen sind The Hook Nook Yummy, Loops & Threads Cozy Wool. WeCrochet Biggo ist ebenfalls ein guter Ersatz für Alpachino Merino, wenn auch nicht ganz so günstig wie die anderen genannten Garne.

Häkelnadel:
6,5 mm oder andere Stärke gemäß Maschenprobe

Zubehör:
Stopfnadel, mehrere offene MM

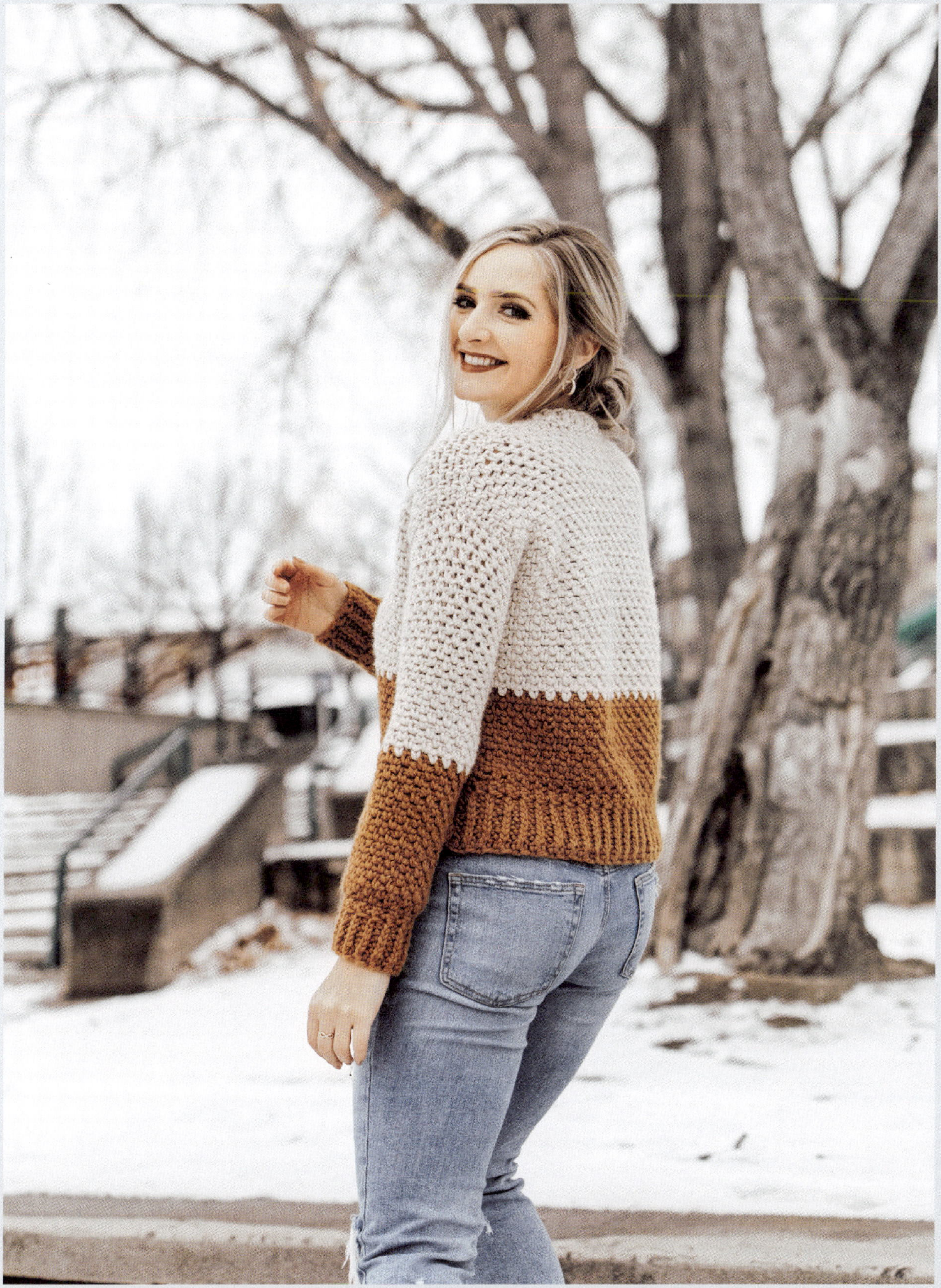

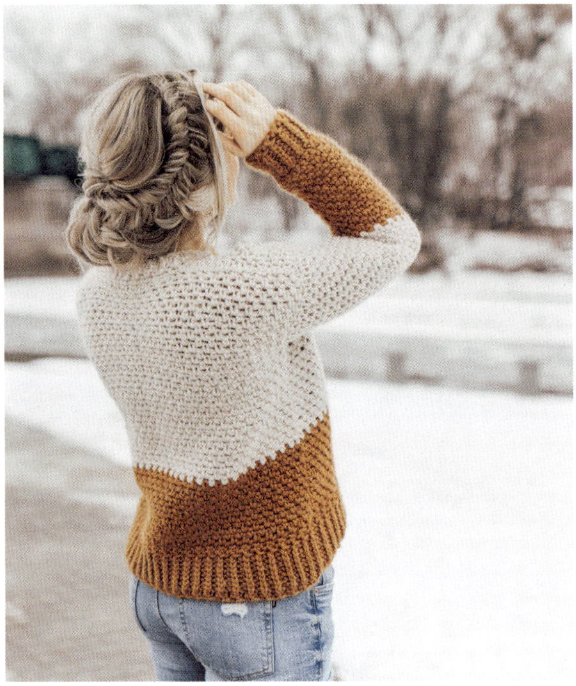

Maschenprobe:

10 x 10 cm = 11,5 M und 11 R im Granitmuster, bei dem alle fM und alle Lm als M zählen (s. Instruktionen unten)

Probestück:

15 Lm.

R 1: fM in 3. Lm ab Nadel (Anmerkung: ü Lm werden zur LmL), *1 Lm, nächste Lm ü, fM in nächste Lm; ab * bis R-Ende wdh, wenden. [8 fM; 7 Lm]

R 2: 2 Lm, fM in 1. LmL, *1 Lm, nächste fM ü, fM in nächste LmL; ab * bis R-Ende wdh, wenden.

R 2 wdh, bis mindestens 14 R.

Probestück spannen. Für möglichst exakte Messwerte innenliegende 10 cm des Probestücks abmessen (ohne Rm).

> *Anmerkung:* Granitmuster kennt man auch als Sandmuster, Perlmuster oder Moos-muster.

eKm häkeln:

U, in M einstechen, U, Schl durch die M und beide Schl auf der Nadel ziehen. Diese Masche wird beim Großteil der Rippenpartie in die 3. Schl gehäkelt sowie an R-Anfang und R-Ende der Rippenreihen unter die vMg und hMg (genauere Erläuterung auf S. 171).

Beachte, dass nach dem Wenden der Arbeit am R-Anfang die 3. Schl vorne erscheint und 2 offen bleibende Schl dahinter sein sollten. Dies ergibt an der gegenüberliegenden Seite des Teils eine R Maschen, die wie gestrickt aussehen.

ABKÜRZUNGEN

eKm: erweiterte Kettmasche(n)
Fb: Farbe
fM: feste Masche(n)
2 fM zus: 2 fM zusammenhäkeln
hMg: hintere(s) Maschenglied(er)
Km: Kettmasche(n)
Lm: Luftmasche(n)
LmL: Luftmaschenlücke(n)
M: Masche(n)
oMg: obere Maschenglieder
Rd: Runde(n)
RT: Rückenteil
Schl: Schlinge(n)
ü: überspringen
U: Umschlag
vMg: vordere(s) Maschenglied(er)
VT: Vorderteil
wdh: wiederholen
Wlm: Wendeluftmasche
Zun: Zunahme

Größentabelle Fifty Below

	A Brustumfang fertiges Stück	B Länge ab Schulter	C Ärmellänge ab Achsel	D Umfang Oberarm	E Umfang Handgelenk
XS	*90 cm*	*46 cm*	*50 cm*	*30 cm*	*22 cm*
S	*100 cm*	*49,5 cm*	*47 cm*	*30 cm*	*22 cm*
M	*112 cm*	*53 cm*	*44 cm*	*34 cm*	*22 cm*
L	*122 cm*	*58 cm*	*42 cm*	*36 cm*	*22 cm*
XL	*132 cm*	*61 cm*	*39 cm*	*40 cm*	*24 cm*
2XL	*142 cm*	*65 cm*	*38 cm*	*45 cm*	*24 cm*
3XL	*154 cm*	*70 cm*	*34 cm*	*48 cm*	*24 cm*
4XL	*161 cm*	*72 cm*	*32 cm*	*52 cm*	*25 cm*
5XL	*171 cm*	*77 cm*	*29 cm*	*52 cm*	*25 cm*

Die Tabelle zeigt die Maße des fertigen Pullovers. Er soll mit etwa 15–20 cm Bewegungszugabe getragen werden. Richte dich bei der Größenauswahl nach einem Brustumfang, der 15–20 cm weiter ist als deine Maße. Beispiel: Das Model ist 163 cm groß, hat einen Brustumfang von 86 cm und trägt Größe S. Der Brustumfang des fertigen Stücks beträgt 100 cm und hat 14 cm Bewegungszugabe.

Weitere Infos (auf Englisch) und Tester:innen-Fotos findest du auf knitsnknots.ca/fifty-below.

Aufbauschema

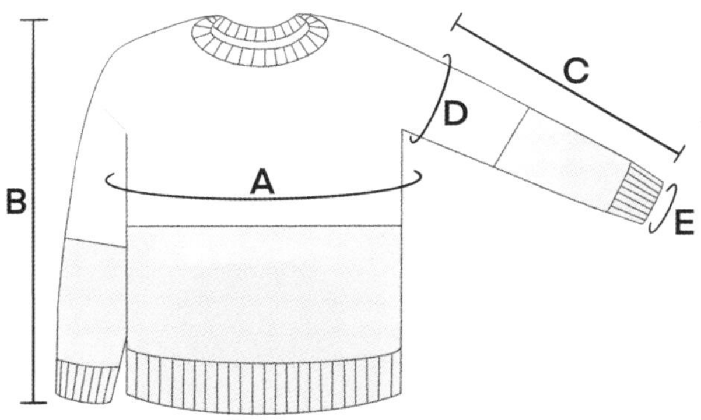

Anleitung

Anmerkungen zur Anleitung

Wlm: Die Wlm beim Granitmuster, dem Hauptmuster (außer bei der Rippenpartie), zählt als 1 fM + 1 Lm und wird in der M-Zahl am Ende aller R mitgezählt.

Nahtloser Farbwechsel: Letzte M der alten Farbe häkeln wie gewohnt, aber den letzten U der M in der neuen Farbe vornehmen. Dann die alte Farbe abschneiden und weiter mit der neuen Farbe.

Vorderteil

Rippenbündchen Unterkante

11 Lm in Fb A. Ca. 60 cm Restfaden für die Seitennaht.

R 1: eKm in 2. Lm ab Nadel und in alle Lm bis R-Ende. [10 eKm]

R 2: 1 Lm (zählt hier nicht als M), eKm in vMg und hMg der ersten M, eKm in 3. Schl der nächsten 8 M, eKm in vMg und hMg der letzten M, wenden.

R 2 wdh bis insgesamt 51 (57, 63, 69, 75) (81, 87, 91, 97) R Rippenmuster. Nach letzter R nicht wenden.

Körper

Nach letzter R Arbeit drehen und in die Rm der gerade gehäkelten R arbeiten.

R 1: 1 Lm, 1 fM in alle gerade gehäkelten Rm, wenden. [51 (57, 63, 69, 75) (81, 87, 91, 97) fM]

R 2: 2 Lm (zählt als 1 fM und 1 Lm), erste 2 fM ü, fM in 3. fM, *1 Lm, nächste fM ü, fM in nächste fM; ab * bis R-Ende wdh, wenden. [26 (29, 32, 35, 38) (41, 44, 46, 49) fM]

R 3: 2 Lm, fM in 1. LmL, *1 Lm, nächste fM ü, fM in nächste LmL; ab * bis R-Ende wdh, wenden.

Angepasst: Um den Pullover länger (oder kürzer) zu machen als in der Größentabelle auf Seite 67 angegeben, nach Belieben mehr (oder weniger) R häkeln. Damit die Farbflächen ausgewogen sind, immer ein Vielfaches von 2 R mehr (oder weniger) häkeln, je eine R für Fb A und Fb B. Der Garnverbrauch bei längeren Pullovern ist höher als auf Seite 64 angegeben.

R 3 wdh bis insgesamt 11 (13, 15, 17, 19) (21, 23, 25, 27) R.

Wechseln zu Fb B. Weitere 24 (26, 28, 30, 32) (34, 36, 38, 40) R im Muster.

Es sollen insgesamt 35 (39, 43, 47, 51) (55, 59, 63, 67) R sein.

Ausschnitt

Seite 1

R 1: 2 Lm, fM in 1. LmL, *1 Lm, nächste fM ü, fM in nächste LmL; ab * 9 (11, 12, 14, 15) (16, 17, 18, 20) -mal wdh, wenden. [11 (13, 14, 16, 17) (18, 19, 20, 22) fM]

R 2: 2 Lm, 1. LmL ü, nächste fM ü, fM in nächste LmL, *1 Lm, nächste fM ü, fM in nächste LmL; ab * bis R-Ende wdh, wenden. [10 (12, 13, 15, 16) (17, 18, 19, 21) fM]

R 3: 2 Lm, fM in 1. LmL, *1 Lm, nächste fM ü, fM in nächste LmL; ab * wdh, bis 2 LmL offen, 1 Lm, nächste fM ü, 2 fM zus (letzte 2 LmL zus), wenden. [9 (11, 12, 14, 15) (16, 17, 18, 20) fM]

R 4: 2 Lm, fM in 1. LmL, *1 Lm, nächste fM ü, fM in nächste LmL; ab * bis R-Ende wdh, wenden.

R 4 noch 4 (5, 5, 6, 6) (6, 7, 7, 8)-mal wdh.

Jetzt sind es insgesamt 8 (9, 9, 10, 10) (10, 11, 11, 12) R bei Seite 1.

Faden abschneiden, ca. 40 cm Restfaden zum Schließen der Schulternaht.

Seite 2

Anmerkung: Da dieses Häkelmuster wendbar ist, musst du nicht in der Mitte der Reihe beginnen und zum Rand hin häkeln, um ein durchgehendes Hin- und Rückmuster aufrechtzuerhalten. Beginne am Rand und häkle nach innen wie bei Seite 1.

Die zweite Seite wie die erste Seite häkeln. An der gegenüberliegenden Kante beginnen, mit Km an der LmL in der Ecke neuen Faden aufnehmen. Zur Mitte hin arbeiten. Instruktionen für Seite 1 wdh. Faden abschneiden, ca. 40 cm Restfaden für die Schulternaht.

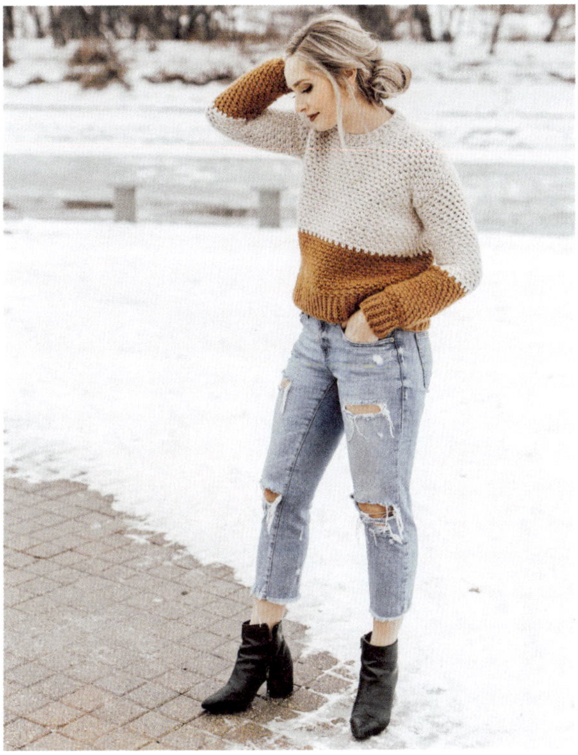

Rückenteil

Alle Instruktionen von VT wdh, bis insgesamt 11 (13, 15, 17, 19) (21, 23, 25, 27) R in Fb A.

Wechseln zu Fb B. Weitere 32 (35, 37, 40, 42) (44, 47, 49, 52) R.

Es sollen insgesamt 43 (48, 52, 57, 61) (65, 70, 74, 79) R sein.

Faden abschneiden.

Teilweise zusammenfügen

Schulter- und Seitennähte schließen, dann erst Ärmel fertigstellen. So kann der Pullover anprobiert werden. Erst wenn die Ärmel die richtige Länge haben, den Faden abschneiden und alle Teile zusammennähen.

VT über den oberen Teil des RT legen und die Seiten M für M exakt aneinanderlegen und mit MM fixieren, von der Unterkante nach oben. Die Teile so legen, dass die Restfäden der LmK an gegenüberliegenden Seiten sind: Restfaden des RT auf der einen, Restfaden des VT auf der anderen Seite.

Diese Restfäden dienen zum Schließen der Seitennähte.

Von unten angefangen mit den langen Restfäden der LmK die Seitennähte des Pullovers mit der Stopfnadel und z. B. Überwendlingsstich (S. 169) schließen, dabei reichlich Platz für das spätere Annähen der Ärmel lassen. Entweder mit dem Rippenbündchen beginnen und dann die Seitennähte fertigstellen oder das Bündchen mit einem Extrafaden zusammennähen. Farbwechsel nach Bedarf. Den Faden nicht abschneiden, da es hier später noch weitergeht. Auf der anderen Seite wdh.

Für die Schulternähte die Oberkanten von VT und RT M für M mit offenen MM fixieren. Dann mit der Stopfnadel und den Restfäden der Seitennähte die Schulternähte mit z. B. Überwendlingsstich schließen. Faden abschneiden, Fadenenden vernähen. Beide Schultern gleich behandeln.

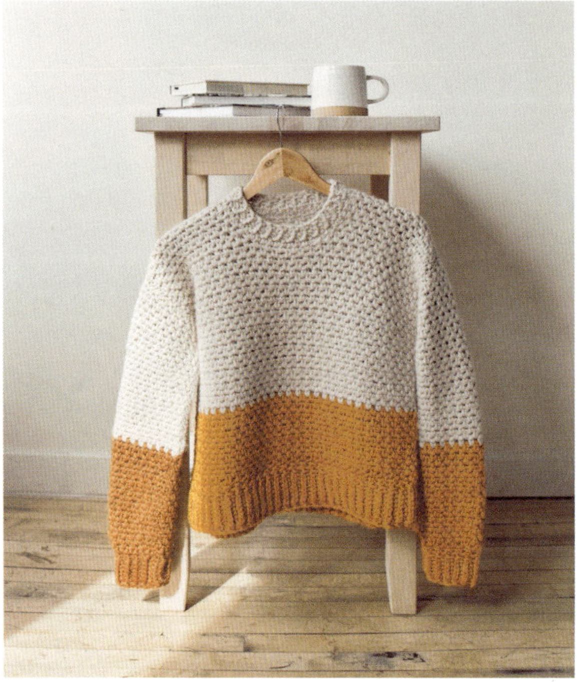

Ausschnitt fertigstellen

Faden in Fb B an einer der Schulternähte aufnehmen. 1 Lm, dann möglichst gleichmäßig fM um den Ausschnitt häkeln. Dies ist die Grund-Rd für das Rippenmuster. Rd mit Km in 1. M schließen.

4 Lm.

R 1: eKm in 2. Lm ab Nadel durch beide oMg, eKm in 3. Schl der nächsten 2 Lm, Km in nächste 2 M der Grund-Rd, wenden. [3 eKm]

R 2: 1 Lm, die 2 gerade gehäkelten Km ü, eKm in 3. Schl der nächsten 2 M, eKm in letzte M, wenden.

R 3: 1 Lm, eKm in 1. M durch beide oMg, eKm in 3. Schl der nächsten 2 M, Km in nächste 2 M der Grund-Rd, wenden.

R 2 und 3 wdh bis Anfangspunkt, Faden abschneiden.

Mit Stopfnadel das Rippenbündchen am Ausschnitt mit z. B. Überwendlingsstich zunähen und alle Fadenenden vernähen.

Ärmel (2 Stück)

Angepasst: Falls du die R-Anzahl verändert oder eine eigene Farbkombination gehäkelt hast und sichergehen willst, genug Garn in Fb A für beide Ärmel zu haben, das restliche Garn in Fb A in 2 gleich lange Stücke teilen, jeweils für einen Ärmel. So nutzt du das Garn am besten, ohne dass es dir beim 2. Ärmel ausgeht. Vielleicht gelingt es dir sogar, Fb A ganz aufzubrauchen.

Rippenbündchen Unterkante

In Fb A 9 Lm, ca. 60 cm Restfaden zum Schließen der Ärmelnaht.

R 1: eKm in 2. Lm ab Nadel und in alle Lm bis R-Ende, wenden. [8 eKm]

R 2: 1 Lm, eKm in vMg und hMg der ersten M, eKm in 3. Schl der nächsten 6 M, eKm in vMg und hMg der letzten M, wenden.

R 2 wdh bis insgesamt 25 (25, 25, 25, 27) (27, 27, 29, 29) R Rippenmuster.

Nach der letzten R erste und letzte R zusammenfügen und einen Schlauch formen. Mit Km durch beide Schichten alle 8 M des Bündchens zusammenhäkeln.

Arbeit drehen und in die Rm der gerade gehäkelten R arbeiten.

R 1: 1 Lm, je 1 fM in alle Rm der gerade gehäkelten R, wenden. [25 (25, 25, 25, 27) (27, 27, 29, 29) fM]

R 2: 2 Lm, erste 2 fM überspr, fM in 3. fM, *1 Lm, nächste fM ü, fM in nächste fM; ab * bis R-Ende wdh, wenden.[13 (13, 13, 13, 14) (14, 14, 15, 15) fM]

Den Rest des Ärmels R so häkeln wie bei deiner Größe angegeben:

Bei Zun die Reihe so häkeln: 2 Lm, erste fM ü, (fM, 1 Lm, fM) in erste LmL, *1 Lm, nächste fM ü, fM in nächste LmL; ab * bis R-Ende wdh, wenden. [Zun: 1 fM und 1 Lm]

Alle R ohne Zun häkelst du so: 2 Lm, fM in 1.LmL, *1 Lm, nächste fM ü, fM in nächste LmL; ab * bis R-Ende wdh, wenden. (keine Zun)

Nur nach deiner Größe arbeiten; die Gesamtanzahl R ist agegeben einschließlich der 2 gerade gehäkelten.

XS: Insgesamt 47 R, Zun in diesen R: 3, 4, 20, 29, 40. Wechseln zu Fb B nach R 20; ca. 50 cm Restfäden von beiden Fb zum Annähen des Ärmels an den Körper. [18 fM]

S: Insgesamt 44 R, Zun in diesen R: 3, 4, 15, 24, 35. Wechseln zu Fb B nach R 20; ca. 50 cm Restfäden von beiden Fb zum Annähen des Ärmels an den Körper. [18 fM]

M: Insgesamt 41 R, Zun in diesen R: 3, 4, 9, 16, 23, 30, 37. Wechseln zu Fb B nach R 20; ca. 50 cm Restfäden von beiden Fb zum Annähen des Ärmels an den Körper. [20 fM]

L: Insgesamt 39 R, Zun in diesen R: 3, 4, 10, 15, 20, 25, 30, 35. Wechsel zu Fb B nach R 20; ca. 50 cm Restfäden von beiden Fb zum Annähen des Ärmels an den Körper. [21 fM]

XL: Insgesamt 36 R, Zun in diesen R: 3, 4, 7, 12, 15, 20, 23, 28, 31. Wechsel zu Fb B nach R 18; ca. 50 cm Restfäden von beiden Fb zum Annähen des Ärmels an den Körper. [23 fM]

2XL: Insgesamt 34 R, Zun in diesen R: 3, 4, 6, 9, 12, 15, 18, 21, 24, 27, 30, 33. Wechsel zu Fb B nach R 18; ca. 50 cm Restfäden von beiden Fb zum Annähen des Ärmels an den Körper. [26 fM]

3XL: Insgesamt 30 R, Zun in diesen R: 3, 4, 7, 8, 11, 12, 15, 16, 19, 20, 23, 24, 27, 28. Wechsel zu Fb B nach R 18; ca. 50 cm Restfäden von beiden Fb zum Annähen des Ärmels an den Körper. [28 fM]

4XL: Insgesamt 28 R, Zun in diesen R: 3, 4, 6, 7, 9, 10, 12, 13, 15, 16, 18, 19, 21, 22, 24. Wechsel zu Fb B nach R 16; ca. 50 cm Restfäden von beiden Fb zum Annähen des Ärmels an den Körper. [30 fM]

5XL: Insgesamt 25 R, Zun in diesen R: 3, 4, 6, 7, 9, 10, 12, 13, 15, 16, 18, 19, 21, 22, 24. Wechsel zu Fb B nach R 16; ca. 50 cm Restfäden von beiden Fb zum Annähen des Ärmels an den Körper. [30 fM]

Fadenende abschneiden.

Jetzt solltest du die Ärmel spannen, um mögliche sichtbare Zun zu glätten, bevor du die Ärmelnaht schließt. Ärmelnaht mit der Stopfnadel und dem Restfaden vom Anfang schließen. Mit Fb A die Partie in Fb A und mit Fb B die Partie in Fb B zunähen.

Ärmel mit der Naht nach unten (zur Achsel) anlegen und mit MM am Körper fixieren. Ärmel leicht über die M am Körper dehnen (etwa 2,5 cm), damit die Naht nicht zu straff wird.

Mit Stopfnadel und dem Restfaden am Ende der Ärmel diese im z. B. Überwendlingsstich an den Körper annähen. Unbedingt locker arbeiten und den Faden beim Nähen nicht zu stark anziehen, sonst wird die Naht zu fest und engt ein. Die Nähte sollen locker sein, damit die Armausschnitte dehnbar sind, genau wie der Rest des Pullovers.

Jetzt etwaige Lücken unter den Achseln schließen.

Alle Fadenenden vernähen und den Pullover in den Maßen spannen, die auf Seite 67 in der Größentabelle stehen.

Wandering Willow
Faux-fur-Cape

Basic

Dieses an die prunkvolle Kleidung in Historienfilmen mit Schlössern und Wikingern erinnernde Cape versetzt uns in eine längst vergangene Zeit. Wandering Willow ist als tragbares Kunstobjekt gedacht, das jedem Outfit Tiefe und Substanz verleiht: ein modisches Statement, das du mit Stolz selbst hergestellt hast. Du wirst es lieben, diese weichen, felligen Maschen zu häkeln und zu sehen, wie sie sich zu einem großen, plüschigen Gewebe verbinden. Faux-fur-Garn setzt sich über die Grenzen des mit einer Häkelnadel Machbaren hinweg und jede:r Garnliebhaber:in muss das neu entwickelte Garn zumindest einmal ausprobiert haben.

Anmerkung: Das Besondere an diesem Modell ist, dass nur eine einzige Größe notwendig ist, weil die Zunahmen so viel Spiel ergeben, dass du das Cape nach Belieben mit weiteren Zunahmerunden länger machen kannst. Du kannst den Verschluss am Hals auch weglassen und das Stück als Shawl oder Schultertuch tragen.

Aufbau

Das Cape wird von oben nach unten mit runder Schulterpasse in Stb gehäkelt; in jeder R werden 12 M zugenommen bis zur gewünschten Länge.

Material

Garn:
Sehr dick (Super Bulky) – WeCrochet Fable Fur in der Farbe Falke (100 % Polyester)

65 m/100 g

Bei yarnsub.com (englischsprachig) kannst du passende Ersatzgarne finden.

Verbrauch:
8 Knäuel oder 480 m

Anmerkung: Günstig!

Das WeCrochet Fable Fur kannst du durch andere sehr voluminöse Faux-fur-Garne ersetzen, mit denen die Maschenprobe stimmt. Es gibt zahlreiche andere Faux-fur-Garne, die sich gut eignen.

Natürlich kannst du das Stück auch aus Garnen ohne den Faux-fur-Effekt häkeln, aber dann wird kein durchgehendes Gewebe daraus. Mit herkömmlichem Garn werden die M deutlich zu erkennen sein und es werden Lücken zwischen den Stb entstehen. Aber wenn das für dich in Ordnung ist, nimm gerne jedes Garn deiner Wahl! (Gut möglich, dass es großartig aussieht – das weiß man immer erst nach dem Ausprobieren!)

Beachte, dass Federgarn auf dem Knäuel manchmal wie Faux-fur aussieht; wenn du es näher betrachtest, siehst du aber, dass die Fasern dünn und leicht sind und dass du mehrere Fäden zusammen verarbeiten musst, um ein ähnlich dickes Gewebe zu erhalten. Wenn dein Cape so aussehen soll wie abgebildet, musst du ein Faux-fur-Garn der Kategorie Super Bulky nehmen.

Anmerkung: Beim Verarbeiten von Faux-fur-Garn sind die einzelnen M im dichten Gewebe kaum noch zu erkennen. Taste nach der nächsten M und häkle einfach eine M mehr oder weniger, wenn du merkst, dass am R-Ende etwas nicht stimmt. Solche kleinen Fehler werden von der Felloptik kaschiert.

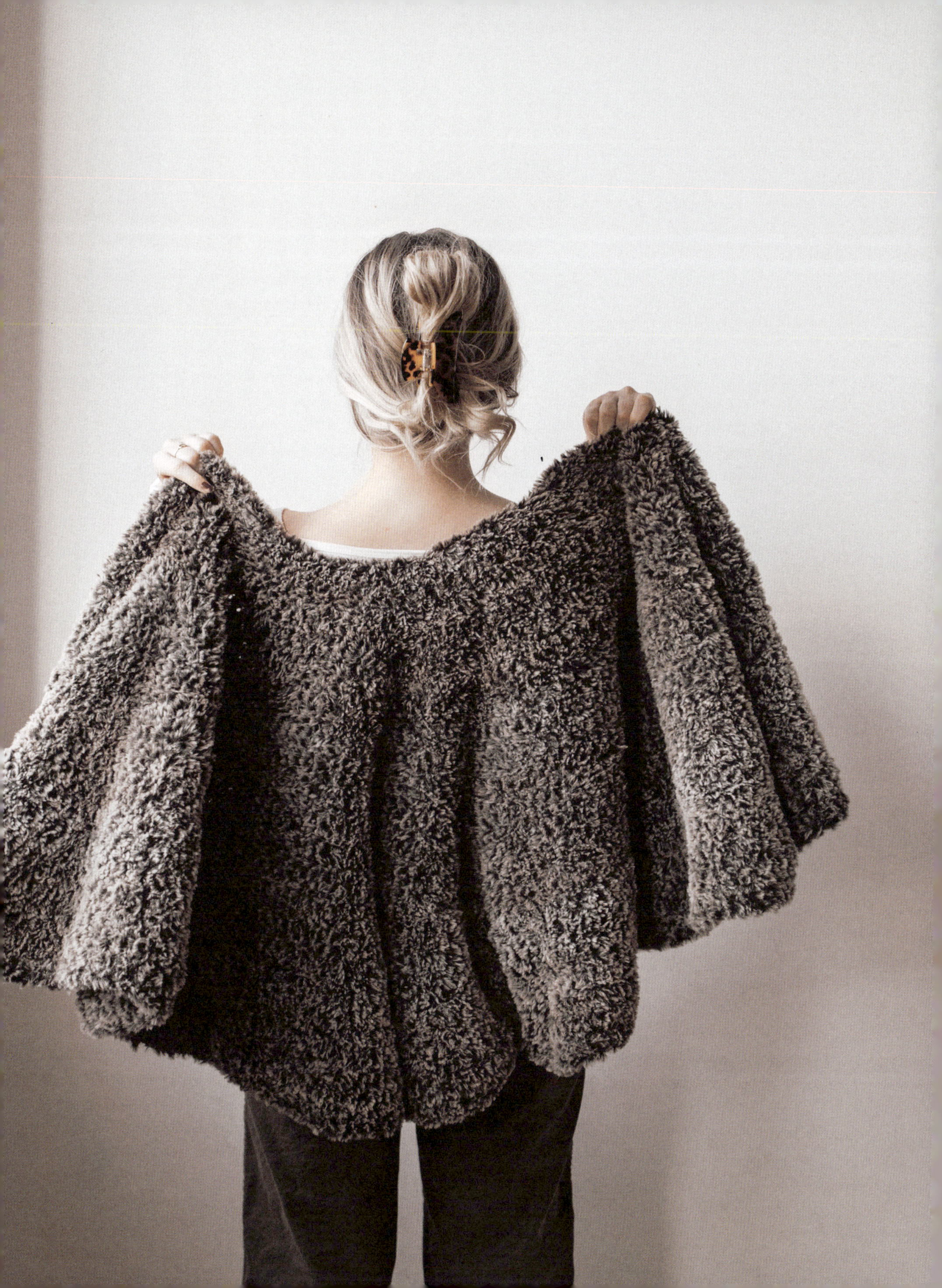

Häkelnadel:
8 mm oder andere Stärke gemäß Maschenprobe

Anmerkung: Bei großen Stücken dieser Art ist die Maschenprobe nicht entscheidend. Nimm die empfohlene Nadelstärke oder richte dich danach, welche deinem Stück die gewünschte Dichte gibt.

Zubehör:
Stopfnadel, 12 offene MM. Optional: großer Knebel- oder großer Knopf, oder Bänder und Nähgarn

Anmerkung: Die MM dienen dazu, die Wiederholungen nachzuvollziehen. Du setzt einen MM in die zweite M jeder Zun. Damit wird es wesentlich einfacher, M zu zählen oder die Arbeit zu prüfen, da man die einzelnen M wegen des dichten Gewebes sehr schlecht auseinanderhalten kann. Besonders hilfreich ist es, wenn das Stück größer wird und du Hunderte M zu zählen hast.

Maschenprobe:
10x10cm = 5 M und 4 R St

ABKÜRZUNGEN

Lm: Luftmasche(n)
LmK: Luftmaschenkette
M: Masche(n)
MM: Maschenmarkierern
R: Reihe(n)
Stb: Stäbchen
wdh: wiederholen
Zun: Zunahme – 2 Stb in eine M häkeln

Aufbauschema

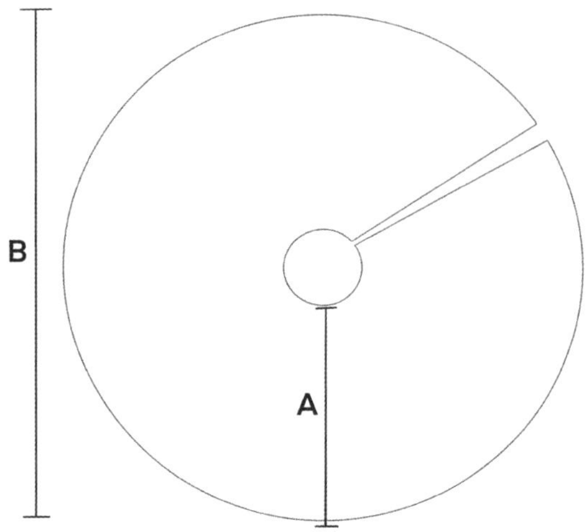

A. Anfangs-LmK bis R 22 = 56cm

B. Durchmesser (flach liegend) = 117cm

Weitere Infos (auf Englisch) und Tester:innen-Fotos findest du auf knitsnknots.ca/wandering-willow.

Anleitung

26 Lm.

R 1: Stb in 3. Lm ab Nadel und in alle Lm bis R-Ende, wenden. [24 Stb]

R 2: 2 Lm (zählt durchgehend nicht als M), Stb in 1. M, Zun in nächste M, MM in zweite M der Zun, *Stb in nächste M, Zun in nächste M, MM in zweite M der Zun; ab * bis R-Ende wdh, wenden. [36 Stb]

R 3: 2 Lm, Zun in markierte M, MM nach oben in 2. M der Zun, *Stb in alle M bis zum nächsten MM, Zun in markierte M, MM nach oben in 2. M der Zun; ab * bis zur letzten Zun in markierte M, Stb in alle M bis R-Ende, wenden. [48 Stb]

R 4: 2 Lm, *Stb in alle M bis nächste markierte M, Zun in markierte M, MM nach oben in 2. M der Zun; ab * bis letzte Zun in markierte M, Stb in alle M bis R-Ende, wenden. [60 Stb]

R 4 bis zur gewünschten Länge wdh.

Auf dem Foto: insgesamt 22 R, 276 Stb in letzter R.

Faden abschneiden und Fadenenden vernähen.

Wenn das Cape die gewünschte Länge hat, den Knebelknopf oder großen Knopf zum Schließen anbringen: Mit der Stopfnadel und Faux-fur-Garn (oder Nähgarn), den Knebel (oder Knopf) an der obere Ecke annähen – dort, wo der Faden der Anfangs-LmK sitzt. So werden quasi die 1. und letzte M von R 1 verbunden, wenn du das Cape schließt. Ein Knopfloch ist nicht nötig – die Maschen sind weit genug. Du kannst statt dem Knopf auch ein Stoffband in die 1. R einziehen und es vorne zu einer Schleife binden.

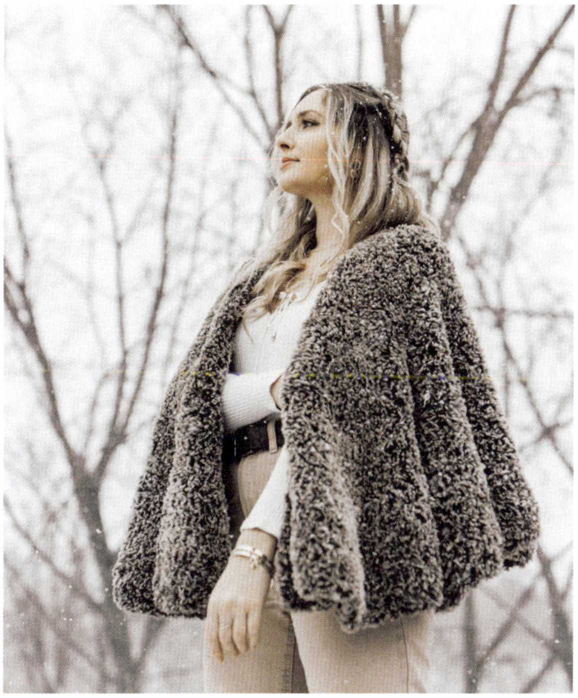

Angepasst: Um Armausschnitte in das Cape zu machen und ihm so eine Cardigan-Anmutung zu geben, wird einfach der Rand des Capes um die Arme herum gelegt und aneinander befestigt. Dazu musst du einen einfachen Schritt befolgen: Das fertige Cape anprobieren und Arme seitlich parallel zum Boden ausstrecken. Das Cape so am Körper drapieren, wie du es gerne tragen willst, dann mit MM das Gewebe an beiden Seiten der Arme markieren. Mit einem Fadenrest einen festen Knoten durch die beiden markierten Stellen machen. Durch das entstandene »Loch« schlüpft später der Arm. Am gegenüberliegenden Arm wdh, dann Fadenenden vernähen.

Alternativ dazu kannst du eine weitere R Stb häkeln und dabei die Partie für die Armausschnitte überspringen, um so das »Loch« zu erzeugen.

Maple Grove

Cardigan

Einfach

Inspiriert von kalten Wintertagen, die das Bedürfnis wecken, sich am Feuer zusammenzurollen, wollte ich ein stylishes Stück entwerfen, das gleichzeitig warm und gemütlich ist wie eine Lieblingsdecke oder ein weicher Bademantel. Der Cardigan ist ein Muss für alle, die es sich gern zu Hause gemütlich machen – ein lässiges Stück für jeden Tag.

Das Granitmuster, ein Mix aus fM und LmL, ergibt ein unstrukturiertes, luftiges, schön fallendes Gewebe. Der Duster-Cardigan endet knapp über dem Knie, was dem Outfit eine schlanke, streckende Silhouette gibt. Schmal geschnittene Ärmel und der adrette Schalkragen und Saum gleichen die legere, kastige Passform aus. Diese Details verleihen dem Stück Eleganz, während der bequeme Oversize-Charakter erhalten bleibt.

Aufbau

Der lange Cardigan im Granitmuster hat Umschlagärmel und kann nachträglich mit Taschen versehen werden. Er wird flach an einem Stück gehäkelt, dann mittig gefaltet und zusammengenäht. Um Kragen, Revers und Saum verläuft eine schlichte Kante.

Material

Garn:
Mittel (Worsted) – Lion Brand Vanna's Choice in der Farbe Oatmeal (92 % Acryl, 8 % Rayon)

133 m/85 g

Bei yarnsub.com (englischsprachig) kannst du passende Ersatzgarne finden.

Verbrauch:
10 (11, 13, 14, 15) Knäuel oder 1234 (1417, 1623, 1852, 1989) m

Die Farben von Vanna's Choice haben unterschiedliche Lauflängen. Prüfe die Angaben auf der Banderole der gewählten Farbe.

Anmerkung: Günstig!

Lion Brand Vanna's Choice kannst du durch mittelstarkes Garn der Kategorie Worsted ersetzen, mit dem die Maschenprobe stimmt. Beachte, dass manche Garne schwerer sind als das hier verwendete und mit der Zeit stärker nachgeben. Zum Ausgleich den Cardigan etwas kürzer machen als die Wunschlänge.

Häkelnadel Cardigan:
6,5 mm oder andere Stärke gemäß Maschenprobe

Häkelnadel Kante:
4,5 mm oder 2 mm weniger als die Nadelstärke für den Cardigan

Zubehör:
Stopfnadel, diverse offene MM

Maschenprobe:
10 x 10 cm = 14 M und 10,5 R Granitmuster (alle fM und Stb zählen als M; s. Instruktionen unten)

6,5 mm Häkelnadel oder andere Stärke (größer).

Probestück:
19 Lm.

R 1: fM in 3. Lm ab Nadel (Anmerkung: ü M sind 1 LmL), *1 Lm, nächste Lm ü, fM in nächste Lm; ab * bis R-Ende wdh, wenden. [10 fM; 9 LmL]

Anmerkung: Letzte fM in allen R in die LmL der Wlm der Reihe davor.

R 2: 2 Lm, fM in 1. LmL, *1 Lm, nächste fM ü, fM in nächste LmL; ab * bis R-Ende wdh, wenden. [10 fM; 9 LmL]

R 2 wdh bis mindestens 13 R.

Probestück spannen. Für möglichst exakte Messwerte innenliegende 10 cm des Probestücks abmessen (ohne Rm).

Wenn du Schwierigkeiten hast, sowohl die M- als auch die R-Zahl zu treffen, wähle die der Maschenprobe am ehesten entsprechende Nadelstärke.

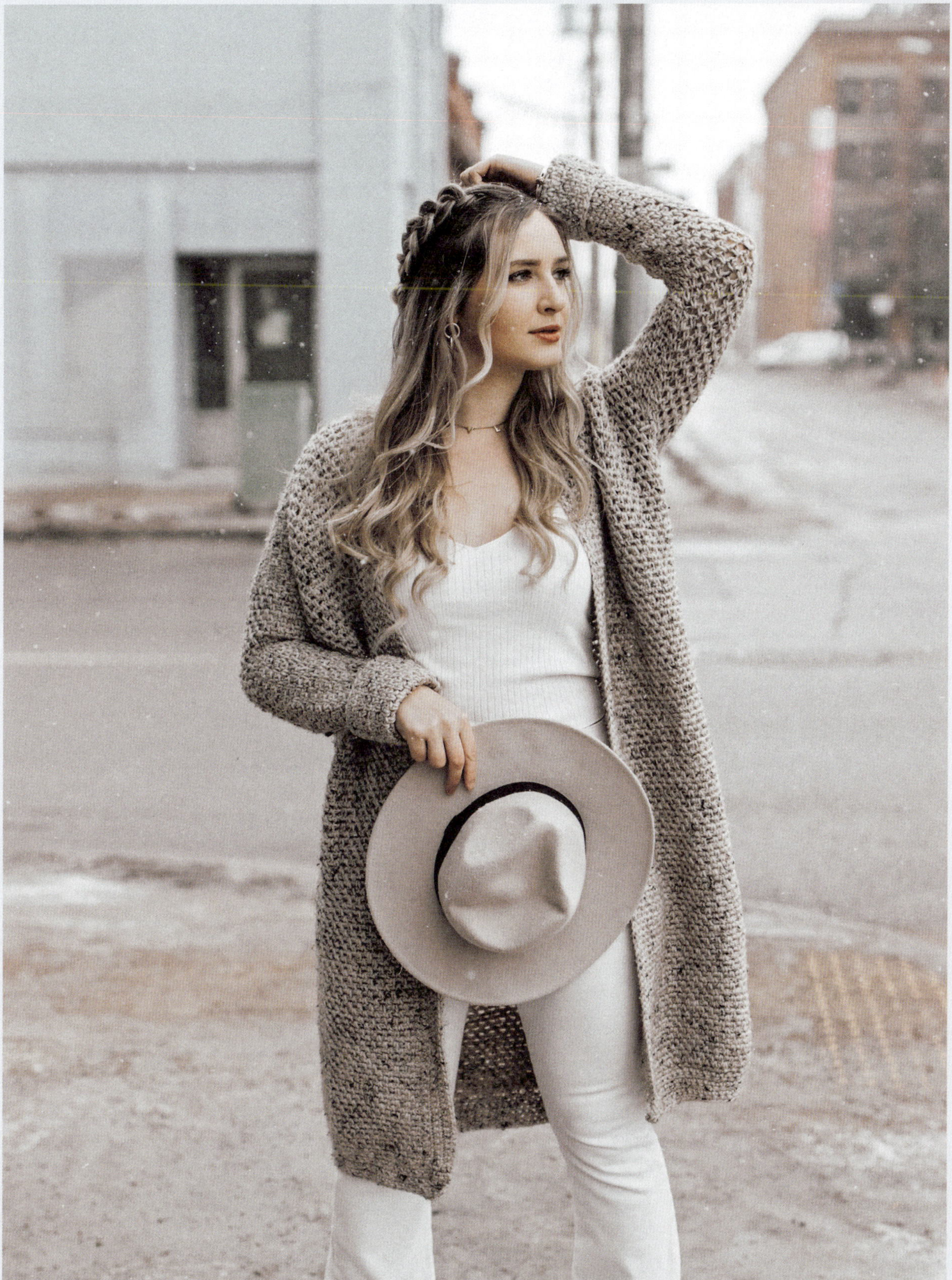

Größentabelle Maple Grove

	A Brustumfang fertiges Stück	B Länge Schulter bis Unterkante	C Ärmellänge ab Achsel (nicht umgeschlagen)	D Umfang Oberarm	E Umfang Handgelenk
XS	*102 cm*	*104 cm*	*56 cm*	*29 cm*	*23 cm*
S/M	*122 cm*	*104 cm*	*54 cm*	*30 cm*	*24 cm*
L/XL	*142 cm*	*104 cm*	*52 cm*	*38 cm*	*24 cm*
2XL/3XL	*163 cm*	*104 cm*	*50 cm*	*48 cm*	*25 cm*
4XL/5XL	*173 cm*	*104 cm*	*50 cm*	*51 cm*	*25 cm*

Die Tabelle zeigt die Maße des fertigen Cardigans. Er soll je nach Größe mit etwa 25–41 cm Bewegungszugabe getragen werden. Richte dich bei der Größenauswahl nach einem Brustumfang, der 25–41 cm weiter ist als deine Maße. Beispiel: Das Model ist 163 cm groß, hat einen Brustumfang von 86 cm und trägt Größe S/M. Der Brustumfang des fertigen Stücks beträgt 122 cm und hat 35 cm Bewegungszugabe. Bei Zwischengrößen nach unten orientieren.

Weitere Infos (auf Englisch) und Tester:innen-Fotos findest du auf knitsnknots.ca/maple-grove.

ABKÜRZUNGEN

Abn/abg: Abnahme/abgenommen
fM: feste Masche(n)
2 fM zus: 2 feste M zusammenhäkeln
Km: Kettmasche(n)
Lm: Luftmasche(n)
LmL: Luftmaschenlücke
M: Masche(n)
MM: Maschenmarkierer
R: Reihe(n)
Rm: Randmasche(n)
RT: Rückenteil
ü: überspringen
VT: Vorderteil
wdh: wiederholen
Wlm: Wendeluftmasche

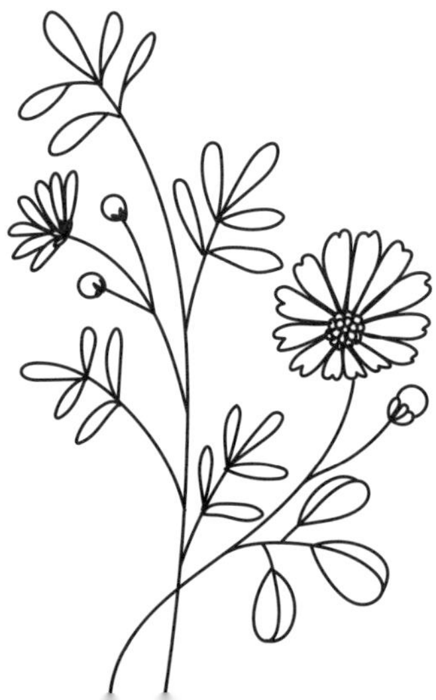

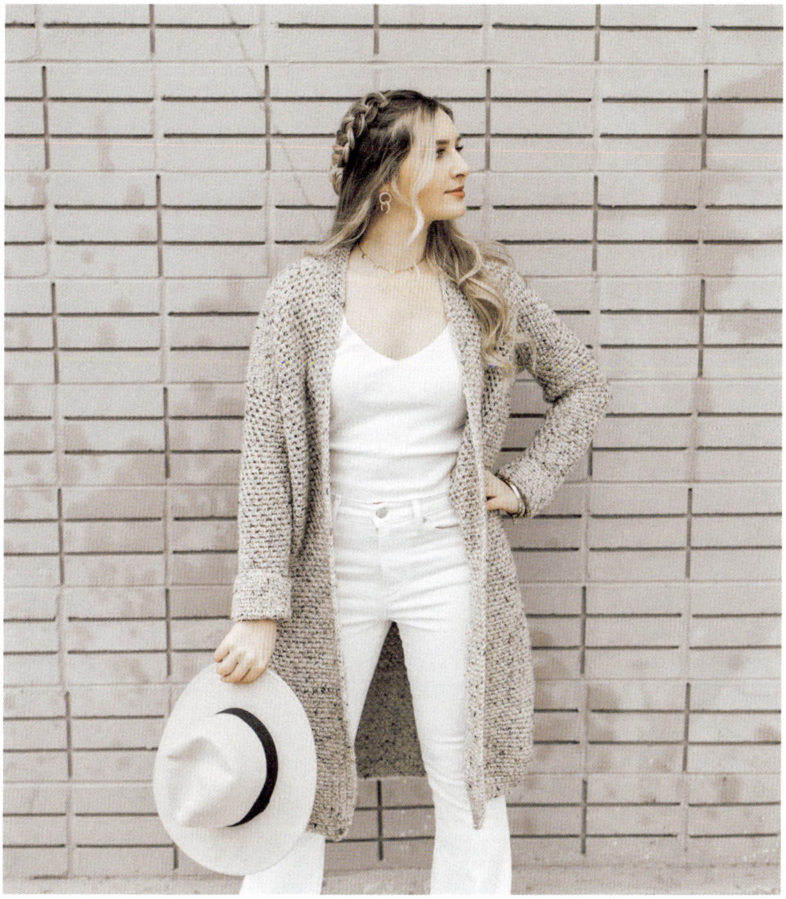

Aufbauschema

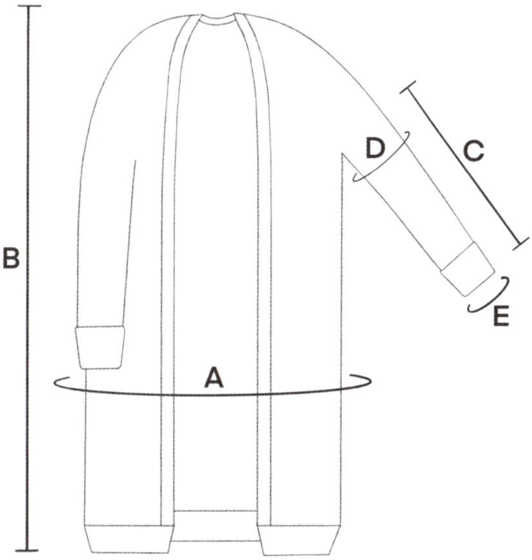

Anleitung

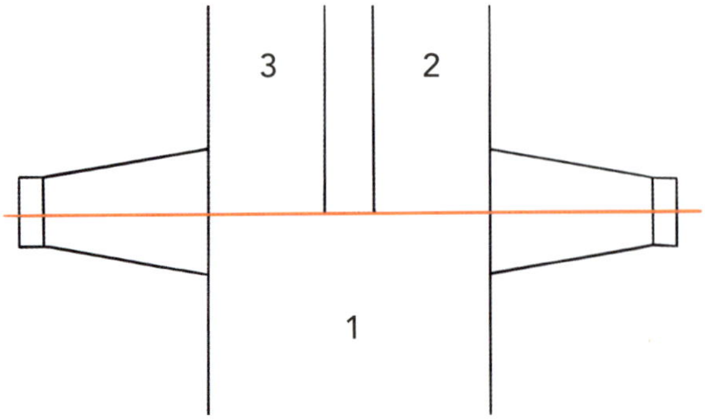

Abb. 1: Maple Grove wird an einem Stück gehäkelt. Erst RT (1) von unten nach oben (bis rote Linie). Dann 1. VT (2) an RT anhäkeln. 2. VT (3) gegenüber ebenso behandeln. Danach werden die Ärmel angehäkelt. Rote Linie = Faltlinie.

Anmerkungen zur Anleitung

Wlm: Die Wlm (2 Lm) zählen durchgehend als 1 fM und 1 Lm und werden bei der M-Anzahl am R-Ende und bei allen Zähl-Checkpoints mitgezählt.

Anmerkung: Das Granitmuster hat diverse bekannte Namen: z. B. Leinenmuster, Perlmuster, Netzmuster oder Moosmuster.

Passform: Diese Anleitung umfasst folgende 5 Größenkategorien: XS (S/M, L/XL, 2XL/3XL, 4XL/5XL). Halte dich nur an die Zahlen für deine Größe.

Rückenteil

Häkelnadel 6,5 mm oder andere (größere) Nadelstärke gemäß Maschenprobe.

69 (83, 97, 111, 117) Lm.

R 1: fM in 3. Lm ab Nadel (Anmerkung: ü Lm zählen als 1 fM, 1 LmL), *1 Lm, nächste Lm ü, fM in nächste Lm; ab * bis R-Ende wdh, wenden. [35 (42, 49, 56, 59) fM]

R 2: 2 Lm (zählt durchgehend als 1 fM, 1 Lm), 1. fM ü, fM in erste LmL, *1 Lm, nächste fM ü, fM in nächste LmL; ab * bis R-Ende wdh, wenden.

> *Anmerkung:* Letzte fM in allen R in die LmL der Wlm in Reihe davor häkeln.

R 2 wdh, bis RT 99 cm oder 6 cm kürzer als gewünschte Länge. Beim Festlegen der Länge des fertigen Stücks beachten, dass das Muster sich relativ stark dehnt, auch nach dem Spannen und beim Tragen.

Faden weiter verwenden für das erste VT.

Vorderteile

Erstes VT

R 1: 2 Lm, 1. fM ü, fM in erste LmL, *1 Lm, nächste fM ü, fM in nächste LmL; ab * wdh bis 15 (18, 22, 25, 27) fM, 2 fM zus, wenden. [16 (19, 23, 26, 28) fM]

R 2: 2 Lm, 1. fM ü, 2 fM zus, *1 Lm, nächste fM ü, fM in nächste LmL; ab * bis R-Ende wdh, wenden. [15 (18, 22, 25, 27) fM]

R 3: 2 Lm, 1. fM ü, fM in erste LmL, *1 Lm, nächste fM ü, fM in nächste LmL; ab * bis R-Ende wdh, wenden.

R 3 wdh, bis VT und RT gleich lang sind. In einer geraden R an Außenkante enden, nicht in der Mitte.

Faden mit langem Restfaden zum Zunähen abschneiden.

Zweites VT

Wie beim 1. VT verfahren. An Außenkante gegenüber beginnen, mit Km an der offenen Ecke neuen Faden aufnehmen. Zur Mitte arbeiten.

Alle Instruktionen für 1. VT wdh, bis 2. VT die gleiche Länge hat wie 1. VT. Mit gerader R an der Außenkante enden und nicht in der Mitte.

Faden mit langem Ende zum Zunähen abschneiden.

Ärmel

Arbeit flach ausbreiten und MM setzen in die Rm der letzten R des RT, bevor es für die beiden VT geteilt wird, um die Ärmel mittig zu platzieren.

Ab diesem MM 19 (20, 25, 32, 34) R zum VT hin zählen. Mit Km Garn an der Rm dieser R aufnehmen. Zum MM hin arbeiten. Alle Rm zählen als 1 M.

R 1: 2 Lm, Rm der nächsten R ü, fM in Rm der nächsten R, *1 Lm, Rm der nächsten R ü, fM in Rm der nächsten R; ab * wdh, bis 20 (21, 26, 33, 35) fM, wenden.

MM kann jetzt entfernt werden.

R 2: 2 Lm, 1. fM ü, fM in 1. LmL, *1 Lm, nächste fM ü, fM in nächste LmL; ab * bis R-Ende wdh, wenden.

Den Rest des Ärmels nach der Anleitung für deine Größe so häkeln:

Abn-R so häkeln: 2 Lm, 1. fM ü, fM in erste LmL, 1 Lm, nächste fM ü, 2 fM zus über nächste 2 LmL, *1 Lm, nächste fM ü, fM in nächste LmL; ab * bis R-Ende, wdh. [1 fM und 1 Lm abg]

Angepasst: Für engere (oder weitere) Ärmel mehr (oder weniger) Abn-R als für deine Größe angegeben. Für längere (oder kürzere) Ärmel nach Belieben mehr (oder weniger) R ohne Abn. Alle Veränderungen notieren, damit der 2. Ärmel identisch wird.

Anmerkung: Die genannte R-Anzahl ist inklusive der 2 gerade gehäkelten.

XS und S/M: R 2 bis insgesamt 58 (56) R wdh, Abn in diesen R: 12, 25, 36, 49. [16 (17) fM]

L/XL: R 2 bis insgesamt 54 R wdh, Abn in diesen R: 5, 10, 15, 20, 25, 30, 35, 40, 45. [17 fM]

2XL/3XL: R 2 bis insgesamt 52 R wdh, Abn in diesen R: 3, 6, 9, 12, 15, 18, 21, 24, 27, 30, 33, 36, 39, 42, 45. [18 fM]

4XL/5XL: R 2 bis insgesamt 52 R wdh, Abn in diesen R: 3, 6, 9, 12, 15, 18, 21, 24, 27, 30, 33, 36, 39, 42, 45, 48, 51. [18 fM]

Faden abschneiden, ca. 75 cm Restfaden zum Schließen der Ärmelnaht.

Alle Instruktionen beim 2. Ärmel wdh.

Spannen

Beim Spannen vor dem Zusammennähen können mögliche sichtbare Abn an den Ärmeln geglättet werden und das Maschenbild wird gleichmäßiger.

Zusammennähen

VT über RT falten und 1. R des RT an die letzte R des VT anlegen. Mit der Stopfnadel und den langen Restfäden an VT und RT die Seitennähte (s. rote Linien in Abb. 2) und mit den Restfäden an der letzen R der Ärmel die Ärmelnähte schließen (s. blaue Linien in Abb. 2) z. B. Überwendlingsstich verwenden (S. 169). Ärmel in der gewünschten Länge umschlagen. Fadenenden vernähen.

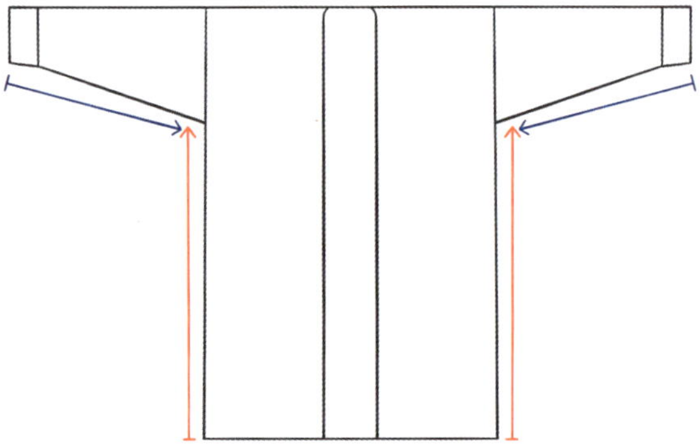

Abb. 2: Das Diagramm zeigt, wie der Cardigan zusammengenäht wird. Seitennähte: entlang der roten Linien von der Unterkante zur Achsel. Ärmel: entlang der blauen Linien von der Unterkante zur Achsel. Mögliche Lücken unter der Achsel schließen, dann Faden abschneiden und Fadenenden vernähen.

Fertigstellen

4,5 mm Nadel oder dünnere Stärke gemäß Maschenprobe

Schalkragen

Für den Schalkragen an der inneren Ecke der Unterkante neuen Faden aufn (s. x in Abb. 3).

R 1 beginnt an einem der mit x markierten Punkte. fM nach oben und um den Ausschnitt entlang der roten Linie bis zum anderen x an der Unterkante. Hier wenden und in die gerade gehäkelte R zurückhäkeln.

R 1: 1 Lm, fM an der Innenkante des VT, je 1 fM in die Rm jeder R bis zur inneren Ecke gegenüber, wenden.

R 2–6: 1 Lm, fM in alle fM bis R-Ende, wenden.

Faden für die Abschlusskante unten weiter nutzen.

Abschlusskante

Wenn der Kragen fertig ist, an der Unterkante des Cardigans weiterarbeiten (mit der dünneren Häkelnadel).

> *Angepasst:* Für eine engere Abschlusskante in R 1 alle 10–15 M eine M ü. So weitet sich der Rand nicht aus.

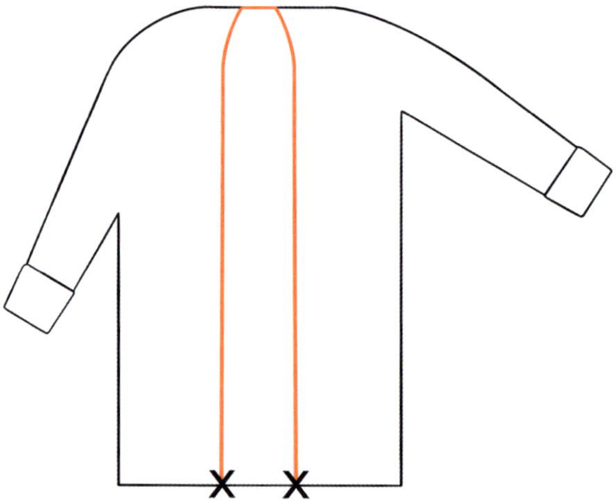

Abb. 3: Das Diagramm zeigt den Verlauf des Schalkragens. An einer unteren mit x markierten Ecke Faden aufnehmen. Den restlichen Kragen an der roten Linie entlang bis zum anderen x häkeln.

R 1: 1 Lm, gleichmäßig fM in alle fM und alle Lm der Unterkante bis zur anderen Ecke, wenden.

R 2–6: 1 Lm, fM in alle Fm bis R-Ende, wenden.

Faden abschneiden, Fadenenden vernähen und den Cardigan in den Maßen spannen, die auf Seite 78 in der Größentabelle stehen.

Optional: Tasche(n)

6,5 mm Häkelnadel oder dickere Nadelstärke

Ungerade Zahl Lm bis zur gewünschten Weite.

Instruktionen für R 1 und R 2 des RT befolgen. R 2 wdh bis 2,5 cm weniger als gewünschte Tiefe.

Abschlusskante Tasche

4,5 mm Häkelnadel oder dünnere Nadelstärke.

Nächste R: 1 Lm, fM in alle M bis R-Ende, wenden.

R davor wdh, bis die Kante etwa 2,5 cm misst.

Faden abschneiden und Restfaden zum Annähen der Tasche lassen.

Tasche spannen, wenn gewünscht.

Vor dem Annähen den Cardigan anprobieren und mit MM die passende Stelle für die Tasche markieren. Bedenke, dass der Cardigan sich beim Tragen etwas dehnen kann. Du solltest die Tasche also etwa 8 cm oberhalb der markierten Stelle platzieren.

Die Tasche flach auf den Cardigan legen und mit MM fixieren. Mit der Stopfnadel und dem Restfaden annähen. Weitere Details zum Annähen von Taschen stehen auf Seite 180.

Tipp: Beim Annähen von Taschen an einen Cardigan gehe ich gerne so vor: Nadel von oben nach unten durch Tasche und VT stechen, rechte Seite nach oben. Dann Nadel von unten nach oben durch beide Schichten. Um den gesamten Rand wdh, dann Faden abschneiden und Fadenenden vernähen.

All diese Instruktionen für weitere Taschen wdh.

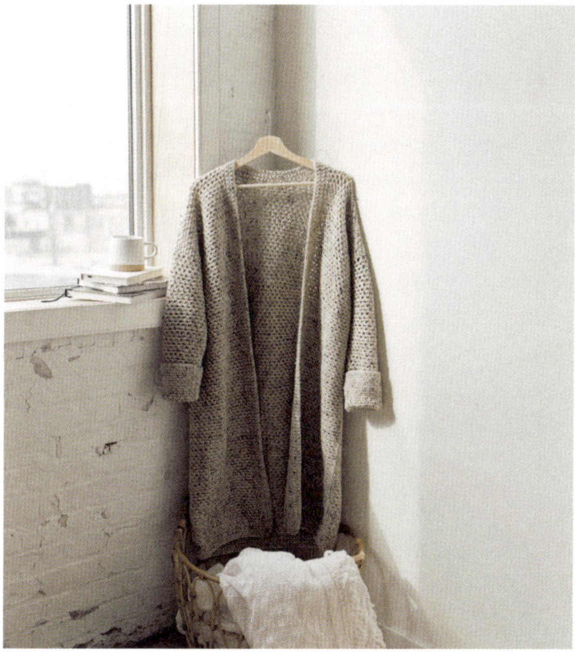

Whispering Pines

Raglanpullover

Mittel

Benannt nach dem wunderschönen, gespenstischen Flüstern des Windes in hohen Tannen im Winter verkörpert Whispering Pines das majestätische Wesen des Waldes. Das solide Strukturgewebe gleicht einem dichten Wald; die schmale Passform der Ärmel erinnert an hohe, schlanke Bäume. Obwohl es eine der etwas anspruchsvolleren Anleitungen in diesem Buch ist, ist das Design schlicht und unprätentiös. Das klassische Stück hat keine sichtbaren komplizierten Elemente, wirkt aber elegant und raffiniert. Dieser für den Winter gedachte Pullover ist warm und atmungsaktiv. Ob beim Sitzen am offenen Feuer oder beim Treffen im Café mit deinen Lieben – dieser von der Natur inspirierte Klassiker hat das Zeug zum Lieblingsstück.

Aufbau

Whispering Pines hat Raglanärmel und wird nahtlos von oben nach unten gehäkelt. Nach den Zunahmen für die Schulterpasse sorgen verkürzte Reihen am Rücken für eine bessere Passform. Die Passe wird dann in Körper und Ärmel aufgeteilt. Der Körper wird zuerst gehäkelt, dann die Ärmel. Das Rippenbündchen am Ausschnitt kann jederzeit angesetzt werden.

Material

Garn:
Mittel (Aran) – WeCrochet City Tweed Aran in der Farbe Toad (55% Merino, 25% superfeines Alpaka, 20% Donegal-Tweed)

150 m/100 g

Bei yarnsub.com (englischsprachig) kannst du passende Ersatzgarne finden.

Verbrauch:
6 (7, 8, 9, 10) (11, 13, 14, 15) Knäuel oder 869 (938, 1143, 1326, 1372) (1646, 1898, 2035, 2195) m

Anmerkung: Günstig!

WeCrochet City Tweed Aran kannst du durch andere Garne mittlerer Stärke ersetzen, mit denen die Maschenprobe stimmt. Manche etwas leichteren Garne in der Kategorie Bulky eignen sich auch gut – aber immer eine Maschenprobe machen, bevor du anfängst!

Häkelnadel Hauptteil:
6 mm oder andere Stärke gemäß Maschenprobe

Häkelnadel Rippenbündchen am Ausschnitt:
5,5 mm oder andere Stärke, kleiner als für den Hauptteil (diese Nadel ist nur für die Rippenpartie am Ausschnitt gedacht. Wie eng sie anliegen soll, ist dir überlassen.

Zubehör:
Stopfnadel, 6 offene MM

Anmerkung zu MM: Du brauchst insgesamt 6 MM: 4 zum Markieren der Zun-Stellen an der Schulterpasse und 2 MM zum Markieren der verkürzten Reihen.

Maschenprobe:
10 x 10 cm = 11,5 M x 11 R in Häkelmuster mit der dickeren Nadel (s. Instruktionen unten)

Probestück:
16 Lm.

R 1: fM in 2. Lm ab Nadel, *Stb in nächste Lm, fM in nächste Lm; ab * bis R-Ende wdh, wenden. [15 M]

R 2: 1 Lm, fM in erste fM, *Stb in nächstes Stb, fM in nächste fM; ab * bis R-Ende wdh, wenden.

R 2 wdh bis 15 cm.

Probestück spannen. Für möglichst exakte Messwerte innenliegende 10 cm des Probestücks abmessen (ohne Rm).

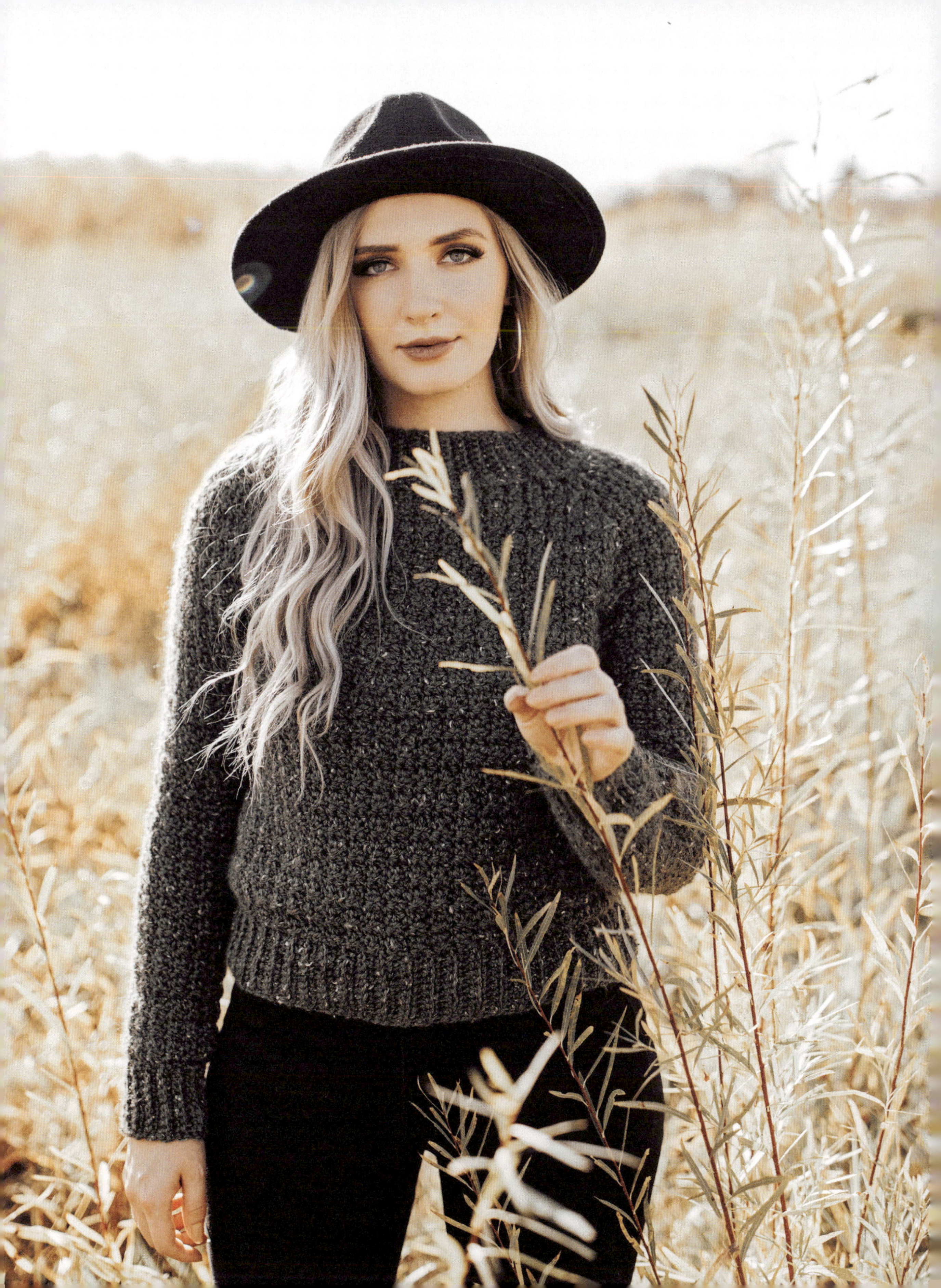

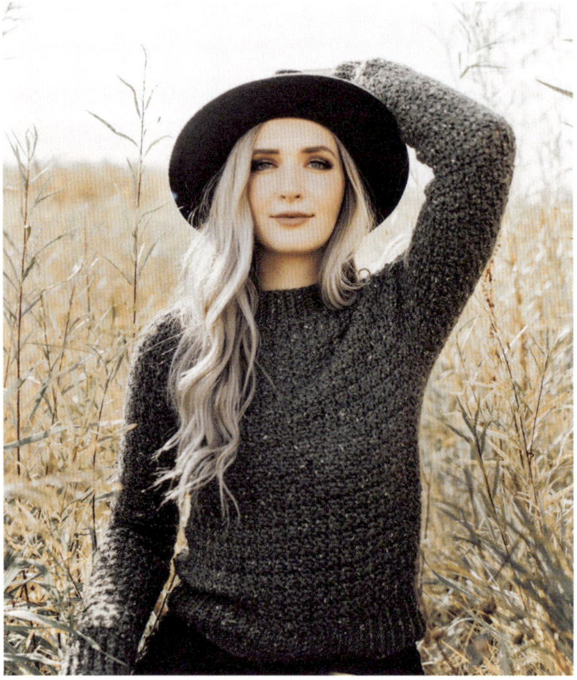

ABKÜRZUNGEN

Abn/abg: Abnahme/abgenommen
FafM: Fußschlingenanschlag mit festen Maschen (S. 174)
FaStb: Fußschlingenanschlag mit Stäbchen (S. 178)
ff: fortfahren
fM: feste Masche(n)
fM hMg: feste Masche(n) ins hintere Maschenglied
Km: Kettmasche(n)
Lm: Luftmasche(n)
LmK: Luftmaschenkette
LmL: Luftmaschenlücke(n)
M: Masche(n)
MM: Maschenmarkierer
Muster ff: im Muster fortfahren (fM in alle fM und Stb in alle Stb)
R: Reihe(n)
Rd: Runde(n)
Rm: Randmasche(n)
RT: Rückenteil
Stb: Stäbchen
ü: überspringen
VT: Vorderteil
wdh: wiederholen
Wlm: Wendeluftmasche(n)

Aufbauschema

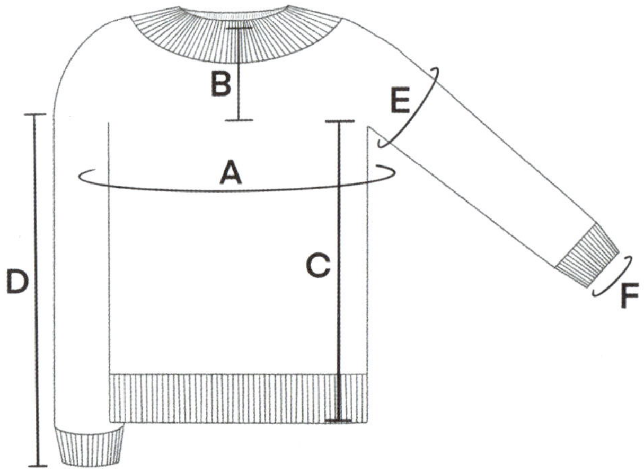

Größentabelle Whispering Pines

	A Brustumfang fertiges Stück	B Länge Rundpasse ab Ausschnitt bis letzte Reihe Passe	C Länge Körper ab Achsel	D Ärmellänge ab Achsel	E Umfang Oberarm	F Umfang Handgelenk
XS	81 cm	20 cm	35 cm	51,5 cm	32 cm	20 cm
S	88 cm	23 cm	35 cm	51,5 cm	36 cm	22 cm
M	99 cm	25 cm	35 cm	51 cm	37 cm	22 cm
L	113 cm	27 cm	35 cm	48 cm	41 cm	23 cm
XL	120 cm	25 cm	35 cm	48 cm	43 cm	23 cm
2XL	134 cm	27 cm	35 cm	47,5 cm	48 cm	24 cm
3XL	140 cm	27 cm	35 cm	47,5 cm	51 cm	24 cm
4XL	152 cm	28 cm	35 cm	47 cm	62 cm	24 cm
5XL	159 cm	32 cm	35 cm	44 cm	64 cm	24 cm

Die Tabelle zeigt die Maße des fertigen Pullovers. Er soll mit etwa 5 cm positives Spiel Bewegungszugabe getragen werden. Richte dich bei der Größenauswahl nach einem Brustumfang, der am ehesten 5 cm weiter ist als deine Maße, je nachdem, wie viel Spiel du haben willst, und häkle diese Größe. Beispiel: Das Model ist 163 cm groß, hat einen Brustumfang von 86 cm und trägt Größe S. Der Brustumfang des fertigen Stücks beträgt 88 cm und hat 2 cm Bewegungszugabe. Bei Zwischengrößen nach unten orientieren.

Weitere Infos (auf Englisch) und Tester:innen-Fotos findest du auf visit knitsnknots.ca/maple-grove.

Anleitung

Schulterpasse

6 mm Häkelnadel oder andere (größere) Stärke.

Rd 1: [1 FafM, 1 FaStb] 7 (7, 7, 8, 8) (8, 8, 8, 8)-mal, MM in letztes Stb, [1 FafM, 1 FaStb] 6-mal, MM in letztes Stb, [1 FafM, 1 FaStb] 14 (14, 14, 16, 16) (16, 16, 16, 16)-mal, MM in letztes Stb, [1 FafM, 1 FaStb] 6-mal, MM in letztes Stb, [1 FafM, 1 FaStb] 7 (7, 7, 8, 8) (8, 8, 8, 8)-mal, Rd mit Km in 1. FaStb schließen, wenden. [80 (80, 80, 88, 88) (88, 88, 88, 88) M]

Schulterpasse, Partie 1: Schnelle Zunahmen

XS und S: Rd 2 ü, weiter mit Rd 3.

Alle MM in neue, mit * ausgezeichnete M (gilt nur für die folgende Rd).

Rd 2 (nur M–5XL): [Mit Muster ff bis markiertes Stb, (Stb, fM, Stb*) in dieses Stb, mit Muster ff bis nächstes markiertes Stb, (Stb*, fM, St) in markiertes Stb] 2-mal, mit Muster ff bis Rd-Ende, mit Km schließen, wenden. [x (x, 88, 96, 96) (96, 96, 96, 96) M]

XL, 2XL, 3XL: Rd 2 wdh. [x (x, x, x, 104) (104, 104, x, x) M]

Alle Größen: Restliche Passe: In allen folgenden Rd die MM in die neuen LmL nach oben setzen.

Rd 3: 1 Lm, [mit Muster ff bis zu markiertem Stb, (Stb, 1 Lm, Stb) in markiertes Stb] 4-mal, fM in nächste fM, mit Muster ff bis Rd-Ende, mit Km in erstes Stb schließen, wenden. [88 (88, 96, 104, 112) (112, 112, 104, 104) M]

Rd 4: *mit Muster ff bis LmL, (fM, 1 Lm, fM) in LmL; ab * 3-mal wdh, mit Muster ff bis Rd-Ende, mit Km schließen, wenden. [96 (96, 104, 112, 120) (120, 120, 112, 112) M]

Rd 5: *Mit Muster ff bis LmL, (Stb, 1 Lm, Stb) in LmL; ab * 3-mal wdh, mit Muster ff bis Rd-Ende, mit Km schließen, wenden. [104 (104, 112, 120, 128) (128, 128, 120, 120) M]

Letzte 2 Rd x (x, x, 1, 2,) (3, 5, 8, 8)-mal wdh.

M-Anzahl-Checkpoint: 104 (104, 112, 136, 160) (176, 208, 248, 248) M (einschließlich 4 Lm in den Ecken)

Rd insgesamt: 4 (4, 5, 7, 10) (12, 16, 21, 21)

4XL: »Schulterpasse, Partie 2« ü; weiter mit »Verkürzte Reihen«.

Schulterpasse, Partie 2: Langsame Zunahmen

Diese Partie besteht aus der Wdh von 4 Rd. Das Rd-Zählen beginnt zur Vereinfachung mit 1.

MM direkt nach oben in neue Eck-M; diese M kann eine Lm, eine fM oder ein Stb sein.

Rd 1: *Mit Muster ff bis LmL, fM in LmL; ab * 3-mal wdh, mit Muster ff bis Rd-Ende, mit Km schließen, wenden.

Rd 2: *Mit Muster ff bis markierte M, (fM, 1 Lm, fM) in markierte fM; ab * 3-mal wdh, mit Muster ff bis Rd-Ende, mit Km schließen, wenden. [112 (112, 120, 144, 168) (184, 216, x, 256) M]

Rd 3: *Mit Muster ff bis LmL, Stb in LmL; ab * 3-mal wdh, mit Muster ff bis Rd-Ende, mit Km schließen, wenden.

Rd 4: *Mit Muster ff bis markiertes Stb, (Stb, 1 Lm, St) in markiertes Stb; ab * 3-mal wdh, mit Muster ff bis Rd-Ende, mit Km schließen, wenden. [120 (120, 128, 152, 176) (192, 224, x, 264) M]

Letzte 4 Rd 1 (2, 2, 2, 1) (1, x, x, x)-mal wdh.

M-Anzahl-Checkpoint: 136 (152, 160, 184, 192) (208, 224, 248, 264) M

Rd insgesamt: 12 (16, 17, 19, 18) (20, 20, 21, 25)

Verkürzte Reihen

Die Kante mit der Naht befindet sich am RT. Faden abschneiden und vernähen. Arbeit drehen, sodass die V-Form der M von dir weg zeigt, um die Optik der Hin- und Rück-R zu erhalten.

An der hinteren Ecke der Schulterpasse neuen Faden aufnehmen. 4 Hin- und Rück-R nur an der Kante des RT. Das macht die Nackenpartie höher und verbessert die Passform.

R 1: Mit Km in die LmL an der rechten Ecke neuen Faden aufnehmen und an der Rückseite der Schulterpasse (s. Abb 1 und 2) 1 Lm, Stb in erstes Stb, *fM in nächste fM, Stb in nächstes Stb; ab * bis nächste LmL, wenden. [41 (45, 49, 57, 61) (65, 69, 73, 77) M]
R 2–4: 1 Lm, mit Muster ff bis R-Ende, wenden.

Faden abschneiden und vernähen.

Unterschiedliche MM in erste und letzte M von R 4 setzen, als Markierung der letzten verkürzten R. Die markierten M werden relevant, wenn es mit dem Körper weitergeht.

> *Anmerkung:* Du solltest in der Schulterpasse 6 MM gesetzt haben: 4 an den Ecken der Passe, 2 an den verkürzten R.

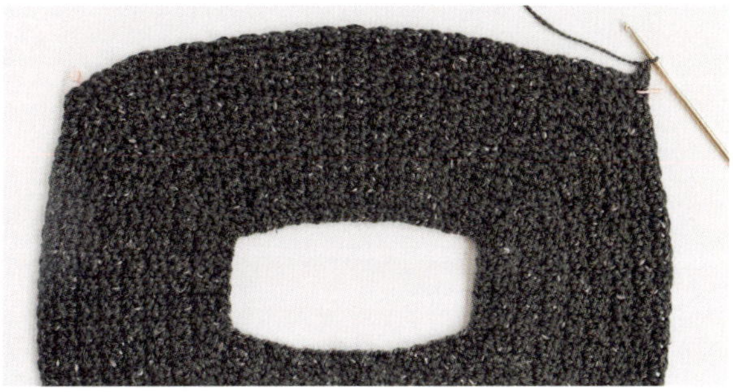

Abb 1: In LmL in der Ecke neuen Faden aufgenommen.

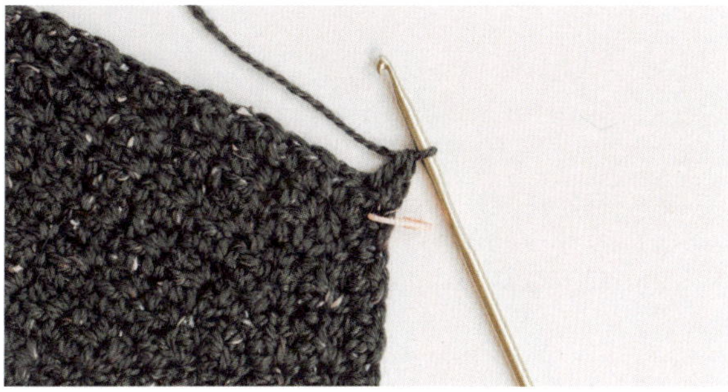

Abb 2: Nahaufnahme des ersten Stb.

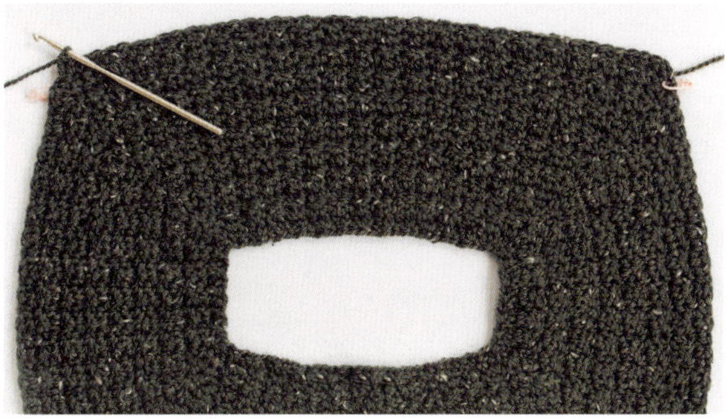

Abb 3: R 1 fertig. Jetzt Arbeit wenden und R 2 häkeln.

Aufteilen in Körper & Ärmel

Faden in der Mitte des RT wieder aufnehmen.

fM etwa in der Mitte der Schulterpasse finden (die gleiche Kante wie die verkürzten R) und dort den Faden mit Km aufnehmen.

Anmerkung: Diese Km muss in eine fM, kein Stb.

Nächste Rd: 1 Lm, fM in gleiche fM wie Km, mit Muster ff bis R-Ende (erste Ecke), 5 (5, 7, 7, 7) (11, 11, 13, 13) Lm, gesamte Ärmelkante und zweite LmL ü, Stb in erstes Stb an der Kante des VT, mit Muster ff bis 3. LmL, LmL ü, 5 (5, 7, 7, 7) (11, 11, 13, 13) Lm, gesamte Ärmelkante ü, Stb in 1. Stb der Kante des RT, mit Muster ff bis Rd-Ende (letzte M sollte ein Stb sein), Rd mit Km in erste fM schließen, wenden. [92 (100, 112, 128, 136) (152, 160, 172, 180) M]

MM aus den Ecken entfernen und in 1. und letzte M der ü Ärmelkanten setzen (4 MM insgesamt), zum Identifizieren der ersten und letzten Ärmel-M – auf diese MM beziehst du dich in der 1. Ärmel-Rd.

Körper

Rd 1: 1 Lm, Stb in 1. Stb, *fM in nächste fM, Stb in nächstes Stb; ab * bis LmK unter der Achsel wdh, fM in 1. Lm, [Stb in nächste Lm, fM in nächste Lm] 2 (2, 3, 3, 3) (5, 5, 6, 6)-mal, mit Muster ff bis zur nächsten LmK unter der Achsel, fM in 1. Lm, [Stb in nächste Lm, fM in nächste Lm] 2 (2, 3, 3, 3) (5, 5, 6, 6)-mal, mit Muster ff bis Rd-Ende, mit Km schließen, wenden.

Noch 28 Rd oder bis 9 cm unterhalb der gewünschten Länge mit Muster ff.

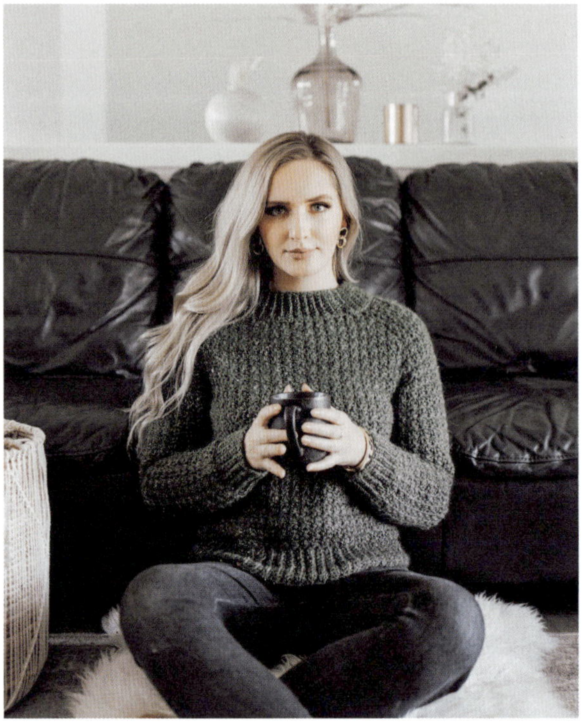

Faden nicht abschneiden, für Rippenbündchen an der Unterkante nutzen.

Rippenbündchen Unterkante

Faden von der Körperpartie weiter benutzen und 6 mm Häkelnadel oder andere (größere) Nadelstärke.

15 Lm.

R 1: fM in 2. Lm ab Nadel und in alle Lm bis R-Ende. [14 fM]

Die M der letzten R der Körperpartie finden, wo die erste Lm des Rippenbündchens gehäkelt wurde. Nicht in diese Körper-M häkeln, sondern Km in die nächsten 2 M des Körpers. Arbeit wenden und Rückreihe in die gerade gehäkelte R beginnen.

R 2: [keine Wlm] 2 gerade gehäkelte Km ü, fM hMg in alle fM bis letzte fM, fM in letzte fM, wenden.

R 3: [keine Wlm] fM in 1. fM, fM hMg in alle fM bis R-Ende, Km in nächste 2 Körper-M, wenden.

R 2 und 3 wdh, bis du den gesamten Pullover einmal umrundet hast.

Faden mit 25 cm Restfaden zum Zusammennähen der 1. und letzten R Rippenbündchen abschneiden. Mit Stopfnadel und z. B. Überwendlingsstich (S. 169) nähen. Fadenenden vernähen.

Rippenmuster Ausschnitt

Dieses Rippenmuster wird ebenso gehäkelt wie das Bündchen an der Unterkante.

> *Angepasst:* Für einen weiteren Ausschnitt eine kürzere, feinere Kante häkeln. Dafür mit weniger Lm anfangen und nach den Instruktionen arbeiten wie angegeben.

Mit 5,5 mm Häkelnadel oder kleinerer Stärke mit Km in der Mitte des RT neuen Faden aufnehmen.

11 Lm.

R 1: fM in 2. Lm ab Nadel und in alle Lm bis R-Ende, Km in nächste 2 M der Schulterpasse, wenden. [10 M]

R 2: [keine Wlm] 2 gerade gehäkelte Km ü, fM hMg in alle fM bis letzte fM, fM in letzte fM, wenden.

R 3: [keine Wlm] fM in 1. fM, fM hMg in alle fM bis R-Ende, Km in nächste 2 M an Schulterpasse, wenden.

R 2 und 3 wdh, bis der Ausschnitt einmal umrundet ist.

Faden mit 25 cm Restfaden zum Zusammennähen der ersten und letzten R des Rippenmusters abschneiden. Stopfnadel und z. B. Überwendlingsstich benutzen. Fadenenden vernähen.

Ärmel

Wegen der verkürzten R im Nacken sind rechter und linker Ärmel in der ersten Rd leicht unterschiedlich.

Mit 6 mm Häkelnadel oder größerer Nadelstärke mit Km neuen Faden etwa in der Mitte der Achsel aufnehmen. Sichergehen, dass die Häkelrichtung stimmt: Die Vs der M an den Armausschnitten sollten ins Innere des Pullovers zeigen. (Wenn sie zu dir zeigen, Arbeit von innen nach außen stülpen oder einfach die Nadel aus der anderen Richtung einstechen.)

Beim Einstechen der Nadel etwa in der Mitte der Achsel werden die verkürzten R beim **rechten Ärmel** auf der **linken** Seite (oder am Rd-Anfang) sein, beim **linken Ärmel auf der rechten** (oder am Rd-Ende).

Sobald die rechte und linke Seite festgelegt sind, kann der Unterscheidungs-MM aus der letzten verkürzten R entfernt werden. Er war dazu da, zu erkennen, welcher Ärmel links und welcher rechts ist.

An beiden Armausschnitten sollten jetzt 2 MM sein, die die 1. und letzte Ärmel-M am Ende der Schulterpasse markieren.

Bei beiden Ärmeln nach Instruktionen für Rd 1 arbeiten. Nach Rd 1 sind die Instruktionen für beide Ärmel identisch.

»x M gleichmäßig bis zum 1. MM häkeln« bedeutet, dass es möglicherweise keine klar erkennbaren Stellen gibt, in welche die M gehäkelt werden; also bis zum MM einfach x M in möglichst gleichmäßigen Abständen häkeln.

Rd 1 – Rechter Ärmel

Verkürzte R an der linken Seite (Rd-Anfang)

Nur nach der Anleitung für deine Größe arbeiten:

XS (S, XL, 4XL, 5XL): Diese M in gleichmäßig bis zum 1. MM häkeln: fM, [Stb, fM] 3 (3, 4, 5, 5)-mal; jetzt ist die erste Ärmel-M der Passe erreicht, Stb in markiertes Stb, mit Muster ff bis nächster MM und Stb in dieses markierte Stb, mit Muster ff und 4 (4, 6, 8, 8) M in gleichmäßigen Abständen bis Rd-Ende, mit Km schließen, wenden. [36 (40, 48, 70, 72) M]

M (L, 2XL, 3XL): Diese M in gleichmäßig bis zum 1. MM häkeln: [Stb, fM] 4 (4, 5, 5)-mal; jetzt ist die erste Ärmel-M der Passe erreicht, Stb in markiertes Stb, mit Muster ff bis zum nächsten MM und Stb in dieses markierte Stb, mit Muster ff und 5 (5, 7, 7) M in gleichmäßigen Abständen bis Rd-Ende, mit Km schließen, wenden. [42 (46, 54, 58) M]

Rd 1 – Linker Ärmel

Verkürzte R an der rechten Seite (Rd-Ende)

Nur nach der Anleitung für deine Größe arbeiten:

XS (S, XL, 4XL, 5XL): Diese M in gleichmäßig bis zum 1. MM häkeln: [Stb, fM] 2 (2, 3, 4, 4)-mal; jetzt ist die 1. Ärmel-M der Passe erreicht, Stb in markiertes Stb, mit Muster ff bis zum nächsten MM und Stb in dieses markierte Stb, mit Muster ff und 7 (7, 9, 11, 11) M in gleichmäßigen Abständen bis Rd-Ende, mit Km schließen, wenden. [36 (40, 48, 70, 72) M]

M (L, 2XL, 3XL): Diese M in gleichmäßig bis zum 1. MM häkeln: fM [Stb, fM] 2 (2, 3, 3)-mal; jetzt ist die 1. Ärmel-M der Passe erreicht, Stb in markiertes Stb, mit Muster ff bis zum nächsten MM und Stb in dieses markierte Stb, mit Muster ff und 8 (8, 10, 10) M in gleichmäßigen Abständen bis Rd-Ende, mit Km schließen, wenden. [42 (46, 54, 58) M]

Den restlichen Ärmel nach den für deine Größe angegebenen Instruktionen häkeln:

Abn-Rd so häkeln: 1 Lm, 1. M ü, mit Muster ff bis letzte M, letzte M ü, Rd mit Km in 1. M schließen, wenden. [2 M abg]

Rd ohne Abn so häkeln: 1 Lm, mit Muster ff bis Rd-Ende, Rd mit Km in 1. M schließen, wenden.

Nur nach deiner Größe häkeln; Rd-Anzahl wird angegeben einschließlich der ersten, gerade gehäkelten Rd.

XS: Mit Muster ff bis insgesamt 46 Rd, in diesen Rd abn: 15, 30. [32 M]

S: Mit Muster ff bis insgesamt 46 Rd, in diesen Rd abn: 10, 20, 30. [34 M]

M: Mit Muster ff bis insgesamt 45 Rd, in diesen Rd abn: 10, 20, 30, 40. [34 M]

L: Mit Muster ff bis insgesamt 43 Rd, in diesen Rd abn: 8, 16, 24, 32, 40. [36 M]

XL: Mit Muster ff bis insgesamt 43 Rd, in diesen Rd abn: 6, 12, 18, 24, 30, 36. [36 M]

2XL: Mit Muster ff bis insgesamt 42 Rd, in diesen Rd abn: 5, 10, 15, 20, 25, 30, 35, 40. [38 M]

3XL: Mit Muster ff bis insgesamt 42 Rd, in diesen Rd abn: 4, 8, 12, 16, 20, 24, 28, 32, 36, 40. [38 M]

4XL: Mit Muster ff bis insgesamt 41 Rd, in diesen Rd abn: 2, 5, 7, 10, 12, 15, 17, 20, 22, 25, 27, 30, 32, 35, 37, 40. [38 M]

5XL: Mit Muster ff bis insgesamt 38 Rd, in diesen Rd abn: 4, 6, 8, 10, 12, 14, 16, 18, 20, 22, 24, 26, 28, 30, 32, 34, 36. [38 M]

Rippenbündchen Ärmel

Dieses Rippenmuster wird wie die Rippenbündchen an der Unterkante und am Ausschnitt gehäkelt. Mit 5,5 mm Häkelnadel oder kleinerer Stärke.

11 Lm.

R 1: fM in 2. Lm ab Nadel und in all Lm bis R-Ende. [10 fM]

Die M in der letzten R am Körper finden, wo die 1. Lm des Rippenbündchens gehäkelt wurde. Nicht in diese M häkeln, sondern Km in die nächsten 2 M der letzten Ärmel-Rd. Arbeit wenden und Rück-R in die gerade gehäkelte R beginnen.

R 2: [keine Wlm] 2 gerade gehäkelte Km ü, fM hMg in alle fM bis letzte fM, fM in letzte fM, wenden.

R 3: [keine Wlm] fM in 1. fM, fM hMg in alle fM bis R-Ende, Km in nächste 2 Ärmel-M, wenden.

R 2 und 3 wdh, bis der gesamte Ärmel umrundet ist.

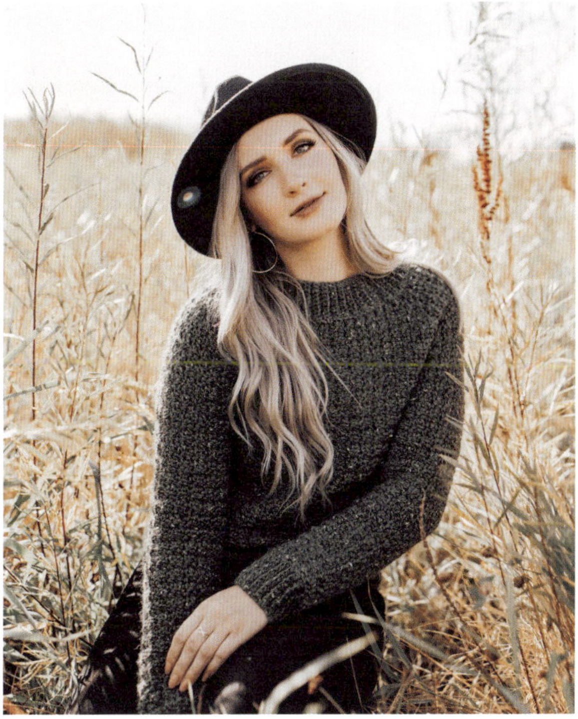

Faden mit 25 cm Restfaden abschneiden.

Erste und letzte R Rippenmuster mit Stopfnadel und z. B. Überwendlingsstich zusammennähen. Fadenenden vernähen.

Alle Instruktionen am zweiten Ärmel wdh. Den Pullover in den Maßen spannen, die auf Seite 87 in der Größentabelle stehen.

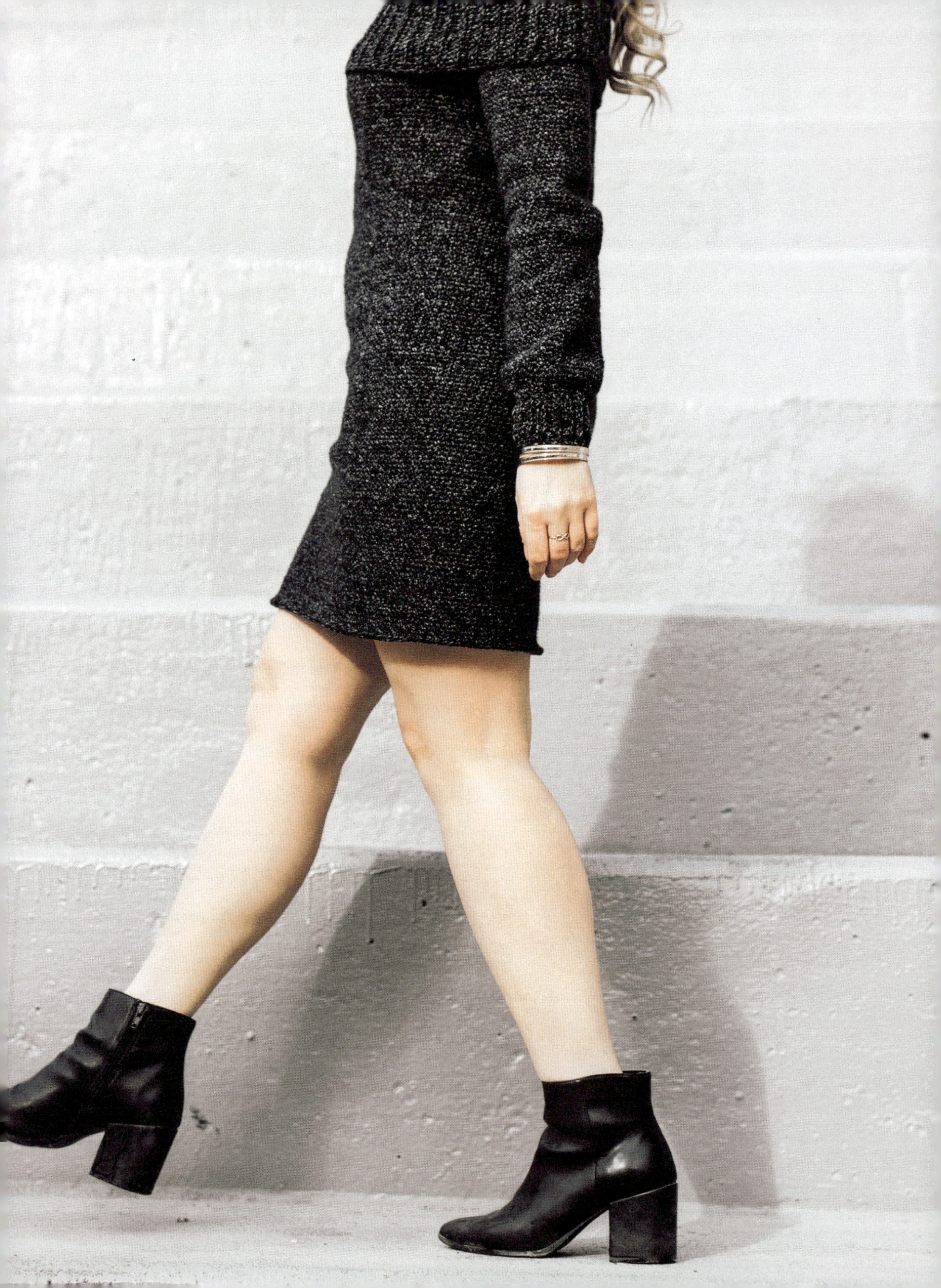

Der besondere Look

Zur Feier des Tages

Besondere Anlässe verdienen auch besondere Outfits. Ob Büro-Party, Familienfeier oder Silvester – in diesem Kapitel werden Hingucker vorgestellt, die du gerne ausführen wirst. Wie das Partymotto auch lautet, die vielseitigen Designs von formell bis verspielt haben das Passende zu bieten.

Die Modelle sind von den Weihnachtsfeiertagen inspiriert, können aber das ganze Jahr über getragen werden, denn sie sind nicht durch die Farbigkeit der Weihnachtszeit geprägt, sondern von den eleganten Schnitten und Silhouetten. Ich wollte Stücke entwerfen, die vielseitig tragbar sind und nicht nur einmal im Jahr aus dem Schrank genommen werden. Die Stücke sind vielseitiger, wenn du die typischen Farben meidest und etwas wählst, das du zu jeder Jahreszeit gerne anziehen würdest.

Wie findest du die Idee, dir dieses Jahr kein Outfit zu kaufen, sondern dir selbst eines zu machen?

Silent Night
Samt-Cardigan

Basic

Wer würde sich nicht gerne in Samt hüllen? Ob beim Geschenkeöffnen am Weihnachtsbaum oder zum Einläuten des neuen Jahres – dieses Stück ist immer einsatzbereit. Ich bin ein großer Fan von Garnen mit unerwarteten Texturen und dieser Samt-Cardigan gibt Gehäkeltem einen neuen Look. Als Kontrast zur Schwere des Samtgarns hat dieses Modell ein luftiges Häkelmuster und kurze Ärmel. Das Gewicht des Garns, die senkrechten Rippen und die Seitenschlitze sorgen für einen eleganten Fall und unglaubliche Bewegung beim Tragen. Dieses Stück ist ein Muss für alle, die gerne ohne viel Aufwand chic aussehen.

Aufbau

Der Oversize-Cardigan besteht aus zwei gleichen Teilen, die mittig am Rücken und an den Seiten teilweise zusammengenäht werden. Der Körper ist quer gehäkelt. So entsteht das senkrechte Rippenmuster, das sich über den gesamten Cardigan zieht. Die kurzen Ärmel werden separat als zwei Rechtecke gehäkelt und am Körper angesetzt.

Material

Garn:
Dick (Bulky) – Bernat Velvet in der Farbe Blackbird (100 % Polyester)

288 m/300 g

Bei yarnsub.com (englischsprachig) kannst du passende Ersatzgarne finden.

Verbrauch:
3 (4, 4, 4, 5) Knäuel oder 823 (915, 1029, 1143, 1235) m

Anmerkung: Günstig!

Du kannst Bernat Velvet durch ähnlich voluminöses Garn ersetzen, mit dem die Maschenprobe stimmt. Einen ähnlichen Look ergibt Polyester-Garn mit samtigem Chenille-Griff. Dickes Garn ohne Samteffekt geht auch!

ABKÜRZUNGEN

FafM: Fußschlingenanschlag mit festen Maschen (S. 174)
fM hMg: feste Maschen ins hintere Maschenglied
fM: feste Maschen
Lm: Luftmasche(n)
LmK: Luftmaschenkette
M: Masche(n)
R: Reihe(n)
RT: Rückenteil
VT: Vorderteil
wdh: wiederholen
Wlm: Wendeluftmasche(n)

Häkelnadel:
6,5 mm oder andere Stärke gemäß Maschenprobe

Zubehör:
Stopfnadel, diverse offene MM

Maschenprobe:
10 x 10 cm = 14 M und 10 R fM hMg

Wenn die Maschenprobe nicht passt, orientiere dich an den Maschen selbst. Sie bestimmen die Länge des Cardigans und können nicht angepasst werden, wenn du einmal angefangen hast.

Aufbauschema

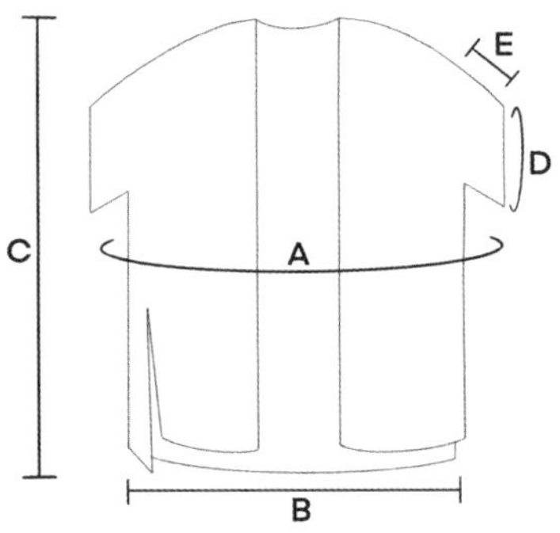

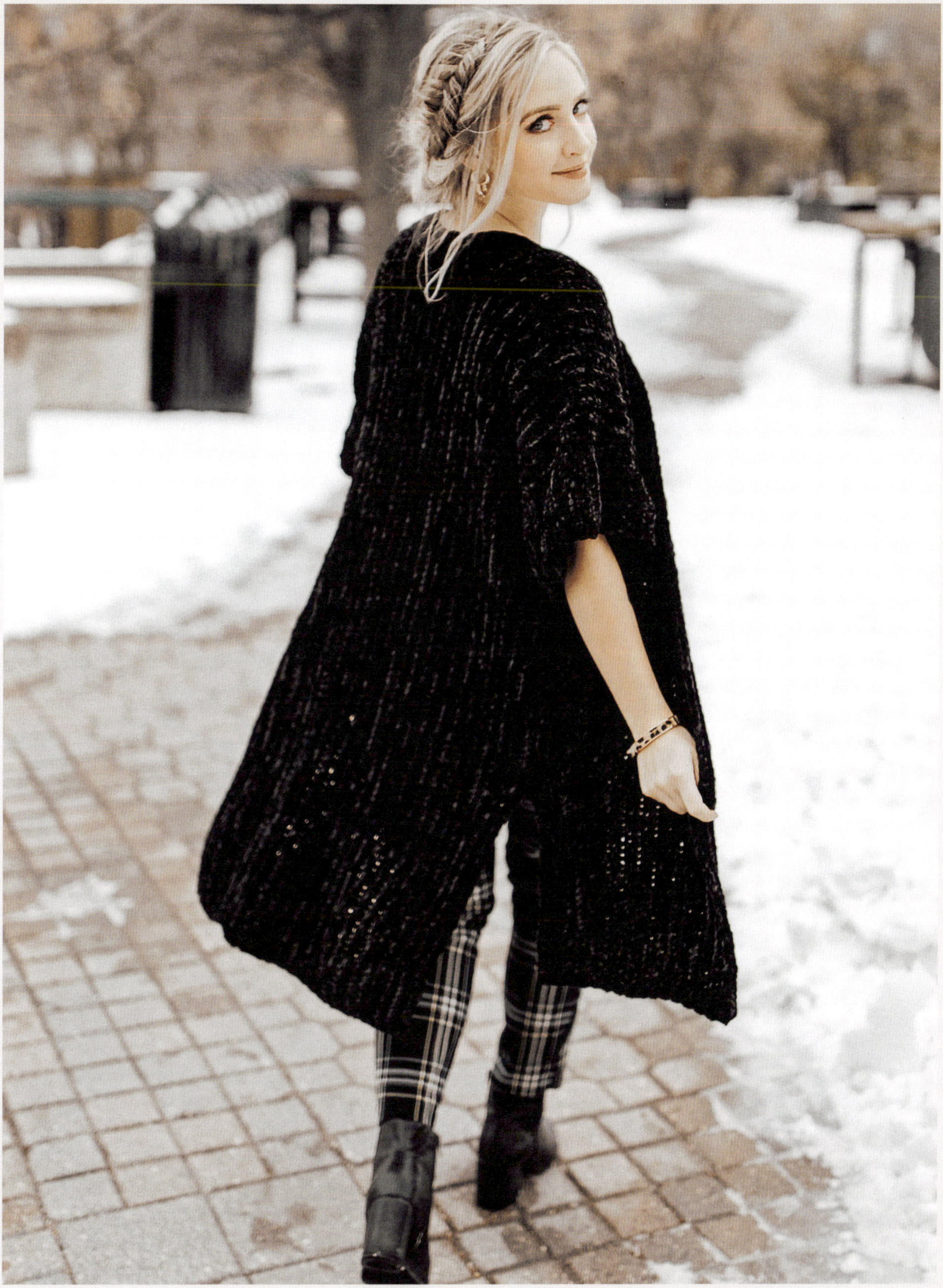

Anleitung

Körper (2 Teile)

R 1: 206 FafM.

R 2: 1 Lm, fM in 1. M, fM hMg bis letzte M, fM in letzte M, wenden. [206 M]

R 2 wdh bis insgesamt 28 (32, 36, 40, 43) R oder bis 29 [32, 37, 41, 44] cm Länge.

Angepasst: Um den Cardigan zu verlängern (oder zu verkürzen), verlängere (oder verkürze) die LmK am Anfang um ein Vielfaches von 2 M. Die Zahl der Vielfachen, die dazukommt oder abgezogen wird, entspricht der M-Anzahl, die beim Formen der Nackenpartie dazukommt oder abgezogen wird. Wenn du z. B. 10 M mehr in der LmK am Anfang hast, müssen 5 M in der ersten formenden Nacken-R dazukommen – insgesamt 112 M.

Anmerkung: Erste und letzte fM in allen R etwas fester häkeln, um zu verhindern, dass die Unterkante des Cardigans ausleihert; dies ist besonders bei Samt-Garnen zu beachten.

Rückwärtige Nackenpartie formen

R 29 (33, 37, 41, 44): 1 Lm, fM in erste M, fM hMg in nächste 105 M, fM in nächste M, wenden. [107 M]

Nächste 3 R: 1 Lm, fM in 1. M, fM hMg in alle M bis letzte M, fM in letzte M, wenden.

Instruktionen für Teil 2 wdh.

Faden mit ca. 100 cm Restfaden zum Zusammennähen der Teile abschneiden (nur bei 1 Teil notwendig).

Teile zusammenfügen

Du hast jetzt zwei identische Teile mit je einer breiten Seite. Die beiden breiten Partien werden zusammengenäht. Dies wird das RT und die andere Hälfte wird nach vorne gefaltet. Dies wird das VT. Beim Zusammennähen beide Teile mit der langen, flachen Kante nach außen ausbreiten und den geformten Nacken aneinanderlegen, sodass beide Teile gespiegelt liegen. Mit Stopfnadel und dem langen Restfaden der Nackenpartie im z. B. Überwendlingsstich (S. 169) zusammennähen. Das Fadenende vernähen. Jetzt sollte das Stück eine U-Form haben und aus einem großen RT und zwei symmetrischen VT bestehen.

Seitenschlitze

Jetzt von den Ecken des RT 15 M nach oben abzählen und diese M markieren. VT so nach vorne falten, dass die vier Ecken parallel zur markierten M sind, und diese M mit offenen MM fixieren, bevor du zu nähen beginnst. Ab hier die Seitenkanten möglichst exakt aneinanderlegen und mit MM fixieren. 25 cm ab Unterkante des VT abmessen und ab hier nähen, um die Seitenschlitze zu bilden. Für dramatischere Seitenschlitze nach Belieben weiter oben anfangen. Mit einem separaten Faden (etwa in doppelter Länge der Partie, die genäht werden soll) und Stopfnadel nach oben nähen bis etwa 36 cm unterhalb der Schulter. Diese Partie bleibt noch offen, da dort später der Ärmel eingesetzt wird. Fadenende noch nicht vernähen; damit kannst du mögliche Lücken nach dem Ansetzen des Ärmels schließen.

Größentabelle Silent Night

	A *Brustumfang fertiges Stück (inkl. offenes VT)*	B *Breite RT*	C *Gesamtlänge ab Schulter*	D *Ärmelumfang*	E *Ärmellänge*
XS	*132 cm*	*66 cm*	*75 cm*	*53 cm*	*10 cm*
S/M	*147 cm*	*74 cm*	*75 cm*	*56 cm*	*10 cm*
L/XL	*162 cm*	*81 cm*	*75 cm*	*56 cm*	*10 cm*
2XL/3XL	*178 cm*	*89 cm*	*75 cm*	*58 cm*	*10 cm*
4XL/5XL	*193 cm*	*97 cm*	*75 cm*	*58 cm*	*10 cm*

Die Tabelle zeigt die Maße des fertigen Cardigans. Er soll weit getragen werden, je nach Größe mit 36–66 cm Bewegungszugabe. Richte dich bei der Größenauswahl nach einem Brustumfang, der 36–66 cm weiter ist als deine Maße. Beispiel: Das Model ist 163 cm groß, hat einen Brustumfang von 86 cm und trägt Größe S/M. Der Brustumfang des fertigen Stücks beträg 147 cm und hat 61 cm Bewegungszugabe. Bei Zwischengrößen nach unten orientieren.

Weitere Infos (auf Englisch) und Tester:innen-Fotos findest du auf knitsnknots.ca/silent-night.

Ärmel (2 Stück)

R 1: 14 FafM. Ca. 40 cm Faden stehen lassen.

Angepasst: Für kürzere (oder längere) Ärmel weniger (oder mehr) M beim FafM.

R 2: [keine Wlm] fM in erste M, fM hMg in alle M bis letzte M, fM in letzte M, wenden. [14 M]

R 2 wdh bis insgesamt 52 (55, 55, 58, 58) R oder 53 [56, 56, 58, 58] cm Länge.

Angepasst: Auch die Ärmel sollen oversized sein. Für engere Ärmel weniger R häkeln als angegeben.

Faden mit ca. 75 cm Restfaden zum Annähen des Ärmels an den Cardigan abschneiden.

Mit Stopfnadel und dem kürzeren Faden 1. und letzte R des Ärmels mit z. B. Überwendlingsstich zusammennähen.

Den fertigen Ärmel mit der Naht nach unten zur Achsel an den Armausschnitt anlegen und dort mit MM fixieren. Ärmel 2,5–5 cm über den Körper ziehen, dann fällt er besser. Mit Stopfnadel und dem langen Restfaden den Ärmel locker an den Körper nähen. Den Faden nicht fest anziehen, sonst kann der Ärmel zu eng anliegen und beim Tragen einengen oder Falten werfen. Mit den Restfäden mögliche Lücken schließen. Fadenenden vernähen.

Bei dieser Art von Gewebe ist normalerweise Spannen nicht erforderlich, aber wenn du willst, kannst du es machen, denn Spannen lockert die M und verbessert den Fall des Kleidungsstücks, besonders wenn du kein Samtgarn verarbeitest.

December Romance

Pulloverkleid

Einfach

Hier kommt mein Lieblingsstück aus dieser Kollektion, das festliche Kleid schlechthin: December Romance. Es ist vielseitig und elegant genug für alle Festivitäten, gleichzeitig schlicht und unaufdringlich genug, um rund ums Jahr getragen zu werden. Offensichtlich weihnachtliche Farben wurden vermieden – kein Rot, Grün oder Glitzer in Sicht. Übrig bleibt ein attraktives, geschmackvolles Kleid, in dem du das ganze Jahr über fantastisch aussiehst.

Das auffällige Design betont kunstvoll die weibliche Silhouette. Auf Wunsch kann es stärker tailliert werden. Der romantische, weite Ausschnitt lässt die Schultern frei – der perfekte Gegensatz zur eng anliegenden Passform. Sportliche Elemente wie der übergroße Kragen und die lockeren Ärmel machen das Kleid alltagstauglich. Ob beim Countdown zu Silvester oder als Party-Outfit – in diesem Kleid wirst du dich schön fühlen!

Aufbau

Der Pullover hat eine Rundpasse, die nahtlos von oben nach unten gehäkelt wird. Nach den Zunahmen an der Passe wird diese in Körper und Ärmel aufgeteilt. Der Körper wird als Nächstes gearbeitet und optional tailliert, dann kommen die Ärmel. Der schwungvolle Rippenkragen wird zuletzt angefügt.

Material

Garn:
Mittel (Worsted) – Lion Brand Jeans in der Farbe Stovepipe (100% Acryl)

225 m/100 g

Bei yarnsub.com (englischsprachig) kannst du passende Ersatzgarne finden.

Verbrauch:
8 (9, 10, 11, 11) (13, 14, 14, 15) Knäuel oder 1784 (1852, 2035, 2286, 2424) (2744, 2949, 3132, 3292) m

Anmerkung: Günstig!

Ich habe bewusst das Garn Lion Brands Jeans für dieses figurnahe Modell genommen, weil es weicher ist als viele andere Acrylgarne in dieser Preisklasse. Du kannst es jedoch auch durch ein ähnlich dickes Garn der Kategorie Mittel (Worsted) ersetzen, mit dem die Maschenprobe stimmt. Alle Garne passen zu diesem Modell – wähle aber etwas Weiches, denn es ist entscheidend, dass es auch bei längerem Tragen auf der Haut nicht kratzt.

Anmerkung zum Garn: Das Kleid ist durchgehend aus fM gehäkelt, was dir viel Freiheit bei der Garnauswahl lässt. Einfache Maschen wie fM sind eine gute Gelegenheit, spezielle, einzigartige Garne auszuprobieren, die du gerne benutzen willst, ohne dich von einem komplexen Muster ablenken zu lassen. Gesprenkelt, mit Farbverläufen, mit eingefärbten Streifen und handgefärbtes Garn kommen am besten vor dem Hintergrund einfacher Maschen zur Geltung, die das Garn in den Mittelpunkt stellen.

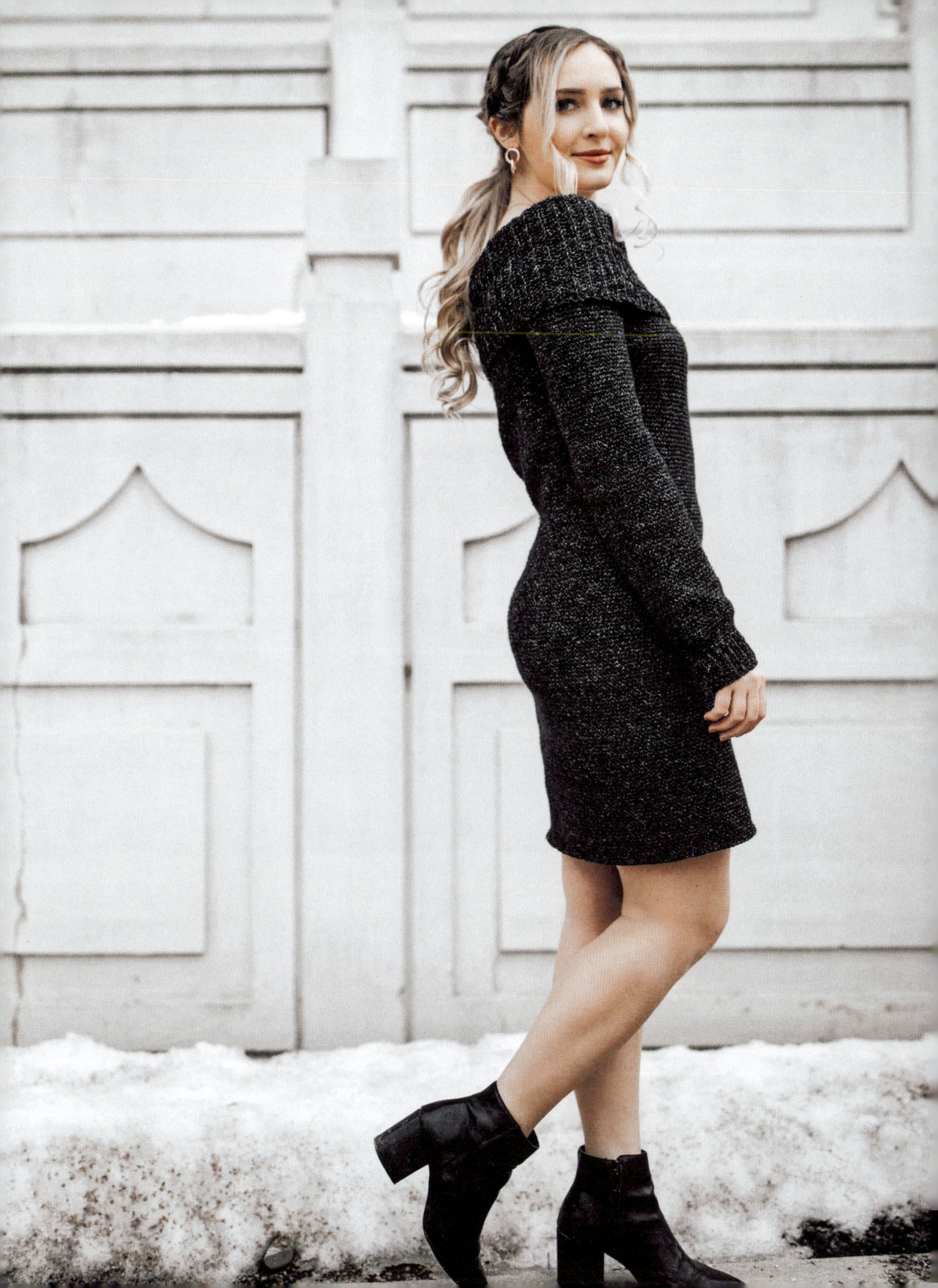

Häkelnadel Körper:
4,5 mm oder andere Stärke gemäß Maschenprobe Körper

Häkelnadel Kragen:
5,5 mm oder andere Stärke gemäß Maschenprobe Kragen

Zubehör:
Stopfnadel, 6 offene MM

Maschenprobe Körper:
13 x 13 cm = 22 M und 24 R fM in Rd mit der Nadelstärke für den Körper (kleiner)

Maschenprobe Kragen:
10 x 10 cm = 14,5 M und 12 R fM hMg, ungedehnt gemessen.

Diese 12 R sollten sich bis 18 cm dehnen. Der Kragen wird locker gehäkelt; wenn du eher fest häkelst, musst du ggf. eine Nadelstärke nach oben gehen. Bei diesem Kragen solltest du eher zu locker als zu eng arbeiten. Weitere Informationen zum Kragen in der Anleitung stehen auf Seite 108.

Anmerkung: Die rechte Seite ist die, die beim Häkeln von Passe, Körper und Ärmeln zu dir zeigt.

Variante Pullover: Für einen hüftlangen Pullover häkelst du nach Anleitung bis zur gewünschten Länge. Für eine lässigere Passform kannst du die Abn bei Taillen- und Hüftpartie weglassen.

ABKÜRZUNGEN

Abn/abg: Abnahme(n)/abgenommen
fM hMg: fM ins hintere Maschenglied
fM: feste Masche(n)
2 fM zus: 2 fM zusammenhäkeln
Km: Kettmasche(n)
Lm: Luftmasche(n)
LmK: Luftmaschenkette
M: Masche(n)
MM: Maschenmarkierer
R: Reihe(n)
Rd: Runde(n)
Rm: Randmasche(n)
RT: Rückenteil
ü: überspringen
VT: Vorderteil
wdh: wiederholen
Zun: Zunahme(n) – 2 fM in eine M häkeln

Größentabelle December Romance

	A Brustumfang fertiges Stück	B Taillenumfang	C Hüftumfang	D Länge erste Rundpasse bis Unterkante	E Länge der Rundpasse von erster bis letzte Rundpasse	F Kragenlänge	G Ärmellänge ab Achsel	H Umfang Oberarm	I Umfang Handgelenk
XS	76 cm	58 cm	81 cm	75 cm	9 cm	27 cm	50 cm	27 cm	20 cm
S	86 cm	69 cm	93 cm	76 cm	9,5 cm	28 cm	49,5 cm	29 cm	20 cm
M	97 cm	79 cm	102 cm	79 cm	10 cm	28 cm	49 cm	30 cm	20 cm
L	107 cm	89 cm	113 cm	85 cm	10 cm	28 cm	48 cm	33 cm	20 cm
XL	117 cm	99 cm	122 cm	88 cm	11 cm	29 cm	47,5 cm	36 cm	20 cm
2XL	127 cm	109 cm	132 cm	91 cm	11 cm	29 cm	47,5 cm	43 cm	23 cm
3XL	137 cm	119 cm	144 cm	91 cm	12 cm	29 cm	47 cm	46 cm	23 cm
4XL	147 cm	130 cm	157 cm	91 cm	12,5 cm	30 cm	46,5 cm	50 cm	23 cm
5XL	157 cm	140 cm	164 cm	93 cm	13 cm	30 cm	46 cm	50 cm	23 cm

Die Tabelle zeigt die Maße des fertigen Stücks. Das Pulloverkleid soll mit 0–5 cm Bewegungszugabe getragen werden. Richte dich bei der Größenauswahl nach einem Brustumfang, der etwa 0–5 cm größer ist als dein tatsächlicher Brustumfang. Beispiel: Das Model ist 163 cm groß, hat einen Brustumfang von 86 cm und trägt Größe S mit einem Brustumfang von 86 cm und 0 cm Spiel am fertigen Stück. Bei Zwischengrößen nach unten orientieren.

Weitere Infos (auf Englisch) und Tester:innen-Fotos findest du auf visit knitsnknots.ca/december-romance.

Anleitung

Aufbauschema

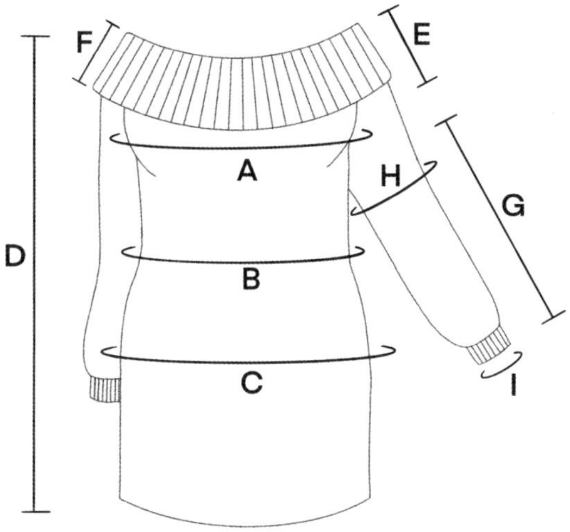

Rundpasse

Häkelnadel 4,5 mm oder kleinere Nadelstärke.

105 (105, 105, 108, 111) (111, 111, 114, 114) Lm. Runde mit fM in 1. Lm schließen, dann spiralweise weiter. MM am Rd-Anfang.

Rd 1: fM in alle Lm bis Rd-Ende. [105 (105, 105, 108, 111) (111, 111, 114, 114) fM]

Zun-Rd 1

*Zun in nächste M, fM in nächste 2 M; ab * bis Rd-Ende wdh. [140 (140, 140, 144, 148) (148, 148, 152, 152) fM]

fM in alle M der nächsten 4 (4, 3, 3, 4) (3, 3, 2, 2) Rd.

Zun-Rd 2

*Zun in nächste M, fM in nächste 3 M; ab * bis Rd-Ende wdh. [175 (175, 175, 180, 185) (185, 185, 190, 190) fM]

fM in alle M der nächsten 4 (4, 3, 3, 4) (3, 3, 3, 3) Rd.

Zun-Rd 3

XS: fM in erste 5 M, *Zun in nächste M, fM in nächste 9 M; ab * bis Rd-Ende wdh. [192 fM]

Alle weiteren Größen: *Zun in nächste M, fM in nächste 4 M; ab * bis Rd-Ende wdh. [x (210, 210, 216, 222) (222, 222, 228, 228) fM]

fM in alle M der nächsten 5 (6, 3, 3, 4) (3, 3, 2, 2) Rd.

Größe XS und S: Die Passe ist jetzt fertig; weiter mit »Aufteilen in Körper & Ärmel«.

Alle weiteren Größen: Weiter mit Zun-Rd 4.

Zun-Rd 4

M: fM in 1. M, *Zun in nächste M, fM in nächste 18 M; ab * bis Rd-Ende wdh. [221 fM]

L: fM in 1. 9 M, *Zun in nächste M, fM in nächste 8 M; ab * bis Rd-Ende wdh. [239 fM]

XL: fM in erste 12 M, *Zun in nächste M, fM in nächste 4 M; ab * bis Rd-Ende wdh. [264 fM]

Alle weiteren Größen: *Zun in nächste M, fM in nächste 5 M; ab * bis Rd-Ende wdh. [x (x, x, x, x) (259, 259, 266, 266) fM]

fM in alle M der nächsten x (x, 5, 6, 4) (3, 3, 3, 3) Rd.

Größe M, L und XL: Die Passe ist jetzt fertig; weiter mit »Aufteilen in Körper & Ärmel«.

Alle weiteren Größen: Weiter mit Zun-Rd 5.

Zun-Rd 5

*Zun in nächste M, fM in nächste 6 M; ab * bis Rd-Ende wdh. [x (x, x, x, x) (296, 296, 304, 304) fM]

fM in alle M der nächsten x (x, x, x, x) (4, 3, 2, 2) Rd.

Größe 2XL: Die Passe ist jetzt fertig; weiter mit »Aufteilen in Körper & Ärmel«.

Alle weiteren Größen: Weiter mit Zun-Rd 6.

Zun-Rd 6

3XL: fM in erste 8 M, *Zun in nächste M, fM in nächste 11 M; ab * bis Rd-Ende wdh. [320 fM]

Alle weiteren Größen: *Zun in nächste M, fM in nächste 7 M; ab * bis Rd-Ende wdh. [x (x, x, x, x) (x, x, 342, 342) fM]

fM in alle M der nächsten x (x, x, x, x) (x, 1, 3, 3) Rd.

Größe 3XL: Die Passe ist jetzt fertig; weiter mit »Aufteilen in Körper & Ärmel«.

Alle weiteren Größen: Weiter mit Zun-Rd 7.

Zun-Rd 7

4XL: fM in erste 2 M, *Zun in nächste M, fM in nächste 67 M; ab * bis Rd-Ende wdh. [347 fM]

5XL: fM in erste 12 M, *Zun in nächste M, fM in nächste 21 M; ab * bis Rd-Ende wdh. [357 fM]

fM in alle M der nächsten x (x, x, x, x) (x, x, 1, 2) Rd.

Jetzt sollte die Rundpasse aus insgesamt 17 (18, 19, 20, 21) (22, 23, 24, 25) fertigen Rd bestehen.

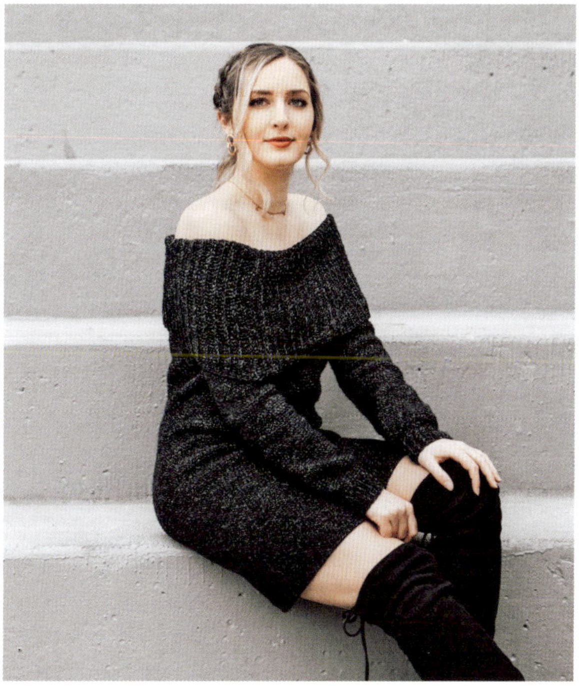

Aufteilen in Körper & Ärmel

Prüfen, ob der MM am Rd-Anfang mittig sitzt.

fM in nächste 29 (32, 35, 39, 42) (46, 50, 54, 57) M, 8 (10, 13, 15, 16) (18, 19, 20, 22) Lm, nächste 38 (40, 40, 42, 47) (56, 60, 66, 64) M ü (Platz für den rechten Ärmel), fM in nächste 58 (65, 70, 77, 85) (92, 100, 107, 114) M, 8 (10, 13, 15, 16) (18, 19, 20, 22) Lm, nächste 38 (40, 40, 42, 47) (56, 60, 66, 64) M ü (Platz für den linken Ärmel), fM in nächste 29 (33, 36, 39, 43) (46, 50, 54, 58) M bis Rd-Anfang. [132 (150, 167, 185, 202) (220, 238, 255, 273) M]

MM in 1. und letzte ü M beider Ärmel (2 MM pro Ärmel). Diese MM in der 1. Rd der Ärmel benutzen.

Körper

Nächste Rd: fM in alle fM und alle Lm bis Rd-Ende.

fM in alle M der Rd, bis das Stück bis unter die Brust reicht. Jetzt mit dem Formen der Taille beginnen. Falls keine Taillierung gewünscht ist, weiter fM in alle M bis zur gewünschten Länge, dann weiter mit Abschluss-Rd.

Taillierung

Prüfen, ob der Rd-Anfang mittig am Rücken ist. Falls er sich verschoben hat, jetzt MM in die Mitte setzen.

> *Anmerkung:* Halte dich an die Taillenmaße für deine Größe auf Seite 103. Falls dieses Maß nicht genau deinem Taillenmaß entspricht, kannst du die Weite nach Belieben anpassen, indem du weniger Abn-Rd häkelst. Alternativ kannst du das Kleid enger taillieren als in der Tabelle angegeben, indem du mehr Abn-Rd häkelst. Hier geht es eher um die Passform als um die genauen Zahlen. Nutze die angegebenen Abn-Rd als Richtlinie. Das Wichtigste ist, dass du damit zufrieden bist, wie das Kleid an deinem Körper mit seinen individuellen Maßen aussieht.

Abn-Rd 1: Am MM am Rd-Anfang im Rücken beginnen. fM in erste 29 (32, 35, 38, 42) (46, 50, 53, 57) M, MM in diese letzte M, als Markierung für die den Beginn der Taillierung (ab jetzt Abn nur am VT des Stücks), *fM in nächste 6 (7, 8, 9, 10) (11, 12, 13, 14) M, 2 fM zus; ab * 9-mal wdh, fM in alle M bis Rd-Anfang. [122 (140, 157, 175, 192) (210, 228, 245, 263) fM]

fM in alle M der nächsten 4 Rd.

Abn-Rd 2: fM in alle M bis einschließlich 1. markierte M, *fM in nächste 5 (6, 7, 8, 9) (10, 11, 12, 13) M, 2 fM zus; ab * 9-mal wdh, fM in alle M bis Rd-Anfang. [112 (130, 147, 165, 182) (200, 218, 235, 253) fM]

fM in alle M der nächsten 4 Rd.

Abn-Rd 3: fM in alle M bis einschließlich 1. markierte M, *fM in nächste 4 (5, 6, 7, 8) (9, 10, 11, 12) M, 2 fM zus; ab * 9-mal wdh, fM in alle M bis Rd-Anfang. [102 (120, 137, 155, 172) (190, 208, 225, 243) fM]

fM in alle M, bis das Teil bis zur Hüfte reicht, wo du mit den Zun für die Hüftpartie beginnst. Diese Zun werden in der gesamten Rd gemacht, der MM aus der Partie mit den Abn kann also entfernt werden.

> *Angepasst:* Halte dich an den in der Tabelle auf Seite 103 angegebenen Hüftumfang. Wenn du dieses Maß verändern möchtest, kannst du die Partie weiter machen, indem du nach Belieben weitere Zun-Rd oder mehr Zun in den Zun-Rd häkelst. Alternativ kannst du das Kleid enger an der Hüfte machen, indem du weniger Zun-Rd oder weniger Zun in den Zun-Rd häkelst. Hier geht es eher um die Passform als um die genauen Zahlen. Nutze die angegebenen Zun-Rd als Richtlinie. Das Wichtigste ist, dass du damit zufrieden bist, wie das Kleid an deinem Körper mit seinen individuellen Maßen aussieht.

Zun-Rd 1: fM in erste 2 (0, 7, 5, 2) (0, 8, 5, 3) M, *fM in nächste 9 (11, 12, 14, 16) (18, 19, 21, 23) M, Zun in nächste M; ab * bis Rd-Anfang wdh. [112 (130, 147, 165, 182) (200, 218, 235, 253) fM]

fM in alle M der nächsten 4 Rd.

Zun-Rd 2: fM in erste 2 (0, 7, 5, 2) (0, 8, 5, 3) M, *fM in nächste 10 (12, 13, 15, 17) (19, 20, 22, 24) M, Zun in nächste M; ab * bis Rd-Anfang wdh. [122 (140, 157, 175, 192) (210, 228, 245, 263) fM]

fM in alle M der nächsten 4 Rd.

Zun-Rd 3: fM in erste 2 (0, 7, 5, 2) (0, 8, 5, 3) M, *fM in nächste 11 (13, 14, 16, 18) (20, 21, 23, 25) M, Zun in nächste M; ab * bis Rd-Anfang wdh. [132 (150, 167, 185, 202) (220, 238, 255, 273) fM]

fM in alle M der nächsten 4 Rd.

Zun-Rd 4: fM in erste 2 (0, 7, 5, 2) (0, 8, 5, 3) M, *fM in nächste 12 (14, 15, 17, 19) (21, 22, 24, 26) M, Zun in nächste M; ab * bis Rd-Anfang wdh. [142 (160, 177, 195, 212) (230, 248, 265, 283) fM]

Die Hüftpartie ist jetzt fertig.

fM in alle M, bis die Körperpartie 66 [67, 69, 74, 76] [79, 79, 79, 79] cm oder die gewünschte Länge hat.

Abschluss-Rd: Wenn die Länge passt, Km in nächste M, 1 Lm, wenden und in die andere Richtung häkeln. fM in nächste M, MM in diese M als Markierung der ersten M der Rd, fM in alle M bis MM, Km in markierte M.

Faden abschneiden und Fadenenden vernähen.

Ärmel

Mit Km etwa in die Mitte der Achsel neuen Faden aufnehmen. Rechte Seite zeigt zu dir.

4 (5, 6, 7, 8) (9, 9, 10, 11) fM in gleichmäßigen Abständen bis 1. MM, fM in nächste 38 (40, 40, 42, 47) (56, 60, 66, 64) M am Ärmel bis einschließlich zweite markierte M, 4 (5, 7, 8, 8) (9, 10, 10, 11) fM in gleichmäßigen Abständen bis Rd-Ende,1 fM in 1. fM. Weiter in Spiralen. [46 (50, 53, 57, 63) (74, 79, 86, 86) fM]

fM in alle M bis 82 (81, 49, 19, 13) (20, 26, 11, 10) R.

XS und S: Weiter bei »Handgelenk«.

Alle weiteren Größen: Abn-Rd: 2 fM zus, fM in alle M bis Rd-Ende. [1 M abg]

Nächste x (x, 9, 9, 4) (2, 1, 1, 1) R: fM in alle M.

Ab Abn-Rd x (x, 2, 5, 12) (18, 24, 31, 31)-mal wdh. [x (x, 50, 51, 50) (55, 54, 54, 54) fM]

Handgelenk

Nächste Rd: fM in alle M, dabei in gleichmäßigen Abständen 10 Abn bis Rd-Ende. [36 (40, 40, 41, 40) (45, 44, 44, 44) fM]

Nächste Rd: fM in alle M, dabei in gleichmäßigen Abständen 1 (5, 5, 6, 5) (5, 4, 4, 4) Abn bis Rd-Ende. [35 (35, 35, 35, 35) (40, 40, 40, 40) fM]

Nächste Rd: fM in alle M bis Rd-Ende.

Jetzt sollte der Ärmel aus insgesamt 85 (84, 82, 82, 81) (80, 79, 78, 77) Rd bestehen.

Ärmelbündchen

11 Lm.

R 1: fM in 2. Lm ab Nadel und in alle Lm, Km in nächste 2 Ärmel-M, wenden.

R 2: Die 2 gerade gehäkelten Km ü, fM hMg in alle M bis letzte M, fM in letzte M, wenden.

R 3: 1 Lm, fM in 1. M, fM hMg in alle M bis R-Ende, Km in nächste 2 Ärmel-M, wenden.

R 2 und 3 wdh, bis wieder am Anfangspunkt.

Faden mit Restfaden zum Zusammennähen des Bündchens abschneiden. Mit Stopfnadel erste und letzte R mit z. B. Kettstich zusammennähen. Fadenenden vernähen.

Alle Instruktionen beim zweiten Ärmel wdh.

Kragen

Den Kragen mit größerer Nadel häkeln. Der Kragen am abgebildeten Modell ist locker mit 5,5 mm Häkelnadel gearbeitet, aber du kannst verschiedene Nadelstärken ausprobieren und die verwenden, mit der du zum gewünschten Ergebnis kommst. Das Rippenmuster sollte locker und wesentlich dehnbarer sein als das Kleid, denn der Kragen muss sich über Schultern und Brust umschlagen lassen. Er soll locker anliegen und sich nicht zu eng anfühlen. Eher zur größeren Häkelnadel greifen, wenn du unsicher bist. Wenn du eher fest häkelst, kannst du eine 6,5 mm Häkelnadel nehmen.

Versuche den gesamten Kragen besonders locker zu häkeln.

> *Angepasst:* Für einen kürzeren (oder längeren) Kragen weniger (oder mehr) Lm häkeln als angegeben.

Nadelstärke 5,5 mm oder größer gemäß Maschenprobe.

Am RT mittig mit Km neuen Faden aufnehmen. 39 (41, 41, 41, 43) (43, 43, 45, 45) Lm.

R 1: In die LmK zurückhäkeln. fM in 2. Lm ab Nadel und in alle weiteren Lm. Km in nächste 2 M am Ausschnitt, wenden. [38 (40, 40, 40, 42) (42, 42, 44, 44) fM]

R 2: Die 2 gerade gehäkelten Km ü, fM hMg in alle M bis letzte M, fM in letzte M, wenden.

R 3: 1 Lm, fM in 1. M, fM hMg in alle M bis R-Ende, Km in nächste 2 M am Ausschnitt, wenden.

R 2 und 3 wdh, bis der gesamte Ausschnitt umrundet ist.

Angepasst: Wenn du beim Häkeln des Kragens merkst, dass er zu eng werden könnte, häkle R 3 mit einer leichten Veränderung: Km nur in 1 M am Ausschnitt statt in 2. Diese Modifikation wdh; dadurch entsteht mehr Platz für weitere R Rippenmuster, ohne dass du den Kragen wieder auftrennen und von vorne anfangen musst.

Wenn du den gesamten Ausschnitt mit dem Kragen umhäkelt hast, Faden mit langem Restfaden zum Zusammennähen der ersten und letzten R abschneiden. Mit Stopfnadel und z.B. Überwendlingsstich (S. 169) 1. und letzte R zusammennähen.

Alle Fadenenden vernähen und das Kleid in den Maßen spannen, die auf Seite 103 in der Größentabelle stehen.

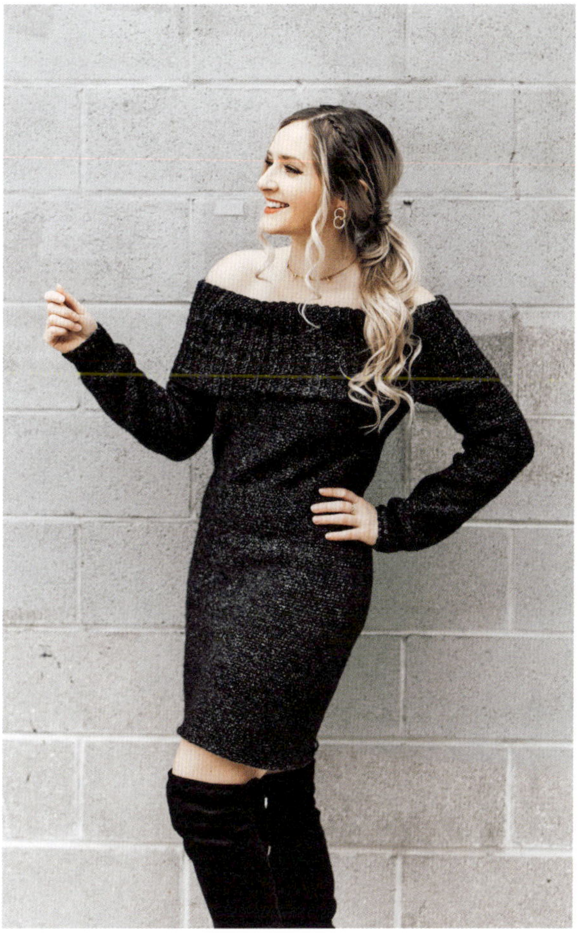

Sugarplum

Schulterfreier Pullover

Mittel

Dieses winterliche, schulterfreie Stück wirkt trotz des schlichten Aufbaus majestätisch und stattlich. Das Modell lebt vom Gegensatz aus dickem Wintergarn und luftig erscheinendem Design. Die ordentlichen, gleichmäßigen Maschen erzeugen ein glattes, durchgehendes Gewebe, das sich mit Leichtigkeit an den Körper schmiegt wie eine frisch gefallene Schneedecke. Die Dicke des Garns und das feste Maschenbild erzeugen ein festes Gewebe mit Struktur. Statt dagegen zu arbeiten, spiele ich mit dem positiven Aspekt und nutze ihn als Designelement – eine Gelegenheit, ein kastiges Oversize-Stück zu entwerfen, das die Festigkeit und Struktur des Kleidungsstücks betont.

Der einfach zu häkelnde Pullover ist in wenigen Tagen in jeder beliebigen Größe fertig – perfekt für alle, die noch nicht oft selbst Kleidungsstücke hergestellt haben.

Anmerkung: Wenn du diese Anleitung umgesetzt hast, bekommst du vielleicht auch Lust, den schulterfreien Pullover Amber Magic (S. 152) auszuprobieren – eine fließende, zarte Version dieses Pullovers mit etwas ausgeprägterem Ärmel.

Aufbau

Dieser Pullover hat eine Rundpasse und wird nahtlos von oben nach unten gehäkelt. Im Anschluss an die Zunahmen an der Passe wird diese in Körper und Armausschnitte aufgeteilt. Der Körper folgt als Nächstes, zuletzt werden die Ärmel gehäkelt.

Material

Garn:
Dick (Bulky) – WeCrochet Biggo in der Farbe Bare (50 % Superwash-Merino, 50 % Nylon)

100 m/100 g

Bei yarnsub.com (englischsprachig) kannst du passende Ersatzgarne finden.

Verbrauch:
7 (7, 8, 9, 10) (11, 12, 14, 14) Knäuel oder 641 (686, 778, 892, 961) (1098, 1189, 1326, 1395) m

Anmerkung zum Verbrauch: Diese Garnmenge ist für einen kurzen Pullover mit Dreiviertelärmeln gedacht, wie abgebildet, entsprechend der Größentabelle auf Seite 112. Für einen langen Pullover oder lange Ärmel brauchst du mehr Garn.

Anmerkung: Biggo ist als dickes Garn der Kategorie Bulky ausgewiesen, gehört aber eher zu den leichteren Garnen der Kategorie. Das Gewebe im abgebildeten Modell ist aufgrund des verwendeten Häkelmusters dennoch sehr dicht. Die besten Ergebnisse für ein weniger festes Gewebe mit besserem Fall bringt ein mittelstarkes Garn (Worsted, Aran), mit dem die Maschenprobe stimmt. Wenn du ein dickes Garn nimmst wie ich bei der abgebildeten Version, empfehle ich eine atmungsaktive Faser wie Wolle. Fasern, die nicht atmen, etwa Acryl, möglichst meiden. Das gewählte Garn unbedingt mit einem Probestück ausprobieren, um sicherzugehen, dass es wunschgemäß wird, bevor du den Pullover beginnst.

Häkelnadel:
6,5 mm oder andere Stärke gemäß Maschenprobe

Zubehör:
Stopfnadel, 5 offene MM

Maschenprobe:
8 x 8 cm = 6,5 M und 10 R in eSM, in Rd gearbeitet

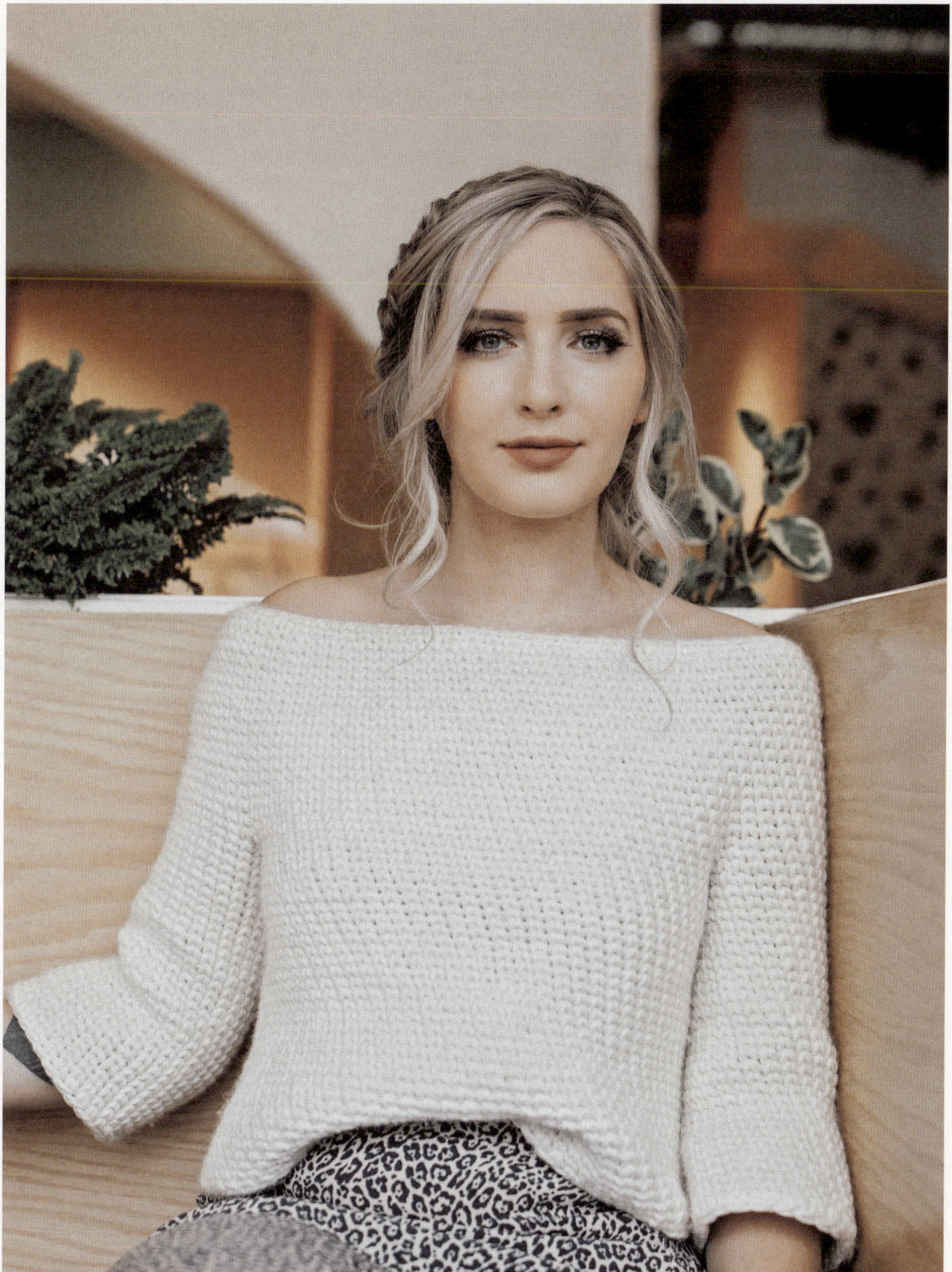

Größentabelle Sugarplum

	A Brustumfang fertiges Stück	B Umfang Halsausschnitt	C Länge Passe von erster bis letzter Runde	D Länge Körper ab Achsel	E Länge Ärmel ab Achsel	F Umfang Oberarm
XS	*84 cm*	*81 cm*	*14 cm*	*23 cm*	*24 cm*	*34 cm*
S	*94 cm*	*84 cm*	*15 cm*	*24 cm*	*24 cm*	*35 cm*
M	*104 cm*	*84 cm*	*15 cm*	*25 cm*	*24 cm*	*37 cm*
L	*114 cm*	*84 cm*	*16 cm*	*27 cm*	*24 cm*	*40 cm*
XL	*124 cm*	*84 cm*	*16 cm*	*28 cm*	*24 cm*	*43 cm*
2XL	*135 cm*	*84 cm*	*17 cm*	*29 cm*	*24 cm*	*48 cm*
3XL	*145 cm*	*88 cm*	*18 cm*	*30 cm*	*24 cm*	*51 cm*
4XL	*155 cm*	*88 cm*	*18,5 cm*	*32 cm*	*24 cm*	*56 cm*
5XL	*165 cm*	*88 cm*	*18,5 cm*	*33 cm*	*24 cm*	*56 cm*

Die Tabelle zeigt die Maße des fertigen Stücks. Der Pullover soll mit etwa 8–13 cm Bewegungszugabe getragen werden. Richte dich bei der Größenauswahl nach einem Brustumfang, der etwa 8–13 cm größer ist als dein tatsächlicher Brustumfang. Beispiel: Das Model ist 163 cm groß und hat einen Brustumfang von 86 cm. Sie trägt Größe S mit einem Brustumfang von 94 cm mit 8 cm Bewegungszugabe. Bei Zwischengrößen nach unten orientieren.

Weitere Infos (auf Englisch) und Tester:innen-Fotos findest du auf knitsnknots.ca/sugarplum.

ABKÜRZUNGEN

eSm: einfache Strickmasche(n) (S. 171)
fM: feste Masche(n)
Km: Kettmasche
Lm: Luftmasche(n)
LmK: Luftmaschenkette
M: Masche(n)
MM: Maschenmarkierer
Rd: Runde(n)
Rm: Randmasche(n)
ü: überspringen
wdh: wiederholen
Zun/zug: Zunahme/zugenommen – 2 eSm in M

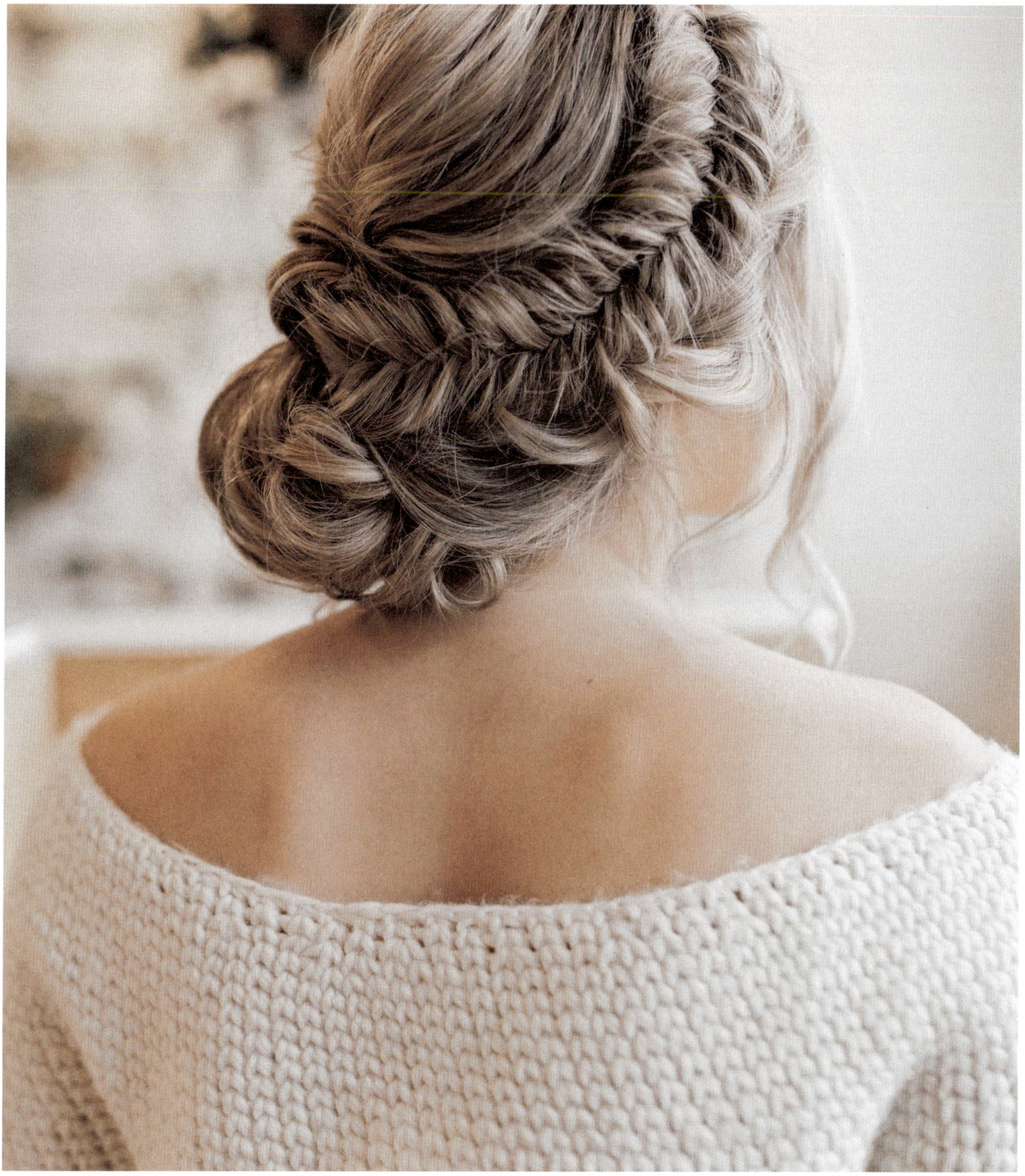

Anleitung

Aufbauschema

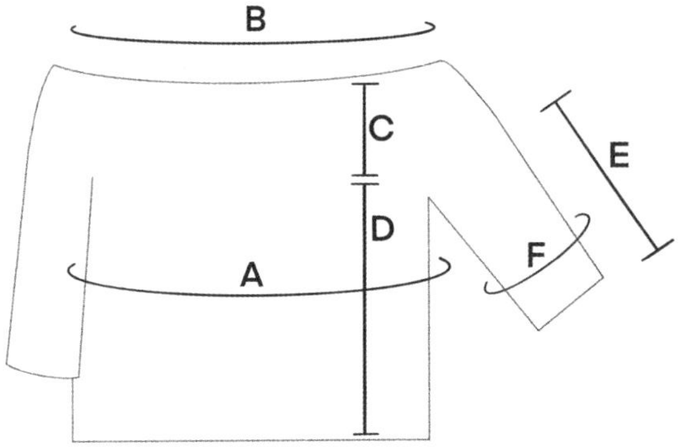

Anmerkungen zur Anleitung

Rechte Seite: Die »rechte Seite« ist die Seite der Arbeit, die beim Häkeln zu dir zeigt.

Schulterpasse

69 (72, 72, 72, 72) (72, 75, 75, 75) Lm, Rd mit Km in 1. Lm schließen, wenden.

Rd 1: Lockere fM in alle Lm bis Rd-Ende. (Die nächste Rd wird schwer zu häkeln, wenn Rd 1 zu fest ist!) [69 (72, 72, 72, 72) (72, 75, 75, 75) fM]

1 eSm in 1. fM aus Rd 1, dann weiter in Spiralen. MM zum Markieren des Rd-Anfangs in diese eSm.

Rd 2: eSm in alle fM bis Rd-Ende.

Anmerkung: Da du in einer Spirale häkelst, wird der MM am Rd-Anfang nach und nach von der Mitte weg wandern. Versetze ihn einfach nach Bedarf in die geschätzte Mitte und orientiere dich am Anfangsfaden der LmK als Bezugspunkt.

Anmerkung: In den ersten paar Rd kann es noch schwierig sein, die Stellen zu finden, an denen du einstechen musst. Nach ein paar Rd wirst du deinen Rhythmus finden und es wird viel einfacher!

Zunahme-Rd 1

Alle Größen: *Zun in nächste M, eSm in nächste 2 M; ab * bis Rd-Ende wdh. [92 (96, 96, 96, 96) (96, 100, 100, 100) eSm]

Nur XS: nächste Rd: eSm in alle M, dabei in gleichmäßigen Abständen 2-mal Zun, um M-Anzahl von 94 eSm zu erreichen.

Alle Größen: eSm in alle M der nächsten 14 (2, 2, 2, 2) (2, 2, 2, 2) Rd.

Größe XS: Die Passe ist jetzt fertig; weiter bei »Aufteilen in Körper & Ärmel«.

Alle weiteren Größen: Weiter mit Zun-Rd 2.

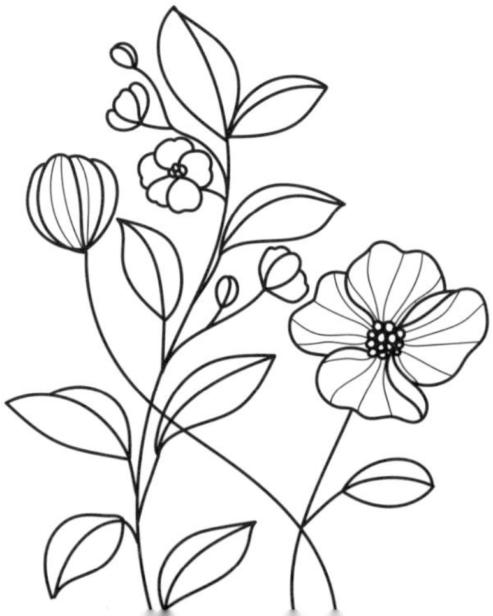

Angepasst: Orientiere dich an der Länge der Passe in der Größentabelle Seite 107. Probiere den Pullover mehrfach an, um zu sehen, wo die fertige Passe am Körper liegt. Wenn du das Gefühl hast, dass sie zu lang wird, kannst du nach Gutdünken Rd ohne Zun weglassen, bevor du sie aufteilst.

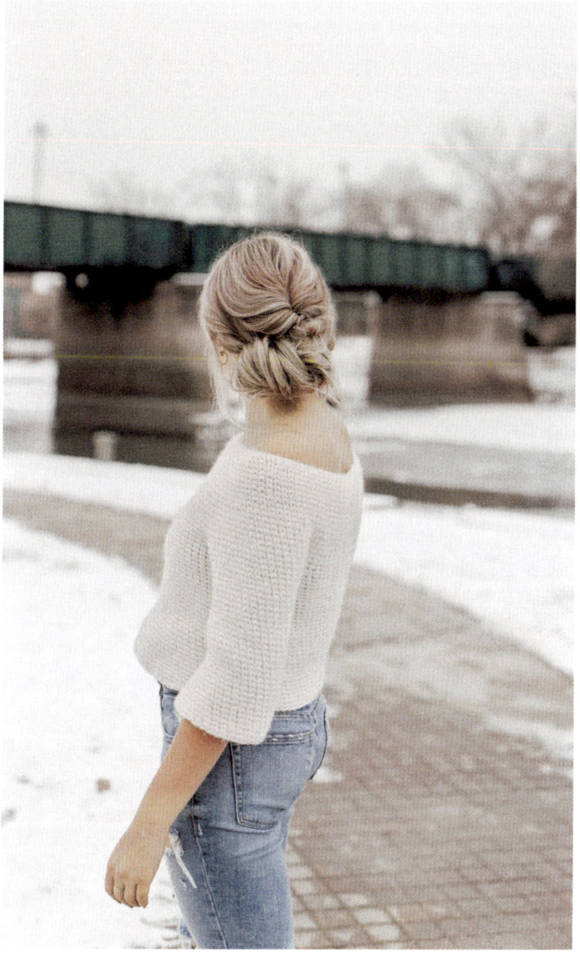

Zunahme-Rd 2

S: *Zun in nächste M, eSm in nächste 11 M; ab * bis Rd-Ende wdh. [104 eSm]

M: *Zun in nächste M, eSm in nächste 5 M; ab * bis Rd-Ende wdh. [112 eSm]

L, XL, 2XL, 3XL, 4XL und 5XL: *Zun in nächste M, fM in nächste 3 M; ab * bis Rd-Ende wdh. [x (x, x, 120, 120) (120, 125, 125, 125) eSm]

eSm in alle M der nächsten x (14, 2, 2, 2) (2, 2, 2, 2) Rd.

Größe S: Die Passe ist jetzt fertig; weiter bei »Aufteilen in Körper & Ärmel«.

Alle weiteren Größen: Weiter mit Zun-Rd 3.

Zunahme-Rd 3

M: eSm in erste 2 M, *Zun in nächste M, eSm in nächste 21 M; ab * bis Rd-Ende wdh. [117 eSm]

L: *Zun in nächste M, eSm in nächste 11 M; ab * bis Rd-Ende wdh. [130 eSm]

XL: *Zun in nächste M, eSm in nächste 5 M; ab * bis Rd-Ende wdh. [140 eSm]

2XL, 3XL, 4XL und 5XL: *Zun in nächste M, eSm in nächste 4 M; ab * bis Rd-Ende wdh. [x (x, x, x, x) (144, 150, 150, 150) eSm]

eSm in alle M der nächsten x (x, 11, 12, 12) (2, 2, 2, 2) Rd.

Größe M, L und XL: Die Passe ist jetzt fertig; weiter bei »Aufteilen in Körper & Ärmel«.

Alle weiteren Größen: Weiter mit Zun-Rd 4.

Zunahme-Rd 4

2XL: *Zun in erste M, eSm in nächste 10 M; ab * bis letzte M wdh, eSm in letzte M. [157 eSm]

3XL: eSm in erste 10 M, *Zun in nächste M, eSm in nächste 9 M; ab * bis Rd-Ende wdh. [164 eSm]

4XL: eSm in erste 10 M, *eSm in nächste 4 M, Zun in nächste M; ab * bis letzte 10 M wdh, eSm in letzte 10 M. [176 eSm]

5XL: *Zun in nächste M, eSm in nächste 5 M; ab * bis Rd-Ende wdh. [175 eSm]

eSm in alle M der nächsten x (x, x, x, x) (10, 11, 12, 2) Rd.

Größe 2XL, 3XL und 4XL: Die Passe ist jetzt fertig; weiter bei »Aufteilen in Körper & Ärmel«.

Größe 5XL: Weiter mit Zun-Rd 5.

Zunahme-Rd 5

5XL: eSm in erste 5 M, *Zun in nächste M, eSm in nächste 16 M; ab * bis Rd-Ende wdh. [185 eSm]

Nur 5XL: eSm in alle M der nächsten 9 Rd.

Größe 5XL: Die Passe ist jetzt fertig; weiter mit »Aufteilen in Körper & Ärmel«.

Alle Größen: Jetzt sollte die Schulterpasse aus 18 (20, 20, 21, 21) (22, 23, 24, 24) Rd bestehen.

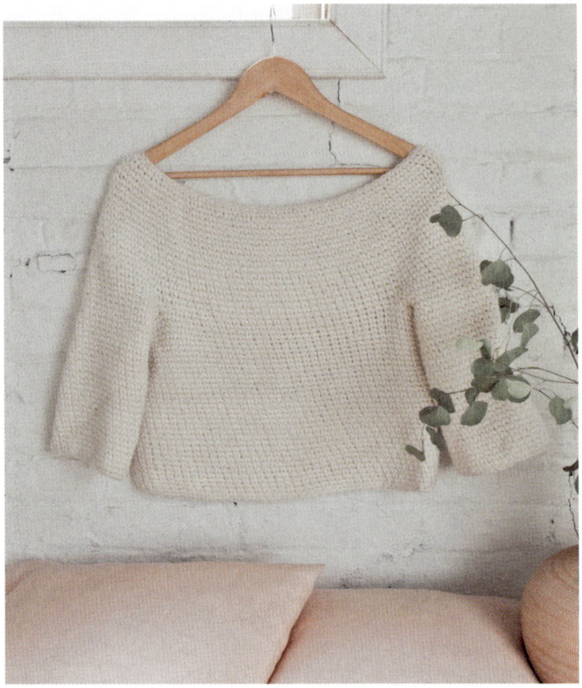

Aufteilen in Körper & Ärmel

Den MM mittig versetzen, falls notwendig.

eSm in nächste 14 (16, 18, 21, 22) (25, 26, 27, 29) M, 8 (8, 8, 8, 9) (9, 11, 12, 12) Lm, nächste 19 (20, 22, 24, 26) (30, 31, 34, 34) M ü (Armausschnitt rechts), eSm in nächste 28 (32, 37, 41, 44) (48, 51, 54, 59) M, 8 (8, 8, 8, 9) (9, 11, 12, 12) Lm, nächste 19 (20, 22, 24, 26) (30, 31, 34, 34) M ü (Armausschnitt links), eSm in nächste 14 (16, 18, 20, 22) (24, 25, 27, 29) M bis Rd-Anfang. [72 (80, 89, 98, 106) (115, 124, 132, 141) M]

MM in 1. und letzte ü M beider Ärmel (2 MM pro Ärmel). Beziehe dich auf diese MM in der ersten Ärmel-Rd.

Körper

MM am Rd-Anfang kann jetzt entfernt werden.

Alle Größen: eSm in alle eSm und alle Lm bis Rd-Ende.

eSm in alle M, bis die Partien ab der Achsel 23 cm oder die gewünschte Länge hat. Jetzt Km in nächste 3 M und Faden abchneiden.

> *Anmerkung:* Diese Masche ergibt ein sehr festes Gewebe ohne viel Dehnung. Wenn das Stück länger ist, kann es einengen und schwer an- und auszuziehen sein. Probiere den Pullover beim Häkeln an, um sicherzugehen, dass er sich angenehm trägt, bevor du ihn verlängerst.

Ärmel

Etwa in der Mitte der Achsel mit Km neuen Faden aufnehmen, rechte Seite zeigt zu dir.

Rd 1 (Grund-Rd): 5 (5, 5, 5, 5) (5, 6, 7, 7) eSm in regelmäßigen Abständen bis 1. MM, eSm in nächste 19 (20, 22, 24, 26) (30, 31, 34, 34) Ärmel-M bis einschließlich 2. markierte M, 5 (5, 5, 5, 6) (6, 7, 7, 7) eSm in gleichmäßigen Abständen bis Rd-Ende. [29 (30, 32, 34, 37) (41, 44, 48, 48) eSm]

eSm in 1. eSm der Grund-Rd. Ab hier in Spiralen häkeln. eSm in alle M, bis der Ärmel 24 cm oder die gewünschte Länge hat. Dann Km in nächste 3 M und Faden abschneiden.

> *Angepasst:* Die Ärmel dieses Stücks sollen geräumig und nicht körpernah sein, deshalb kommen sie ohne Abnahmen aus. Falls du lieber enger zulaufende Ärmel hättest, kannst du beliebig oft abnehmen, indem du 2 M zusammenhäkelst. Diese Abnahmen sollten aber mittig an der Unterseite des Ärmels erfolgen (wo du am Anfang des Ärmels den neuen Faden aufgenommen hast), sodass sie weniger sichtbar sind. Bedenke, dass Garn und Masche nicht besonders dehnbar sind, und mach die Ärmel nicht zu eng.

Alle Instruktionen am zweiten Ärmel wdh.

Alle Fadenenden vernähen und den Pullover in den Maßen spannen, die auf Seite 112 in der Größentabelle stehen.

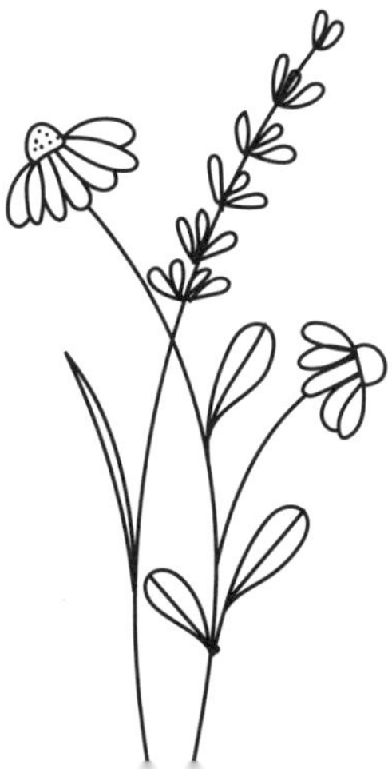

Champagne Glow

Einarm-Pullover

Einfach

Keine Pullover-Kollektion wäre komplett ohne mindestens einen unkonventionellen Schnitt. Dieser Pullover beeindruckt vom asymmetrischen Ausschnitt bis zum zarten Einzelärmel. Blickfang ist der schmale Ärmel, der sich am Handgelenk großzügig öffnet und so ein dynamisches, verspieltes Element hinzufügt. Der elegante, asymmetrische Ausschnitt ist dank der figurbetonten Form, die nur eine Schulter bedeckt, bequem und passgenau. Ausschnitt und Ärmel bilden ein dynamisches Duo, das zusammen einen auffälligen Festtagspullover oder ein sexy Outfit für das nächste Date ergibt.

Aufbau

Der Körper dieses Stücks besteht aus zwei identischen Teilen. Sie werden zusammengenäht und formen einen Armausschnitt, in dessen Kante der Ärmel direkt eingehäkelt wird. Der Ärmel wird flach und gerade gearbeitet, bis zu den Zunahmen am Handgelenk, aus denen die weite, glockige Silhouette entsteht. Anschließend wird der Ärmel längs zusammengenäht.

Material

Garn:
Fein (Sport) – Debbie Bliss Baby Cashmerino in der Farbe Mustard (55 % Wolle, 33 % Acryl, 12 % Kaschmir)

125 m/50 g

Bei yarnsub.com (englischsprachig) kannst du passende Ersatzgarne finden.

Verbrauch:
9 (10, 10, 12, 13) (15, 16, 18, 19) Knäuel oder 1074 (1143, 1234, 1417, 1600) (1782, 1965, 2240, 2354) m

Anmerkung: Günstige Alternativen sind z. B. Lion Brand LB Collection Superwash Merino, Premier Cotton Fair, Premier Anti-Pilling Everyday DK Merino Blend, WeCrochet Brava Sport, WeCrochet Wool of the Andes Sport.

Du kannst Debbie Bliss Baby Cashmerino durch anderes Garn ähnlicher Stärke ersetzen, mit dem die Maschenprobe stimmt. Wähle eine dehnbare Faser und meide Garne, die sich nach dem Spannen oder Waschen ausdehnen. Es ist wichtig, den Pullover körpernah zu häkeln, da er sich aushängt, wenn er zu weit ist.

Häkelnadel:
3,75 mm Häkelnadel oder andere Stärke gemäß Maschenprobe

Zubehör:
Stopfnadel, offene MM

Maschenprobe:
14 x 14 cm = 5 Mu und 18 R im Muschelmuster (s. Instruktionen unten)

Probestück:
R 1: 43 FafM.

R 2–4: Anleitung für Körper R 2–4.

R 3 und 4 wdh, bis Probestück etwa 18 cm hoch ist.

Probestück spannen. Für möglichst exakte Messwerte innenliegende 14 cm des Probestücks abmessen (ohne Rm).

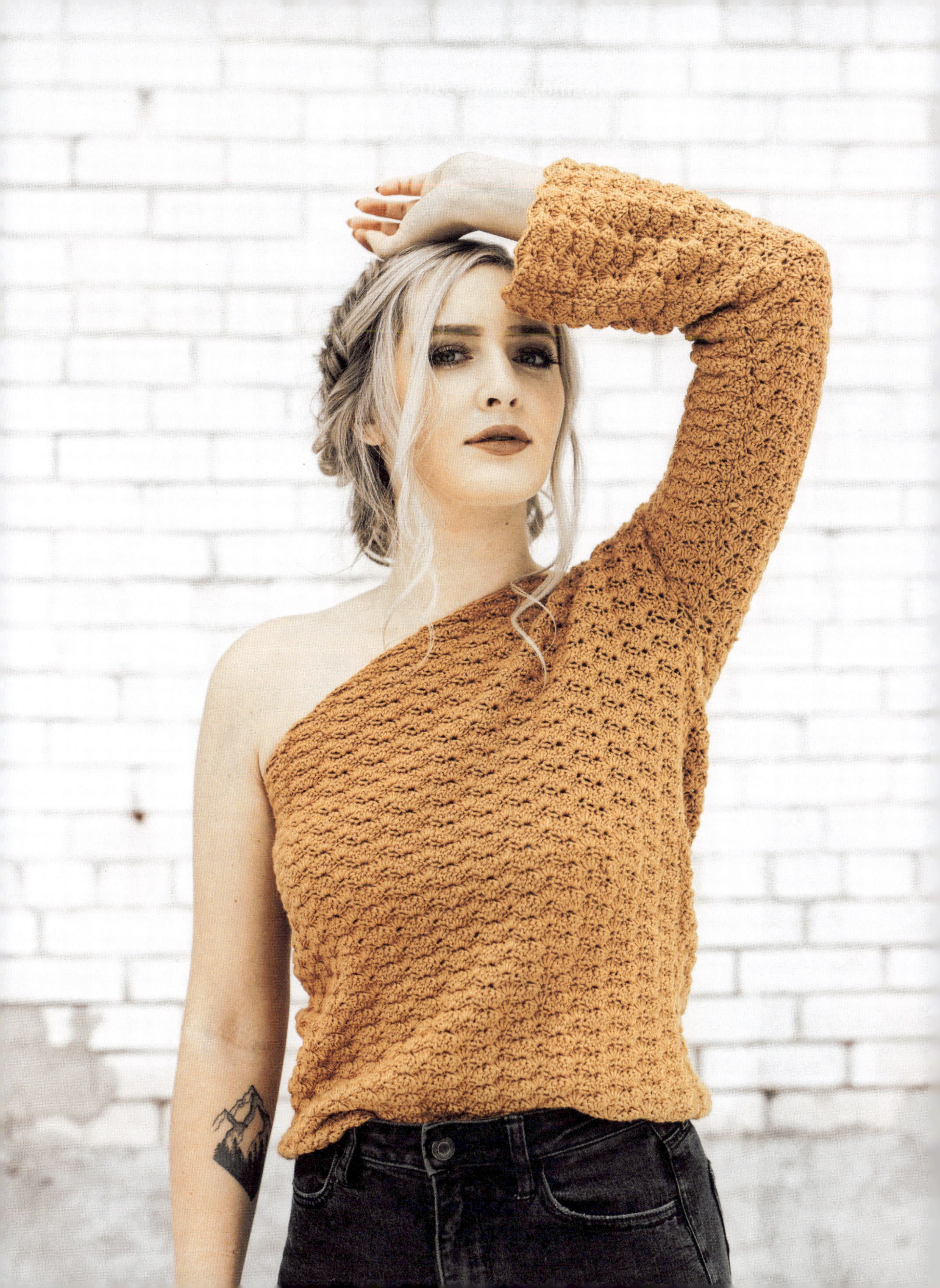

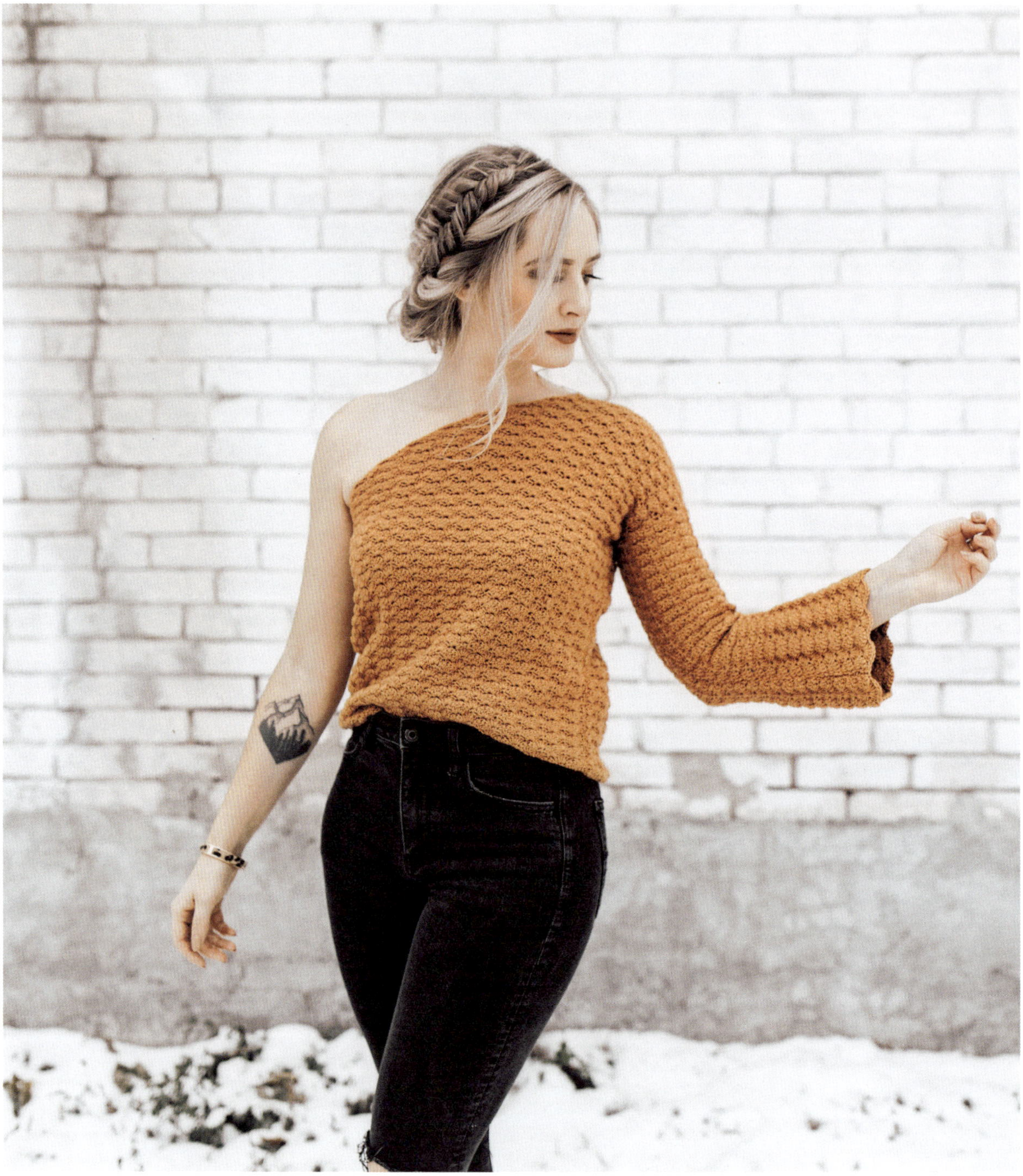

Größentabelle Champagne Glow

	A Brustumfang fertiges Stück	B Länge ab Schulter	C Umfang Oberarm	D Umfang Handgelenk	E Ärmellänge ab Achsel
XS	72 cm	47 cm	25 cm	32 cm	48 cm
S	84 cm	49 cm	28 cm	36 cm	45 cm
M	95 cm	51 cm	28 cm	36 cm	42 cm
L	107 cm	53 cm	30 cm	39 cm	39 cm
XL	117 cm	55 cm	37 cm	36 cm	37 cm
2XL	123 cm	58 cm	39 cm	39 cm	39 cm
3XL	135 cm	60 cm	44 cm	46 cm	37 cm
4XL	145 cm	64 cm	48 cm	50 cm	35 cm
5XL	156 cm	66 cm	48 cm	50 cm	32 cm

Die Tabelle zeigt die Maße des fertigen Stücks. Der Pullover sieht am besten aus, wenn er eng anliegt und mit etwa +/- 2,5 cm Bewegungszugabe (keinesfalls mehr) getragen wird. Richte dich nach dem Brustumfang für das fertige Stück in der Tabelle und wähle eine Größe +/- 2,5 cm deines tatsächlichen Brustumfangs. Für eine engere Passform kannst du ein oder sogar zwei Größen kleiner nehmen. Beispiel: Das Model ist 163 cm groß und hat einen Brustumfang von 86 cm. Sie trägt Größe S mit einem Brustumfang von 84 cm. Bei Zwischengrößen orientiere dich nach unten.

Weitere Infos (auf Englisch) und Tester:innen-Fotos findest du auf knitsnknots.ca/champagne-glow.

ABKÜRZUNGEN

Abn: Abnahme(n)
FafM: Fußschlingenanschlag mit festen Maschen (S. 174)
fM: feste Maschen
hSt: halbe Stäbchen
Km: Kettmasche(n)
Lm: Luftmasche(n)
M: Masche(n)
Mu: Muschel – 5 Stb in eine M
R: Reihe(n)
Rm: Randmasche(n)
Stb: Stäbchen
ü: überspringen
wdh: wiederholen
Wlm: Wendeluftmasche

Anleitung

Aufbauschema

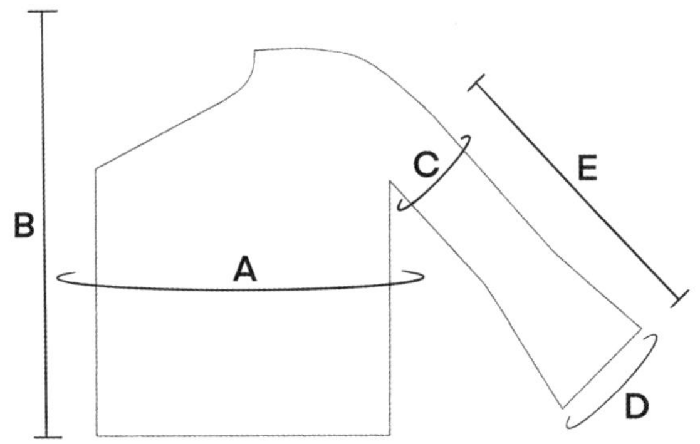

Körper (2 Teile)

R 1: Mit ca. 60 cm Restfaden zum Schließen der Seitennähte FafM mit 79 (91, 103, 115, 127) (133, 145, 157, 169) M.

R 2: 1 Lm, fM in 1. M, *nächste 2 M ü, Mu in nächste M, nächste 2 M ü, fM in nächste M; ab * bis R-Ende wdh, wenden. [13 (15, 17, 19, 21) (22, 24, 26, 28) Mu]

R 3: 2 Lm, 3 Stb in 1. fM, *nächste 2 Stb ü, fM in nächstes Stb, nächste 2 Stb ü, Mu in nächste fM; ab * bis R-Ende wdh, dabei die Mu der letzten Wdh auslassen, 3 Stb in letzte fM der R, wenden.

R 4: 1 Lm, fM in 1. Stb, *nächste 2 Stb ü, Mu in nächste fM, nächste 2 Stb ü, fM in nächstes Stb; ab * bis R-Ende wdh, wenden.

R 3 und 4 wdh bis insgesamt 46 (46, 46, 48, 48) (52, 52, 56, 56) R.

Wenn die Maschenprobe stimmt, sollten das 36 [36, 36, 37, 37] [41, 41, 43, 43] cm sein. Das ist die Länge des Körpers bis zur Achsel. Ab hier wird für den asymmetrischen Ausschnitt abgenommen.

> *Angepasst:* Wenn du die Länge verändern willst, häkle nach Gutdünken ein Vielfaches von 2 R weniger oder mehr. Das Muster sollte immer mit R 4 enden. Notiere, wie viel mehr oder weniger R du gehäkelt hast, und behandle das zweite Teil genauso.

Asymmetrischer Ausschnitt

In jeder R wird eine halbe Mu abnehmen.

R 1: 2 Lm, 3 Stb in 1. fM, *2 Stb ü, fM in nächstes Stb, nächst 2 Stb ü, Mu in nächste fM; ab * wdh, bis 1 Mu zwischen letzte und vorletzte Mu der R davor gehäkelt wurde, nächste 2 Stb ü, Km in nächstes Stb, wenden. [12,5 (14,5, 16,5, 18,5, 20,5) (21,5, 23,5, 25,5, 27,5) Mu]

R 2: [keine Wlm] Km in nächste 2 Stb, fM in nächstes Stb, *nächste 2 Stb ü, Mu in nächste fM, nächste 2 Stb ü, fM in nächstes Stb; ab * bis R-Ende wdh, wenden. [12 (14, 16, 18, 20) (21, 23, 25, 27) Mu]

R 1 und 2 wdh bis insgesamt 15 (17, 19, 21, 23) (23, 25, 27, 29) Abn-R. Mit einer Wdh von R 1 enden. [5,5 (6,5, 7.5, 8,5, 9,5) (10,5, 11,5, 12,5, 13,5) Mu]

Jetzt folgt eine Abschluss-R, um die wellige Linie des Muschelmusters zu begradigen und eine flache, gleichmäßige Kante zu erzeugen, die einfacher zu nähen ist.

Abschluss-R: 2 Lm, Stb in 1. Km, *hStb in nächstes Stb, fM in nächstes Stb, Km in nächstes Stb, fM in nächstes Stb, hStb in nächstes Stb, Stb in nächste fM; ab * 4 (5, 6, 7, 8) (9, 10, 11, 12)-mal wdh, hStb in nächste M, fM in nächste M, Km in letzte M, Faden mit Restfaden zum Zunähen abschneiden.

Instruktionen für Teil 2 wdh.

Zusammenfügen

Die beiden Teile in gleicher Ausrichtung aufeinander ausbreiten. Mit Stopfnadel die Schulterkanten mit z. B. Überwendlingsstich (S. 169) schließen. Die Seiten möglichst gleichmäßig von unten nach oben M für M aneinanderlegen und mit MM fixieren.

Die längere Seite (unterhalb des Ärmels) mit dem Restfaden von ca. 60 cm an einem der Körperpartien mit z. B. Überwendlingsstich zusammennähen. Eine Öffnung von 13 [14, 14, 15, 18] [20, 22, 24, 24] cm ab der Schulter für den Ärmel lassen.

Die kürzere Seite bis zur Oberkante mit einem separaten Faden von mindestens 60 cm Länge mit z. B. Überwendlingsstich zunähen, dann den Faden abschneiden.

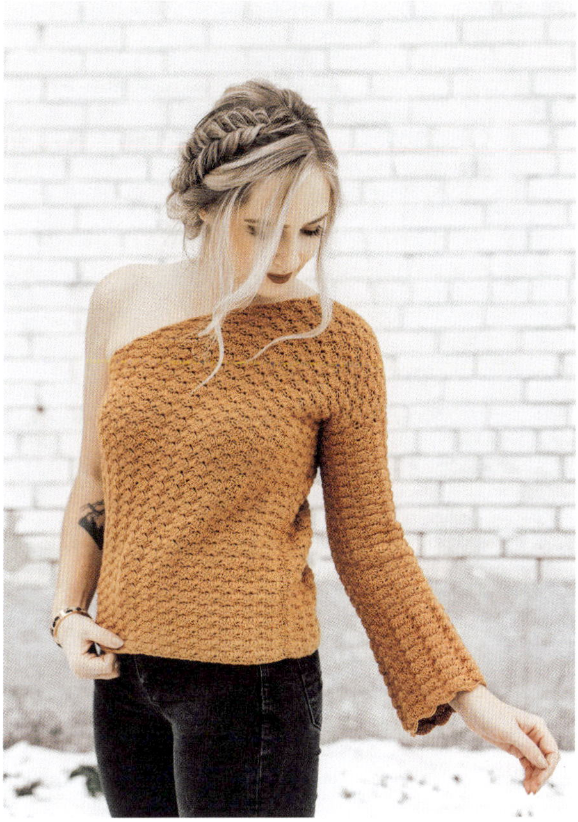

Ärmel

Mit Km an der Unterkante der Achsel neuen Faden aufnehmen und die 1. Ärmel-R häkeln. 1. fM in die gleiche M wie Km.

Die 1. R des Ärmels wird direkt an den Körper angehäkelt. Möglichst gleichmäßig in die Rm am Armausschnitt häkeln. Hier gibt es, anders als sonst beim Häkeln, keine klar erkennbaren M, in die man einsticht; du musst nach Gefühl arbeiten. Die M in möglichst gleichmäßigen Abständen häkeln, damit es möglichst ähnlich wie bisher aussieht. Die Schulternaht als Orientierung für die Hälfte nutzen.

R 1: 1 Lm, fM in die gleiche Stelle, [1 Mu, 1 fM] insgesamt 9 (10, 10, 11, 13) (14, 16, 17, 17)-mal rund um den Armausschnitt, bis der R-Anfang an der anderen Seite erreicht ist. Arbeit wenden und in die andere Richtung häkeln; am Ende die Ärmelnaht schließen. [9 (10, 10, 11, 13) (14, 16, 17, 17) Mu]

R 2: 2 Lm, 3 Stb in 1. fM, *nächste 2 Stb ü, fM in nächstes Stb, nächste 2 Stb ü, Mu in nächste fM; ab * bis R-Ende wdh, Mu der letzten Wdh auslassen, 3 Stb in letzte fM der R, wenden.

R 3: 1 Lm, fM in 1. Stb, *nächste 2 Stb ü, Mu in nächste fM, nächste 2 Stb ü, fM in nächstes Stb; ab * bis R-Ende wdh, wenden.

Größen XS, S, M und L: weiter bei »Alle Größen«, Seite 124.

Nur Größe XL (2XL, 3XL, 4XL, 5XL):

R 4: 2 Lm, fM in die Mitte der 1. Mu, *nächste 2 Stb ü, Mu in nächste fM, nächste 2 Stb ü, fM in nächstes Stb; ab * wdh, bis in die letzte komplette Mu der R davor gehäkelt wurde, nächste 2 Stb ü, Stb in letzte fM der R, wenden. [12 (13, 15, 16, 16) Mu]

R 5: 2 Lm, 1. Stb ü, 3 Stb in erste fM, nächste 2 Stb ü, fM in nächstes Stb, nächste 2 Stb ü, *Mu in nächste fM, nächste 2 Stb ü, fM in nächstes Stb, nächste 2 Stb ü; ab * wdh, bis eine fM in die letzte komplette Mu der R davor gehäkelt wurde, nächste 2 Stb ü, 3 Stb in letzte fM, wenden.

R 6: R 3 wdh.

R 7: R 2 wdh.

R 8: R 3 wdh.

R 2–8 noch 2-mal wdh.

Jetzt sollten es 10 (11, 13, 14, 14) Mu sein.

Alle Größen: Rd 2 und 3 wdh, bis der Ärmel 14 cm kürzer ist als die gewünschte Länge. Mit einer Wdh von R 3 enden.

Ab jetzt bedeutet, »Muschel« das Häkeln von 7 Stb in eine M statt wie bisher 5. Dadurch wird der Ärmel zart und weit.

Nächste R: 2 Lm, 4 Stb in 1. fM, *nächste 2 Stb ü, fM in nächstes Stb, nächste 2 Stb ü, Mu in nächste fM; ab * bis R-Ende wdh, dabei letzte Mu auslassen, 4 Stb in letzte fM der R, wenden.

Nächste R: 1 Lm, fM in 1. Stb, *nächste 3 Stb ü, Mu in nächste fM, nächste 3 Stb ü, fM in nächstes Stb; ab * bis R-Ende wdh, wenden.

Die letzten 2 R noch 14 cm oder bis zur gewünschten Ärmellänge wdh.

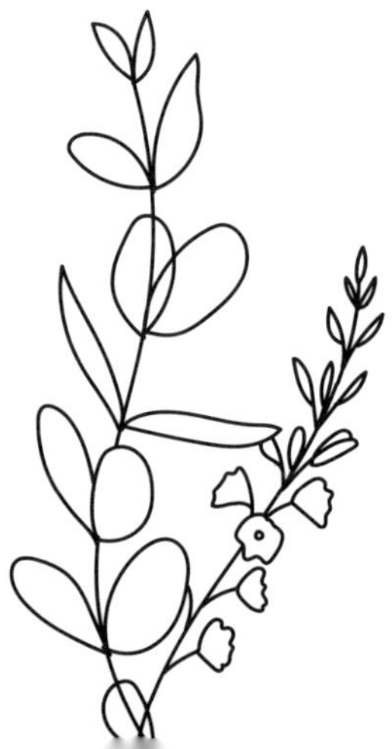

Faden mit ca. 60 cm Restfaden zum Zusammennähen abschneiden. Mit Stopfnadel und diesem Restfaden Ärmelnaht schließen, z. B. Überwendlingsstich verwenden.

Unter der Achsel mögliche Lücken schließen.

Alle Fadenenden vernähen und den Pullover in den Maßen spannen, die auf Seite 154 in der Größentabelle stehen. Das Spannen verbessert den Fall und glättet etwaige Unebenheiten an den Zun-Stellen.

Optional: Abschluss-R am Ausschnitt

Das abgebildete Modell hat diese Abschluss-R nicht. Wenn du am Ausschnitt eine solche R häkeln willst, an der Seitennaht der Seite ohne Ärmel neuen Faden aufnehmen und gleichmäßig beliebig viele Rd fM um den gesamten Ausschnitt häkeln. Dies kann in geschlossenen Rd oder nahtlos als Spirale erfolgen – das ist dir überlassen. Dieser Schritt kann den Ausschnitt weniger tief und weniger weit machen, falls du zu locker gearbeitet hast. Es verhindert auch, dass der Pullover sich beim längeren Tragen ausdehnt.

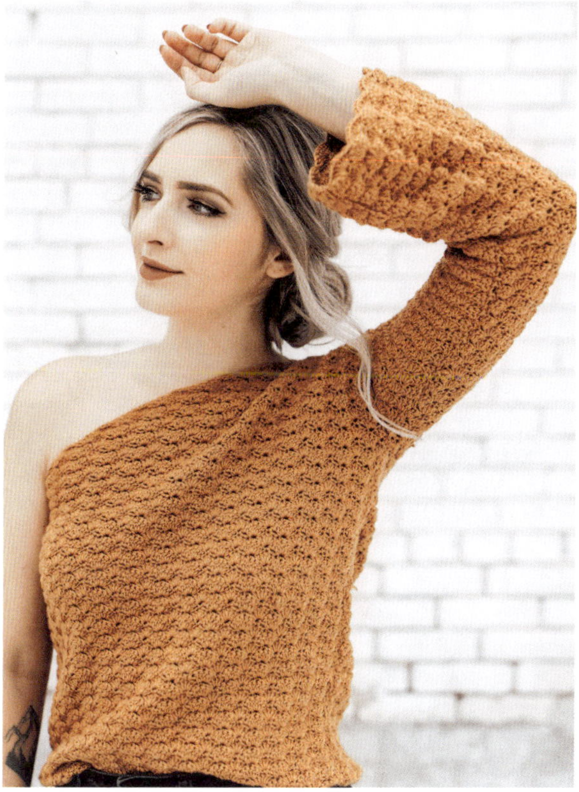

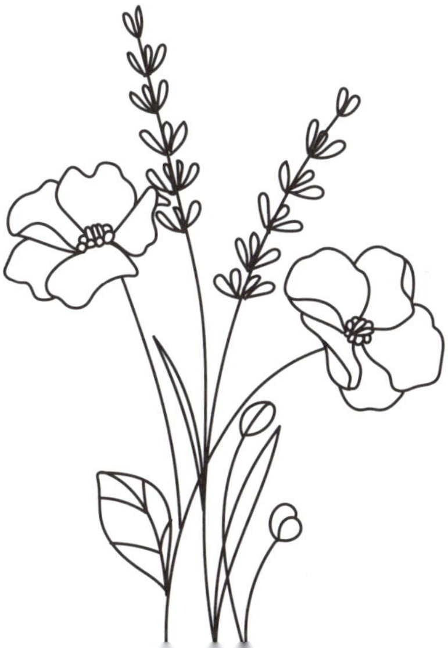

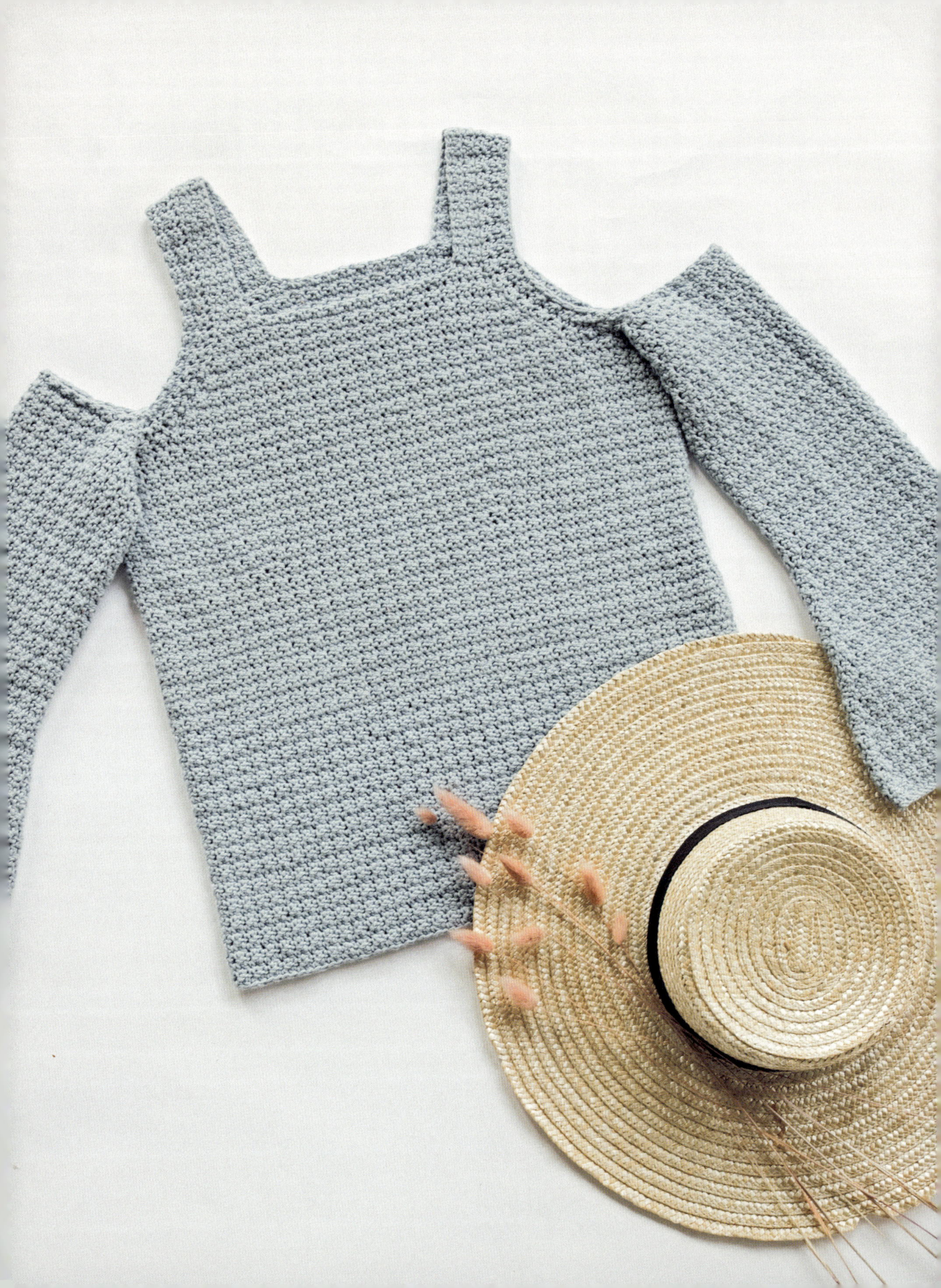

Leicht und locker

Filigranes für alle Jahreszeiten

In diesem Kapitel geht es um Modelle für die wärmeren Monate. Die meisten Stücke sind zum Layern im Frühling oder Herbst gedacht; das schulterfreie Amber Magic (S. 152) und das Cold-Shoulder-Modell Garnet Bay (S. 160) sind dagegen perfekte Sommer-Tops, die direkt auf der Haut getragen werden können. Die Modelle sind weich und elegant geschnitten und bestehen aus unkomplizierten Maschen – für einen Look, dem man die Handarbeit nicht ansieht. Diese Stücke wirken feminin, haben weite Ärmel oder Ausschnitte oder verspielte Details wie Blockstreifen und eine freche Silhouette.

Sie bringen frischen Wind in die Garderobe: der leichte Cardigan (S. 136) ein luftiger Oversize-Pullover (S. 144) ein Cold-Shoulder-Top (S. 160), ein schulterfreier Pullover mit Rundpasse (S. 152) und ein eleganter Pullover mit Glockenärmeln (S. 128). Die Stücke werden noch sommertauglicher, wenn du atmungsaktives oder etwas dünneres Garn verarbeitest als angegeben.

Ob du etwas Feminines, Süßes oder etwas Bequemes suchst – in diesem Kapitel wirst du fündig.

Emerald Valley
Pullover mit Glockenärmeln

Einfach

Emerald Valley hat einen dezenten Ausschnitt, Glockenärmel und eine klassische Passform, die die Zeit überdauert. Die femininen Ärmel passen sich der Form deiner Arme an und werden am Handgelenk sanft weiter. Dieses Design ist schlicht, um die Schönheit der weichen Details wirkungsvoll zur Geltung zu bringen.

Das Stück ist ausgeh- und bürotauglich, denn es ist blickdicht und passt zu fast allen Gelegenheiten. Das unkomplizierte, anfängerfreundliche Design ist extrem wandelbar: Experimentiere mit Garnen, Farben und Länge und gib dem Pullover deine persönliche Note. Die Jahreszeiten kommen und gehen, aber der Zauber dieser grazilen Ärmel ist einfach zeitlos.

Aufbau

Dieser Pullover wird aus vier Teilen geabeitet, die zusammengesetzt werden: zwei Körperpartien und zwei identische Ärmel. VT und RT werden von unten nach oben gehäkelt und teilweise zusammengesetzt. Die Armausschnitte bleiben offen. Dann werden die Ärmel separat von oben nach unten in Hin- und Rück-Rd gehäkelt. Die Ärmel verjüngen sich nach und nach und weiten sich am Handgelenk mit Zunahmen zu Glockenärmeln. Anschließend werden sie an den Körper angenäht.

Material

Garn:
Mittel (DK/Light Worsted) – Lion Brand LB Collection Superwash Merino in der Farbe Hunter (100% Superwash Merino)

280 m/100 g

Bei yarnsub.com (englischsprachig) kannst du passende Ersatzgarne finden.

Verbrauch:
4 (5, 5, 6, 6) (7, 8, 8, 9) Knäuel oder 1075 (1166, 1304, 1441, 1601) (1784, 2012, 2149, 2286) m

Anmerkung: Günstig!

Lion Brand Superwash Merino ist ein leichtes Garn, fällt aber trotzdem in die mittlere Kategorie. Wenn du es ersetzt, würde ich aber zu einem feinen oder sogar sehr feinen Garn raten, um der Maschenprobe dieses leichten Garns am nächsten zu kommen.

Häkelnadel:
3,75 mm oder andere Stärke gemäß Maschenprobe

Zubehör:
Stopfnadel, mehrere offene MM

Maschenprobe:
10 x 10 cm = 22 M und 18 R hSt

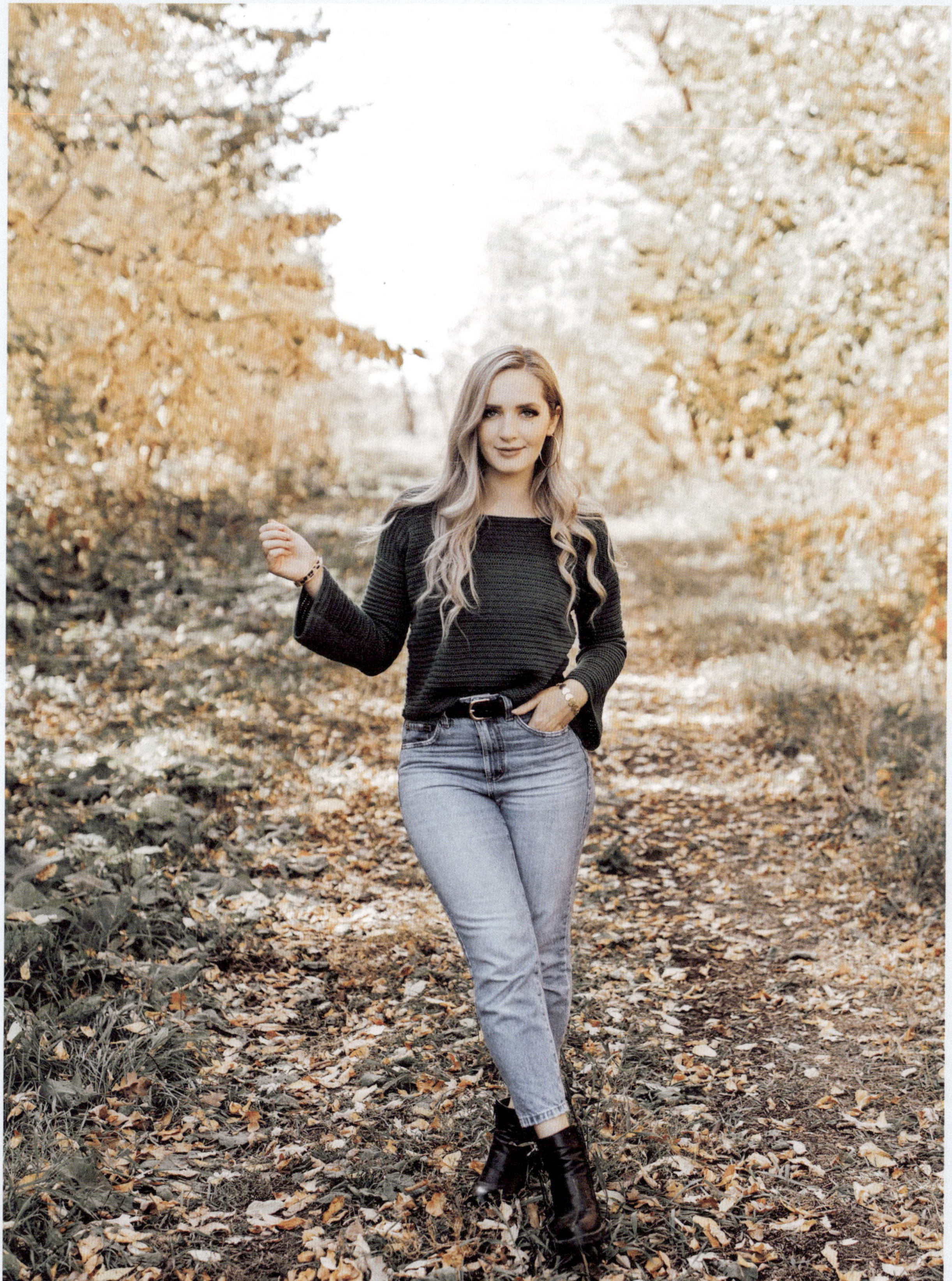

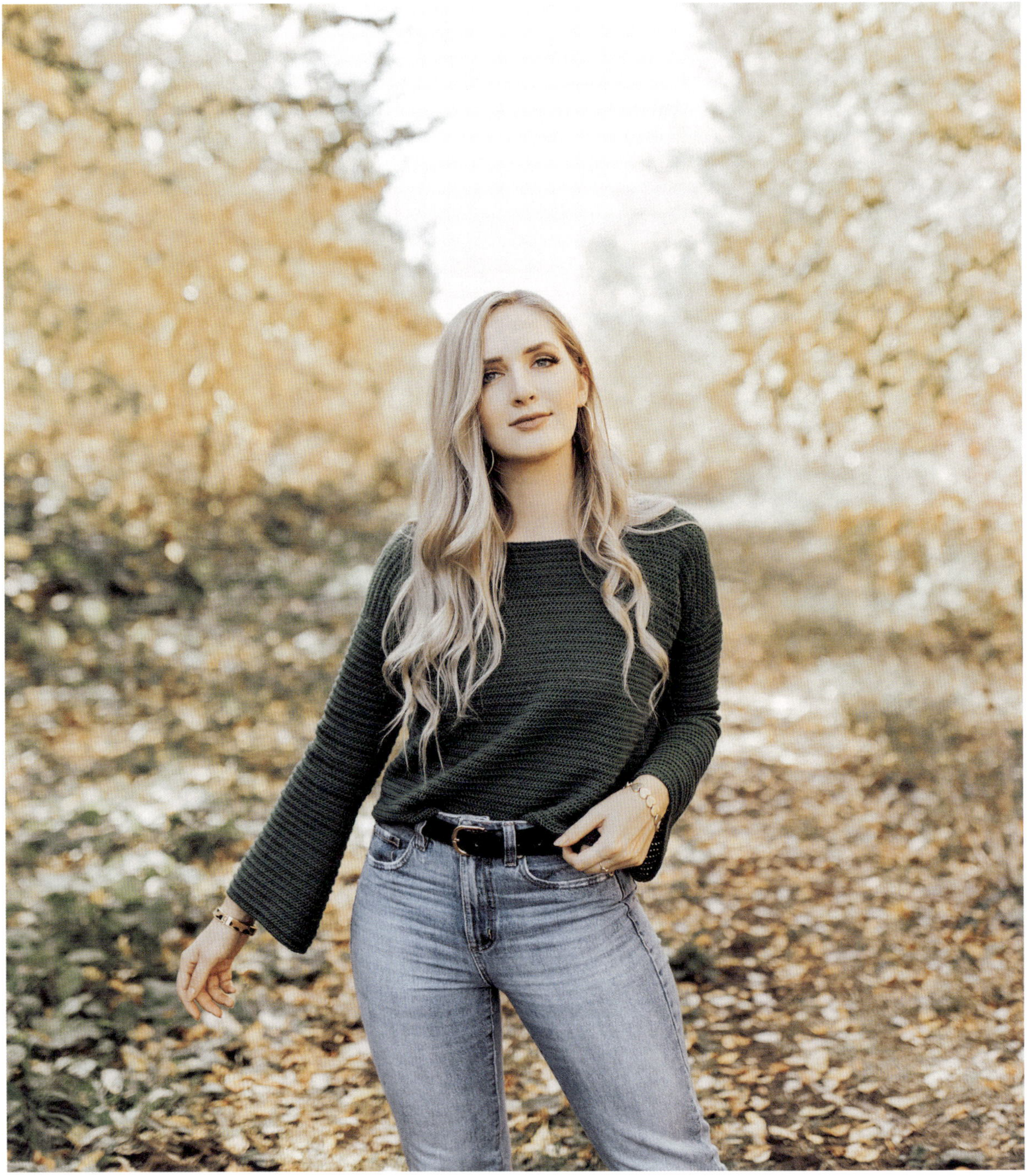

Größentabelle Emerald Valley

	A Brustumfang fertiges Stück	B Länge ab Schulter	C Ärmellänge ab Achsel	D Umfang Oberarm	E Umfang Handgelenk
XS	91 cm	49 cm	47 cm	29 cm	37 cm
S	102 cm	49 cm	44 cm	30 cm	38 cm
M	112 cm	53 cm	42 cm	32 cm	38 cm
L	122 cm	57 cm	39 cm	35 cm	39 cm
XL	132 cm	60 cm	37 cm	39 cm	43 cm
2XL	142 cm	62 cm	35 cm	44 cm	47 cm
3XL	152 cm	66 cm	35 cm	48 cm	49 cm
4XL	163 cm	69 cm	30 cm	51 cm	54 cm
5XL	173 cm	71 cm	30 cm	51 cm	52 cm

Die Tabelle zeigt die Maße des fertigen Kleidungsstücks.Der Pullover soll mit etwa 15–20 cm Bewegungszugabe getragen werden. Richte dich nach dem Brustumfang für das fertige Stück in der Tabelle und wähle eine Größe, die etwa 15–20 cm mehr Brustumfang hat als deine eigenen Maße. Beispiel: Das Model ist 163 cm groß und hat einen Brustumfang von 86 cm. Sie trägt Größe S mit einem Brustumfang von 102 cm mit etwa 15 cm Bewegungszugabe. Bei Zwischengrößen orientiere dich nach unten.

Weitere Infos (auf Englisch) und Tester:innen-Fotos findest du auf knitsnknots.ca/emerald-valley.

ABKÜRZUNGEN

Abn/abg: Abnahme/abgenommen
FahStb: Fußschlingenanschlag mit halben Stäbchen (S. 176)
hSt: halbe Stäbchen
2hStb zus: 2 halbe Stäbchen zusammenhäkeln
Km: Kettmasche(n)
Lm: Luftmasche(n)
M: Masche(n)
MM: Maschenmarkierer
R: Reihe(n)
Rd: Runde(n)
Rm: Randmasche(n)
RT: Rückenteil
ü: überspringen
VT: Vorderteil
wdh: wiederholen
Zun/zug: Zunahme/zugenommen

Anleitung

Aufbauschema

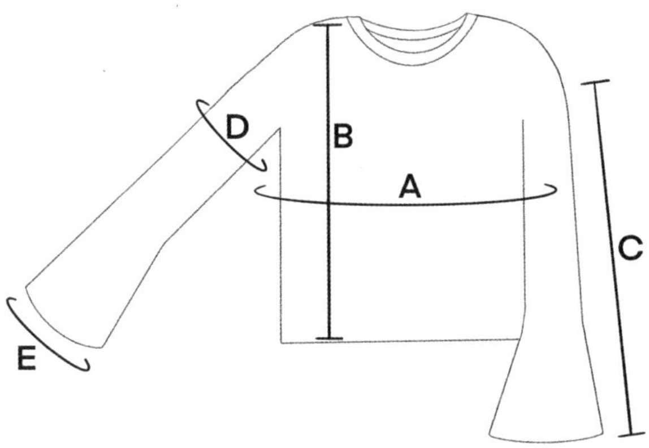

RT

R 1: FahStb mit 99 (110, 121, 132, 143) (154, 165, 176, 187) M und Restfaden von ca. 60 cm, wenden.

R 2: 1 Lm, hStb in alle M bis R-Ende, wenden. [99 (110, 121, 132, 143) (154, 165, 176, 187) hStb]

R 2 wdh bis insgesamt 87 (87, 94, 101, 106) (111, 117, 122, 127) R. Wenn die Maschenprobe stimmt, sollte das Teil etwa 48 [48, 53, 57, 60] [62, 66, 69, 71] cm messen.

Angepasst: Für einen längeren (oder kürzeren) Pullover mehr (oder weniger) R häkeln als angegeben. Notiere dir, wie viele R mehr oder weniger es sind, um das VT genauso behandeln zu können. Beachte, dass zusätzliche Länge auch mehr Garn bedeutet als unter »Material« auf Seite 128 angegeben.

Faden abschneiden.

VT

R 1 und 2 des RT wdh.

R 2 wdh bis insgesamt 66 (66, 72, 77, 81) (85, 90, 94, 99) R. Wenn die Maschenprobe stimmt, sollte das Teil etwa 37 [37, 41, 43, 46] [48, 51, 53, 56] cm messen.

Bei Veränderung der Länge des RT die gleiche Änderung am VT ausführen.

Faden nicht abschneiden.

U-Ausschnitt – erste Seite

R 1: 1 Lm, hStb in nächste 32 (37, 42, 47, 52) (57, 62, 67, 72) M, 2-mal [2 hStb zus], wenden. [34 (39, 44, 49, 54) (59, 64, 69, 74) hStb]

R 2: 1 Lm, 2-mal [2 hStb zus], hStb bis R-Ende, wenden. [32 (37, 42, 47, 52) (57, 62, 67, 72) hStb]

R 3: 1 Lm, hStb in alle M, bis 2 M offen, 2 hStb zus, wenden. [31 (36, 41, 46, 51) (56, 61, 66, 71) hStb]

R 4–21 (21, 22, 24, 25) (26, 27, 28, 28): 1 Lm, hStb in alle M bis R-Ende, wenden.

Faden mit ca. 50 cm Restfaden zum Schließen der Schulternaht abschneiden.

U-Ausschnitt – zweite Seite

Die Arbeit ausbreiten, sodass die erste Seite des U-Ausschnitts rechts liegt. 36 (41, 46, 51, 56) (61, 66, 71, 76) M von der offenen Kante nach links abzählen und in dieser M mit Km neuen Faden aufnehmen.

R 1: 1 Lm, hStb in nächste M, 2 hStb zus, hStb bis R-Ende, wenden. [34 (39, 44, 49, 54) (59, 64, 69, 74) hStb]

R 2: 1 Lm, hStb in alle M bis noch 4 M offen, 2-mal [2 hStb zus], wenden. [32 (37, 42, 47, 52) (57, 62, 67, 72) hStb]

R 3: 1 Lm, erste M ü, hStb in alle M bis R-Ende, wenden. [31 (36, 41, 46, 51) (56, 61, 66, 71) hStb]

R 4–21 (21, 22, 24, 25) (26, 27, 28, 28): 1 Lm, hStb in alle M bis R-Ende, wenden.

Faden mit ca. 50 cm Restfaden zum Schließen der Schulternaht abschneiden.

Teilweise zusammenfügen

VT und RT aufeinanderlegen, dabei die Seiten M an M aneinanderlegen und von unten nach oben mit MM fixieren. Die Teile so legen, dass die Restfäden des FahStb vom Anfang aufeinanderliegen.

Mit Stopfnadel und den langen Fadenenden die Seitennähte mit z. B. Überwendlingsstich (S. 169) von unten nach oben schließen bis etwa (18 [18, 20, 20, 23] [25, 28, 30, 30] cm unterhalb der Schultern. Hier werden später die Ärmel eingesetzt.

Mit Stopfnadel und den langen Restfäden am U-Ausschnitt die Schulternähte mit z. B. Überwendlingsstich schließen. Fadenenden vernähen.

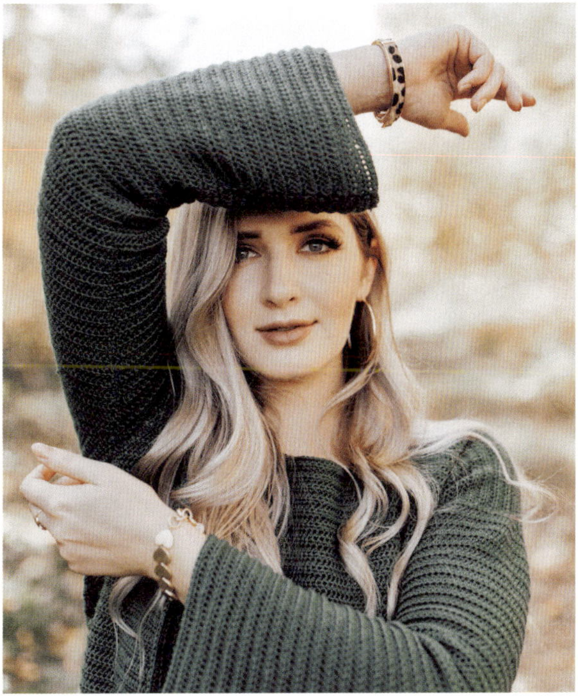

Ärmel (2 Stück)

Die Ärmel beginnen am Oberarm, zum Ellbogen hin wird abgenommen, dann am Handgelenk zugenommen, um die elegante Glockenform zu häkeln.

Rd 1: Mit Restfaden von ca. 60 cm zum Annähen des Ärmels an den Körper FahStb mit 63 (66, 70, 76, 84) (95, 103, 110, 110) M, Rd mit Km in erste M des FahStb schließen, wenden. [63 (66, 70, 76, 84) (95, 103, 110, 110) FahStb]

> *Anmerkung:* Ärmel in Rd häkeln; Arbeit nach jeder Rd wenden und in die andere Richtung häkeln.

Rd 2: 1 Lm, hStb in alle M bis R-Ende, Runde mit Km in erstes hStb schließen, wenden.

Den restlichen Ärmel in den für deine Größe angegebenen Rd häkeln:

Abn-Rd so häkeln: 1 Lm, hStb in erste M, 2 hStb zus, hStb bis noch 3 M offen, 2 hStb zus, hStb in letzte M, Rd mit Km in erstes hStb schließen, wenden. [2 M abg]

Zun-Rd so häkeln: 1 Lm, hStb in erste M, 2 hStb in nächste M, hStb bis noch 2 M offen, 2 hStb in nächste M, hStb in letzte M, Rd mit Km in erstes hStb schließen, wenden. [2 M zug]

Alle weiteren Rd: alle Rd ohne Zun oder Abn als Wdh von Rd 2.

Anmerkung: Die Rd-Anzahl wird einschließlich der ersten 2 bereits gehäkelten Rd angegeben.

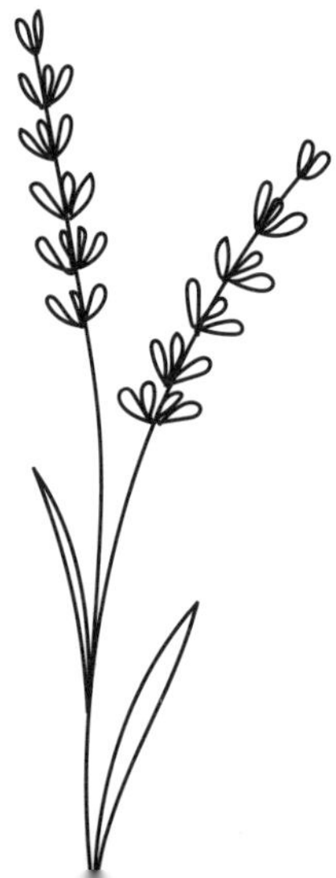

XS: hStb in alle M bis insgesamt 83 Ärmel-Rd, dabei in diesen Rd Abn: 15, 30, 45; dann in diesen Rd Zun: 51, 54, 57, 60, 63, 66, 69, 72, 75, 78, 81. [79 hStb]

S: hStb in alle M bis insgesamt 78 Ärmel-Rd, dabei in diesen Rd Abn: 10, 20, 30; dann in diesen Rd Zun: 46, 49, 52, 55, 58, 61, 64, 67, 70, 73, 76. [82 hStb]

M: hStb in alle M bis insgesamt 74 Ärmel-Rd, dabei in diesen Rd Abn: 10, 20, 30; dann in diesen Rd Zun: 41, 45, 49, 53, 57, 61, 65, 69, 73. [82 hStb]

L: hStb in alle M bis insgesamt 69 Ärmel-Rd, dabei in diesen Rd Abn: 8, 16, 24, 32; dann in diesen Rd Zun: 37, 41, 45, 49, 53, 57, 61, 65. [84 hStb]

XL: hStb in alle M bis insgesamt 65 Ärmel-Rd, dabei in diesen Rd Abn: 8, 16, 24; dann in diesen Rd Zun: 34, 38, 42, 46, 50, 54, 58, 62. [94 hStb]

2XL: hStb in alle M bis insgesamt 63 Ärmel-Rd, dabei in diesen Rd Abn: 8, 16, 24; dann in diesen Rd Zun: 35, 40, 45, 50, 55, 60. [101 hStb]

3XL: hStb in alle M bis insgesamt 63 Ärmel-Rd, dabei in diesen Rd Abn: 8, 16, 24; dann in diesen Rd Zun: 33, 39, 45, 51, 57. [107 hStb]

4XL: hStb in alle M bis insgesamt 58 Ärmel-Rd, dabei in diesen Rd Abn: 8, 16, 24; dann in diesen Rd Zun: 31, 36, 41, 46. [112 hStb]

5XL: hStb in alle M bis insgesamt 54 Ärmel-Rd, dabei in diesen Rd Abn: 8, 16, 24; dann in diesen Rd Zun: 31, 37, 43, 49. [112 hStb]

Faden abschneiden, wenn der Ärmel fertig ist.

Zusammenfügen

Die Ärmel mit den Nähten nach unten zur Achsel anlegen. Mit MM fixieren und die Ärmel ausrichten. Ärmel etwa 2,5 cm über den Körper dehnen, um zu verhindern, dass die Naht zu fest wird. Mit Stopfnadel und dem Restfaden des FahStb vom Anfang beide Ärmel mit z. B. Überwendlingsstich locker an den Körper nähen. Den Faden beim Nähen nicht zu fest ziehen, sonst wird die Naht zu eng und schneidet beim Tragen ein. Die Naht soll locker sein, damit die Ärmel am Armausschnitt dehnbar sind wie der Rest des Pullovers.

Die vorhin geschlossenen Seitennähte prüfen und mögliche Lücken unter der Achsel schließen.

Fadenenden vernähen.

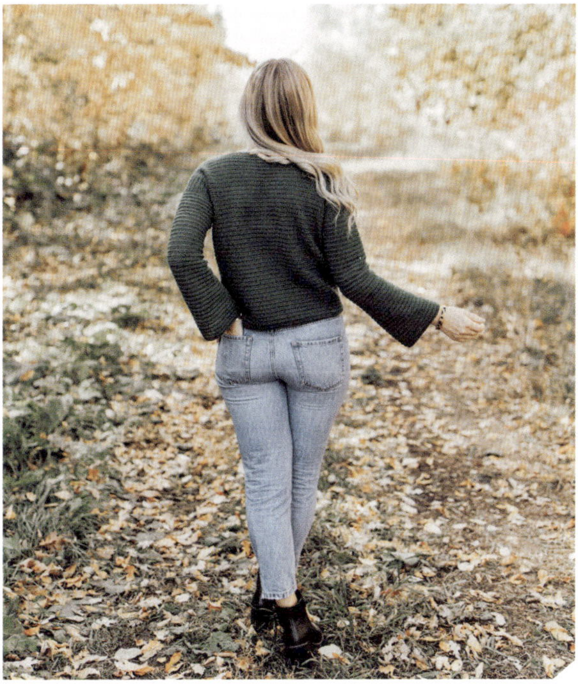

Ausschnitt

Einen Faden mit Km an einer der Schulternähte aufnehmen.

R 1: 1 Lm, Ausschnitt gleichmäßig mit hStb umhäkeln, Rd mit Km in erstes hStb schließen, wenden.

R 2: 1 Lm, hStb in alle M bis Rd-Ende, mit Km in erstes hStb schließen.

Faden abschneiden, Fadenenden vernähen und den Pullover in den Maßen spannen, die auf Seite 131 in der Größentabelle stehen.

Mountain Peaks
Cardigan

Einfach

Dieses wirklich anfängerfreundliche Modell ist ein sanfter Einstieg in das Herstellen von Kleidung. Unerfahrene wie erfahrene Häkler:innen werden freudig überrascht sein über dieses modische Stück, das komplett aus halben Stäbchen besteht und nur minimal geformt wird.

Die Farben lassen sich endlos variieren – probiere deine eigenen Streifenmuster aus oder trage den vielseitigen Cardigan in einer Unifarbe, ganz deinem persönlichen Stil entsprechend. Ob zum gemütlich Faulenzen oder Ausgehen: Dieses chic layerbare Stück wird sicher regelmäßiger Bestandteil deiner Standard-Outfits. Denn mit der lässigen Passform ist der elegante, vielseitig kombinierbare Cardigan immer ein guter Griff.

Aufbau

Der Mountain Peaks Cardigan wird in fünf Teilen von unten nach oben gehäkelt: RT, zwei identische VT und zwei Ärmel. Die Körperpartien beginnen mit der Unterkante und die Ärmel beginnen mit dem Bündchen am Handgelenk. Die Ärmel werden nahtlos in Runden gehäkelt und dann an den Körper angesetzt.

Material

Garn:
Mittel (DK/Light Worsted) – The Hook Nook Small Stuff in den Farben Blue Steel, Minimalist und Foggy Morning (100 % Acryl)

250 m/100 g

Verbrauch bei 3 Farben wie abgebildet:
Farbe A (unten) – Blue Steel: 2 (2, 2, 2, 3) (3, 3, 3, 3) Knäuel oder 407 (439, 471, 499, 535) (563, 595, 641, 682) m

Farbe B (Mitte) – Minimalist: 3 (3, 3, 3, 3) (4, 4, 4, 4) Knäuel oder 503 (531, 581, 618, 686) (732, 778, 842, 846) m

Farbe C (oben) – Foggy Morning: 2 (2, 2, 2, 2) (2, 3, 3, 3) Knäuel oder 385 (407, 439, 467, 481) (490, 531, 563, 604) m

Verbrauch bei einem einfarbigen Cardigan:
6 (6, 6, 7, 7) (8, 8, 9, 9) Knäuel oder 1281 (1372, 1486, 1578, 1692) (1784, 1898, 2035, 2126) m

Small Stuff kann beliebig durch andere mittelstarke Garne ersetzt werden, mit denen die Maschenprobe stimmt. Der Cardigan wird aus allen Garnen schön!

Häkelnadel:
4,5 mm oder andere Stärke gemäß Maschenprobe

Zubehör:
Stopfnadel, diverse offene MM als Unterstützung bei den Nähten

Maschenprobe:
10 x 10 cm = 17 M und 12 R hStb

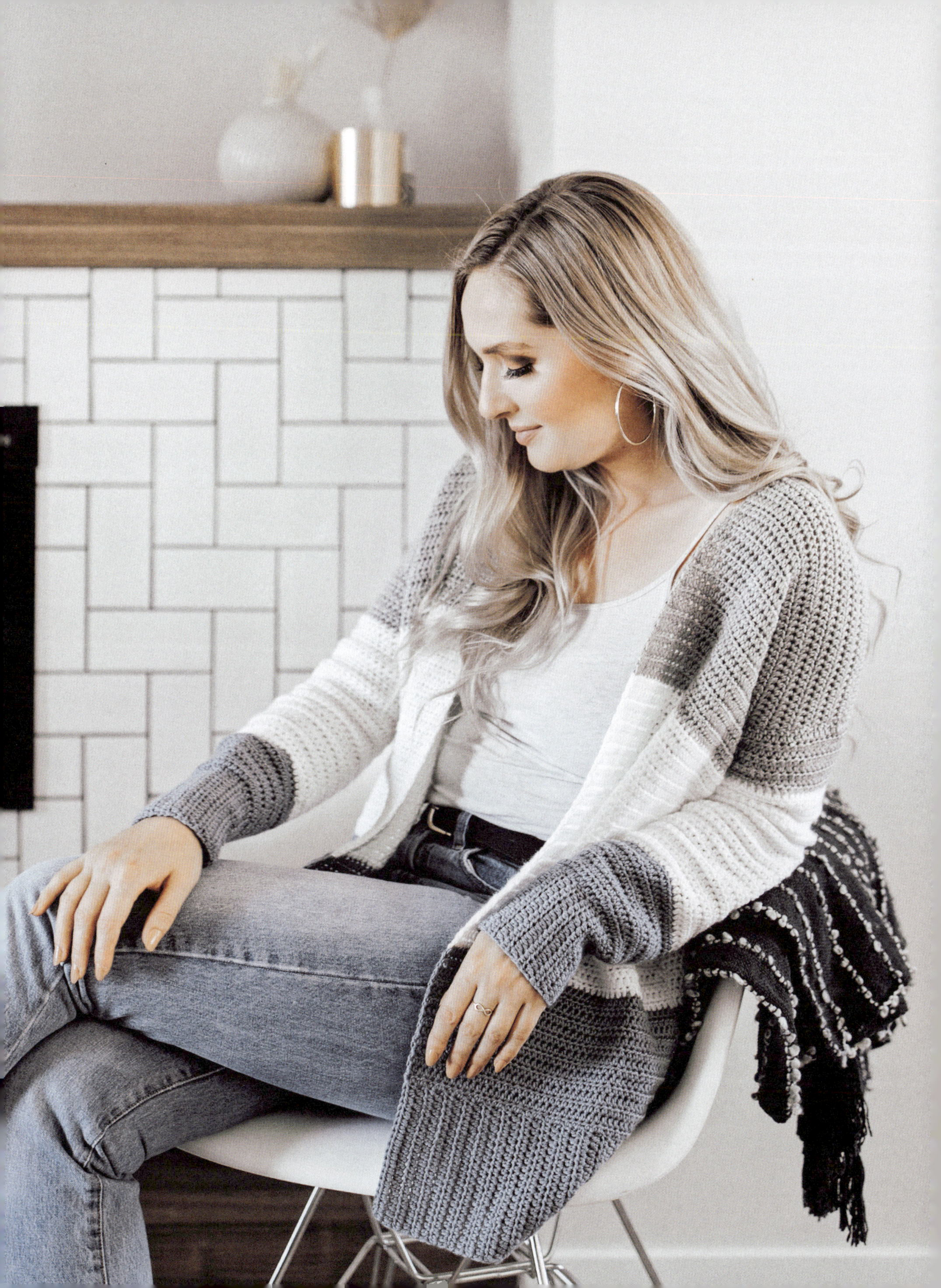

Größentabelle Mountain Peaks

	A Brustumfang fertiges Stück	eingeplante Bewegungszugabe	B Gesamtlänge ab Schulter	C Ärmellänge ab Achsel	D Umfang Oberarm	E Umfang Handgelenk
XS	90 cm	14–19 cm	71 cm	51 cm	26 cm	22 cm
S	100 cm	14–19 cm	71 cm	48 cm	29 cm	22 cm
M	112 cm	15–20 cm	71 cm	46 cm	30 cm	22 cm
L	118 cm	11–17 cm	71 cm	46 cm	32 cm	22 cm
XL	130 cm	13–18 cm	71 cm	43 cm	36 cm	23 cm
2XL	140 cm	13–18 cm	71 cm	41 cm	41 cm	23 cm
3XL	150 cm	13–18 cm	71 cm	39 cm	45 cm	23 cm
4XL	161 cm	14–19 cm	71 cm	36 cm	49 cm	25 cm
5XL	173 cm	15–20 cm	71 cm	33 cm	49 cm	25 cm

Die Tabelle zeigt die Maße des fertigen Kleidungsstücks. Der Cardigan soll je nach Größe bis zu 20 cm Bewegungszugabe haben: Finde deine Größe in der Tabelle und rechne die für die Größe eingeplante Bewegungszugabe zu deinem gemessenen Brustumfang dazu. Beispiel: Das Model ist 163 cm groß, hat einen Brustumfang von 86 cm und trägt Größe S. Der Brustumfang des Stücks in Größe S ist 100 cm mit 14 cm Bewegungszugabe. Bei Zwischengrößen nach unten orientieren!

Weitere Infos (auf Englisch) und Tester:innen-Fotos findest du auf knitsnknots.ca/mountain-peaks.

ABKÜRZUNGEN

Abnahme/abg: Abnahme/abgenommen
Fb: Farbe
hSt: halbe Stäbchen
2 hStb zus: 2 halbe Stäbchen zusammenhäkeln
Km: Kettmasche
Lm: Luftmasche(n)
LmK: Luftmaschenkette
M: Masche(n)
R: Reihe(n)
Rd: Runde(n)
Rm: Randmasche(n)
RT: Rückenteil
VT: Vorderteil
wdh: wiederholen
Zun/zug: Zunahme/zugenommen

Anleitung

Aufbauschema

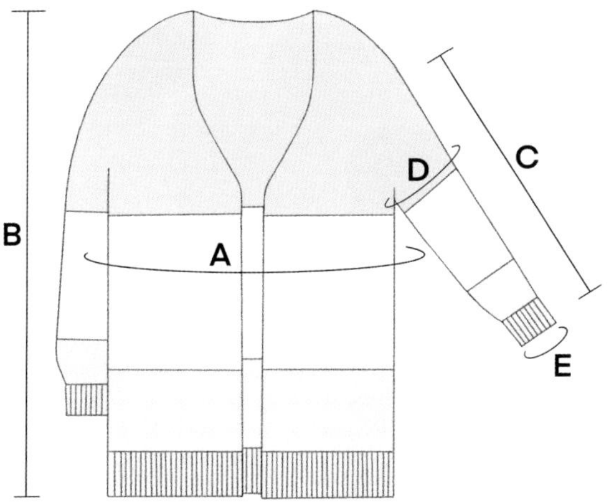

RT

Bündchen

In Fb A 21 Lm.

R 1: hStb in 2. Lm ab Nadel und in alle Lm bis R-Ende, wenden. [20 hStb]

R 2: 1 Lm, hStb in alle hStb bis R-Ende, wenden.

R 2 wdh bis insgesamt 50 (56, 62, 66, 72) (78, 84, 90, 96) R.

Arbeit drehen und in die Rm der gerade gehäkelten R häkeln.

Körper

R 1: 1 Lm, *3 hStb pro 2 Rm; ab * an der Unterkante wdh bis R-Ende, wenden. [75 (84, 93, 99, 108) (117, 126, 135, 144) hStb]

R 2–70: 1 Lm, hStb in alle M bis R-Ende, wenden; dabei folgende Farbwechsel:

R 1–14: Fb A

R 15–42: Fb B

R 43–70: Fb C

Angepasst: Um den Cardigan kürzer (oder länger) zu machen als gemäß Größentabelle auf Seite 138 jeweils weniger (oder mehr) R häkeln als angegeben. Damit die Farbflächen proportional bleiben, R immer als ein Vielfaches von 3 addieren und abziehen, immer 1 R pro Farbe. Beachte, dass der Garnverbrauch höher ist als bei »Material« auf Seite 136 angegeben, wenn der Cardigan länger ist.

Faden abschneiden. Wer möchte, spannt das Teil.

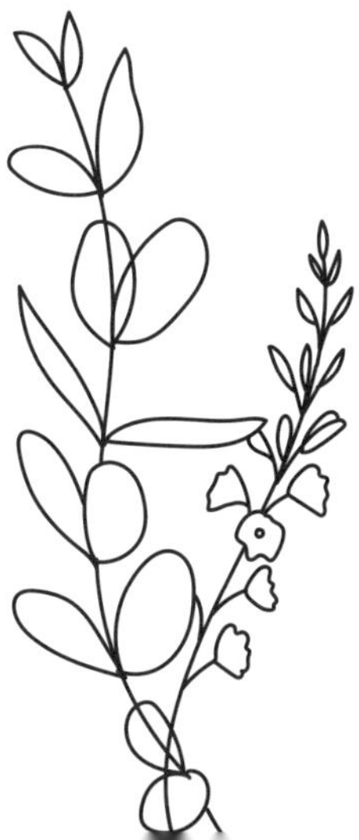

VT (2 Stück)

Bündchen

In Fb A 21 Lm.

R 1: hStb in 2. Lm ab Nadel und in alle Lm bis R-Ende, wenden. [20 hStb]

R 2: 1 Lm, hStb in alle hStb bis R-Ende, wenden.

R 2 wdh, bis insgesamt 26 (28, 32, 34, 36) (38, 42, 44, 48) R.

Arbeit drehen und in die Rm der gerade gehäkelten R häkeln.

Körperpartie

R 1: 1 Lm, *3 hStb pro 2 Rm; ab * an der Unterkante wdh bis R-Ende, wenden. [39 (42, 48, 51, 54) (57, 63, 66, 72) hStb]

R 2: 1 Lm, hStb in alle hStb bis R-Ende, wenden.

Beachte, dass die Veränderung der Länge am RT bei den VT ebenso zu behandeln ist, damit die Farbflächen einheitlich sind.

R 2 wdh bis 46 (48, 46, 46, 48) (48, 46, 48, 46) R, dabei folgende Farbwechsel:

R 1–14: Fb A

R 15–42: Fb B

R 43–46 oder 48: Fb C

Weiter mit Fb C

Nächste R: 1 Lm, hStb in alle M bis noch 3 M offen, 2 hStb zus, hStb in letzte M, wenden. [1 M abg] [38 (41, 47, 50, 53) (56, 62, 65, 71) hStb]

Nächste R: 1 Lm, hStb in alle M bis R-Ende, wenden.

Letzte 2 R 11 (10, 11, 11, 10) (10, 11, 10, 11)-mal wdh. [27 (31, 36, 39, 43) (46, 51, 55, 60) hStb]

Bei insgesamt 70 R enden. Faden mit langem Restfaden zum Schließen der Schulternähte abschneiden. Auf Wunsch spannen.

Instruktionen für 2. VT wdh.

Ärmel (2 Stück)

Ärmelbündchen

In Fb A 16 Lm mit 20 cm Restfaden zum Zunähen des Bündchens.

R 1: 1 Lm, hStb in alle M bis R-Ende, wenden. [15 hStb]

R 2: 1 Lm, hStb in alle M bis R-Ende, wenden.

R 2 wdh bis insgesamt 24 (24, 24, 24, 26) (26, 26, 28, 28) R.

Arbeit drehen und in die Rm der gerade gehäkelten R häkeln.

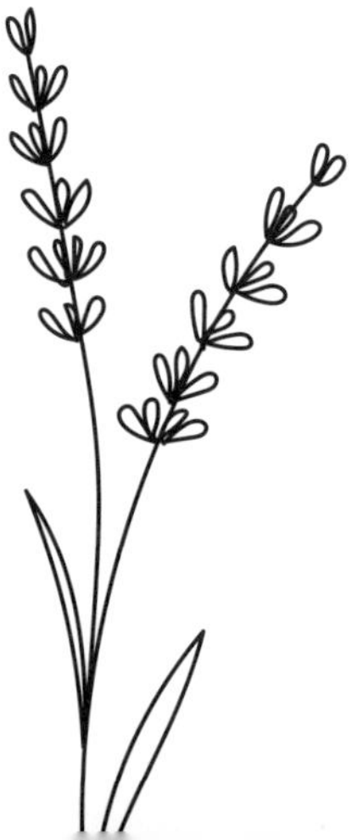

Ärmel

Rd 1: 1 Lm, *3 hStb pro 2 Rm; ab * am gesamten Ärmelbündchen entlang wdh, Rd mit Km in 1. hStb schließen, wenden. [36 (36, 36, 36, 39) (39, 39, 42, 42) hStb]

Mit Stopfnadel und dem Restfaden der Anfangs-LmK das Bündchen mit z.B. Überwendlingsstich (S. 169) zunähen.

> *Anmerkung:* Den restlichen Ärmel in Hin- und Rück-Rd häkeln. Am Rd-Ende immer wenden.

Den restlichen Ärmel gemäß Instruktionen für deine Größe häkeln:

Zun-Rd so häkeln: 1 Lm, hStb in 1. hStb, 2 hStb in nächstes hStb, hStb in alle M bis noch 2 offen, 2 hStb in nächste M, hStb in letzte M, Rd mit Km in erstes hStb schließen, wenden. [2 M zug]

Alle Rd ohne Zunahmen so häkeln: 1 Lm, hStb in alle M bis Rd-Ende, Rd mit Km in 1. Stb schließen, wenden.

> *Anmerkungen:* Die Rd-Anzahl wird einschließlich der ersten, bereits gehäkelten Rd angegeben.
>
> Bei den Zun-Rd die Farbwechsel beachten!
>
> Große Größen haben weniger Rd in Fb C, um den Überstand der Fb C an den Körperpartien über den Ärmel auszugleichen.

XS: Insgesamt 50 Rd, dabei in diesen Rd Zun: 10, 20, 30, 40. Fb B ab Rd 12, Fb C ab Rd 39. [44 hStb]

S: Insgesamt 47 Rd, dabei in diesen Rd Zun: 7, 14, 21, 28, 35, 42. Fb B ab Rd 12, Fb C ab Rd 39. [48 hStb]

M: Insgesamt 44 Rd, dabei in diesen Rd Zun: 6, 12, 18, 24, 30, 36, 42. Fb B ab Rd 10, Fb C ab Rd 37. [50 hStb]

L: Insgesamt 43 Rd, dabei in diesen Rd Zun: 5, 9, 13, 17, 21, 25, 29, 33, 37. Fb B ab Rd 10, Fb C ab Rd 37. [54 hStb]

XL: Insgesamt 40 Rd, dabei in diesen Rd Zun: 2, 5, 8, 11, 14, 17, 20, 23, 26, 29, 32. fb B ab Rd 10, Fb C ab Rd 36. [61 hStb]

2XL: Insgesamt 38 Rd, dabei in diesen Rd Zun: 2, 4, 6, 8, 10, 12, 14, 16, 18, 20, 22, 24, 26, 28, 30. Fb B ab Rd 10, Fb C ab Rd 34. [69 hStb]

3XL: Insgesamt 36 Rd, dabei in diesen Rd Zun: 2, 4, 6, 8, 10, 12, 14, 16, 18, 20, 22, 24, 26, 28, 30, 32, 34, 36. Fb B ab Rd 8, Fb C ab Rd 32. [75 hStb]

4XL: Insgesamt 32 Rd, dabei in diesen Rd Zun: 2–21. Fb B ab Rd 8, Fb C ab Rd 30. [82 hStb]

(5XL): Insgesamt 29 Rd, dabei in diesen Rd Zun: 2–21. Fb B ab Rd 8, Fb C ab Rd 27. [82 hStb]

Faden mit ca. 75 cm Restfaden zum Annähen der Ärmel an die Körperpartie abschneiden.

Zusammenfügen

VT über das RT legen, sodass die Abn-Kanten zur Mitte zeigen. Mit MM die Teile möglichst exakt M an M an Schultern und Seiten fixieren.

Mit Stopfnadel die Seitennähte mit z. B. Überwendlingsstich von unten nach oben schließen. Zu etwa drei Vierteln zunähen, damit genug Platz zum Annähen der Ärmel bleibt.

Schulternähte mit den Restfäden der VT schließen.

Fertige Ärmel an den Armausschnitten anlegen, sodass die Ärmelnähte nach unten zur Achsel zeigen. Mit MM fixieren, um die M gleichmäßig um die Armausschnitte an die Körperpartien anzusetzen.

Mit dem Restfaden Ärmel mit z. B. Überwendlingsstich annähen. Beim Annähen der Ärmel darauf achten, dass die Naht locker bleibt (nicht fest ziehen), damit sie sich dehnt, sonst engt sie die Arme beim Tragen ein. Mit dem Restfaden der Seitennaht mögliche Lücken schließen.

Fadenenden vernähen.

Abschlusskante

Eine einzelne R um den Ausschnitt lässt die Kanten gleichmäßiger aussehen. Dafür an einer unteren Ecke innen beginnen und nach oben um den Ausschnitt herum und auf der anderen Seite wieder nach unten bis zur inneren Ecke häkeln:

In Fb A mit Km neuen Faden an den inneren Ecke des Cardigans aufnehmen und die Unterkante umhäkeln. 1 Lm, hStb in alle hStb ab Unterkante, dann 3 hStb pro 2 Rm. Farbwechsel nach Bedarf, um die Farben der Körperpartie weiterzuführen, dabei 1 hStb in alle M im Nacken. Wenn die Unterkante der anderen Seite erreicht ist, hStb in alle hStb bis zur anderen Ecke.

Faden abschneiden, Fadenenden vernähen und den Cardigan in den Maßen spannen, die auf Seite 138 in der Größentabelle stehen.

Angepasst: Dieser Cardigan ist simpel geschnitten. Du kannst ihn so variieren, dass er dir mehr entspricht. Probiere dekorative Knöpfe vorne, Gürtelschlaufen, Bindegürtel, weitere R in der Abschlusskante am Kragen, aufgesetzte Taschen* oder andere Elemente aus, die du magst!

*Anleitung für Gürtelschlaufen, Bindegürtel und aufgesetzte Taschen s. rechts.

Um Taschen aufzusetzen, nach diesen Instruktionen verfahren oder sie als Richtlinie nutzen:

Tasche

Oberkante

7 Lm.

R 1: hStb in 2. Lm ab Nadel und in alle Lm bis R-Ende, wenden. [6 hStb]

R 2: 1 Lm, hStb in alle M bis R-Ende, wenden.

R 2 bis zur gewünschten Breite der Tasche wdh. Mit ungerader R enden.

Arbeit drehen und in die Rm der gerade gehäkelten R arbeiten.

Tasche Hauptteil

R 1: 1 Lm, *3 hStb pro 2 Rm; ab * an der gesamten Kante entlang wdh, wenden.

R 2: 1 Lm, hStb in alle M bis R-Ende, wenden.

R 2 wdh bis zur gewünschten Taschentiefe.

Faden abschneiden und Tasche nach Belieben spannen, dann mit Stopfnadel an den Cardigan annähen. Auf Seite 180 wird erklärt, wie man eine Tasche an ein fertiges Kleidungsstück annäht.

Gürtelschlaufen und Bindegürtel häkelst du nach diesen Instruktionen oder nutzt sie als Richtlinie:

Bindegürtel

Eine Lm in der gewünschten Länge plus 1 Lm, wenden.

R 1: hStb in 2. Lm ab Nadel und in alle Lm bis R-Ende, wenden.

R 2: 1 Lm, hStb in alle Lm bis R-Ende, wenden.

R 2 wdh bis zur gewünschten Länge des Gürtels.

Gürtelschlaufen

Mit neuem Faden eine neue LmK etwas länger als die Breite des Gürtels häkeln. (Wenn der Gürtel z. B. 8 cm breit ist, muss die LmK etwas länger als 8 cm sein.)

R 1: hStb in 2. Lm ab Nadel und in alle Lm bis R-Ende, wenden.

R 2: 1 Lm, hStb in alle M bis R-Ende, wenden.

Faden mit einem Restfaden zum Festnähen der Gürtelschlaufen an den Cardigan abschneiden. Mit Stopfnadel und den beiden Fadenenden die Gürtelschlaufen an den Seiten des Cardigans annähen oder an einer Stelle, die dir lieber ist.

Je 1 Gürtelschlaufe an beiden Seiten, nach Belieben auch mehr.

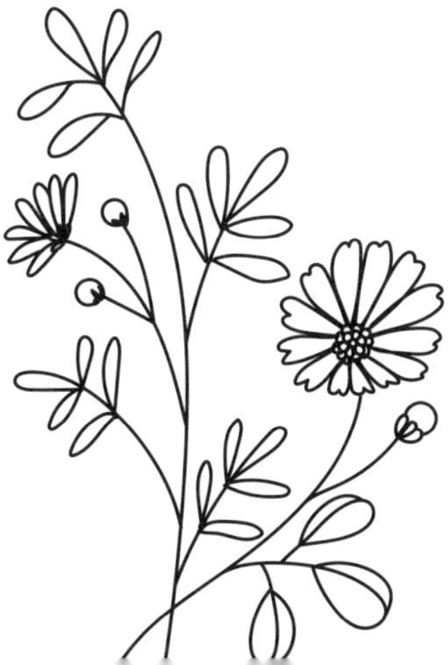

Timber Lodge

Streifenpullover

Einfach

Inspiriert ist Timber Lodge – ein verspielter Pullover im Vintage-Stil – durch eine ererbte Decke aus den 1970ern. Du wirst das lässige Tragegefühl dieses Stücks lieben: Oversize-Passform und überschnittene Schultern umschmeicheln den Körper.

Typisch für Häkelarbeiten der 1970er sind bunte Farben, auffällige Muster und simple Formen. Davon ausgehend habe ich breite Streifen mit dem damals beliebten Senfgelb auf natur- und cremefarbenem Grund kombiniert. Stilgetreu ist die Struktur einzelner R und M bei den Farbwechseln betont. Ich hoffe, Timber Lodge vermittelt Geborgenheit, Vertrautheit und Nostalgie.

Aufbau

Dieser Pullover besteht aus drei Teilen: Körper und zwei identische Ärmel. Es muss sehr wenig genäht werden, da alle Teile in Rd gehäkelt werden. Der Körper wird an einem Stück von unten nach oben gehäkelt, dann wird er in VT und RT aufgeteilt, um Armausschnitte zu bilden. Die Ärmel werden von unten nach oben gehäkelt und angenäht. Zuletzt wird das Rippenmuster am Ausschnitt angehäkelt.

Material

Garn:
Mittel (Sport) – WeCrochet Paragon Sport in den Farben Weiß (Grund-Fb), Schwarz (Akzentfarbe A) und Turmeric (Akzentfarbe B) (50% feines Merino, 25% Baby-Alpaka, 25% Maulbeerseide)

117 m/50 g

Bei yarnsub.com (englischsprachig) kannst du passende Ersatzgarne finden.

Verbrauch bei 3 Farben wie abgebildet:
Grundfarbe: 8 (9, 9, 10, 11) (12, 13, 14, 14) Knäuel oder 823 (915, 983, 1098, 1189) (1326, 1418, 1486, 1555) m

Akzentfarbe A: 7 (7, 7, 8, 9) (9, 9, 9, 10) Knäuel oder 709 (732, 778, 846, 892) (915, 961, 1006, 1052) m

Akzentfarbe B: 2 (3, 3, 3, 3) (3, 3, 4, 4) Knäuel oder 206 (229, 252, 275, 298) (321, 343, 366, 389) m

Verbrauch bei einem einfarbigen Pullover:
16 (17, 18, 20, 22) (23, 25, 26, 27) Knäuel oder 1738 (1875, 2012, 2218, 2378) (2561, 2721, 2858, 2995) m

Anmerkung: Günstige Alternativen: WeCrochet Swish DK, WeCrochet Shine Sport, WeCrochet Galileo, Lion Brand Coboo, Lion Brand Truboo.

Das Paragon-Sport-Garn ist elastisch durch die Wolle, hat einen leichten Schimmer und eine sehr deutliche Verzwirnung. Paragon ist ein edles Garn und kann bei einem kompletten Kleidungsstück etwas teurer werden. Anstatt Paragon kann auch jedes beliebige feine bis mittelstarke Garn benutzt werden, mit dem die Maschenprobe stimmt. Der Pullover wird genauso schön und du wirst ihn gerne tragen.

Häkelnadel:
3,5 mm oder andere Stärke gemäß Maschenprobe

Zubehör:
Stopfnadel, offene MM

Maschenprobe:
10 x 10 cm = 18 M und 15 R hStb

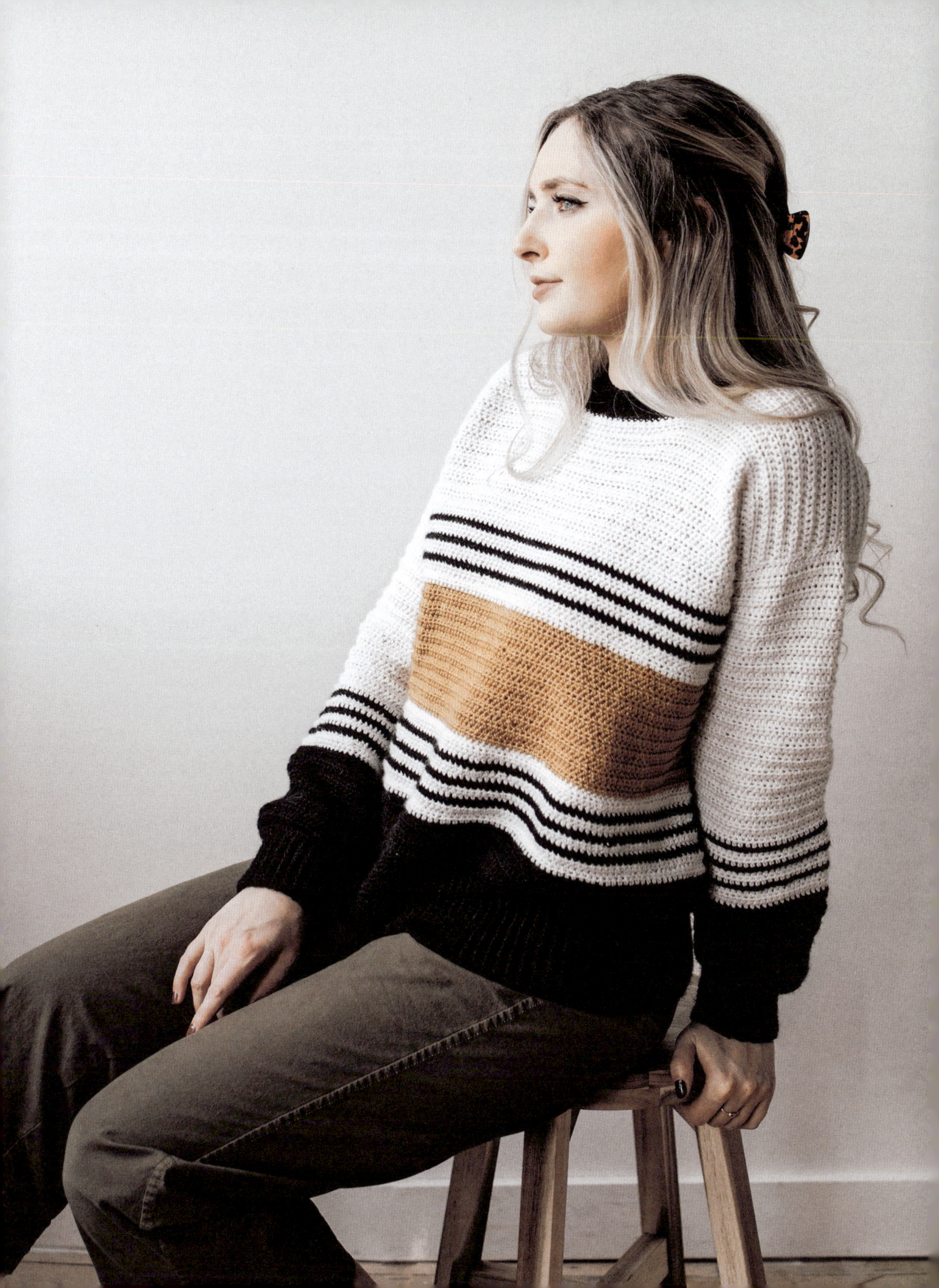

Größentabelle Timber Lodge

	A Brustumfang des fertigen Stücks	B Länge ab Schulter	C Ärmellänge ab Achsel	D Umfang Oberarm	E Umfang Handgelenk
XS	102 cm	56 cm	46 cm	32 cm	22 cm
S	112 cm	56 cm	43 cm	34 cm	23 cm
M	122 cm	57 cm	41 cm	36 cm	23 cm
L	132 cm	57 cm	39 cm	39 cm	26 cm
XL	142 cm	58 cm	38 cm	41 cm	26 cm
2XL	152 cm	61 cm	36 cm	47 cm	26 cm
3XL	163 cm	61 cm	34 cm	48 cm	26 cm
4XL	173 cm	61 cm	33 cm	51 cm	27 cm
5XL	183 cm	61 cm	33 cm	51 cm	27 cm

Die Tabelle zeigt die Maße des fertigen Pullovers. Er soll mit etwa 25–30 cm Bewegungszugabe getragen werden. Richte dich bei der Größenauswahl nach einem Brustumfang, der etwa 25–30 cm weiter ist als deine Maße. Beispiel: Das Model ist 163 cm groß, hat einen Brustumfang von 86 cm und trägt Größe S. Der Brustumfang des ertigen Stücks beträgt 112 cm mit 25 cm Bewegungszugabe. Bei Zwischengrößen nach unten orientieren.

Weitere Infos (auf Englisch) und Tester:innen-Fotos findest du auf knitsnknots.ca/timber-lodge.

ABKÜRZUNGEN

fM hMg: fM ins hintere Maschenglied
fM: feste Masche(n)
hSt: halbe Stäbchen
Km: Kettmasche(n)
Lm: Luftmasche(n)
LmK: Luftmaschenkette
M: Masche(n)
MM: MM setzen
R: Reihe(n)
Rd: Runde
Rm: Randmasche(n)
RT: Rückenteil
ü: überspringen
U: Umschlag
VT: Vorderteil
wdh: wiederholen
Wlm: Wendeluftmasche(n)

Anleitung

Aufbauschema

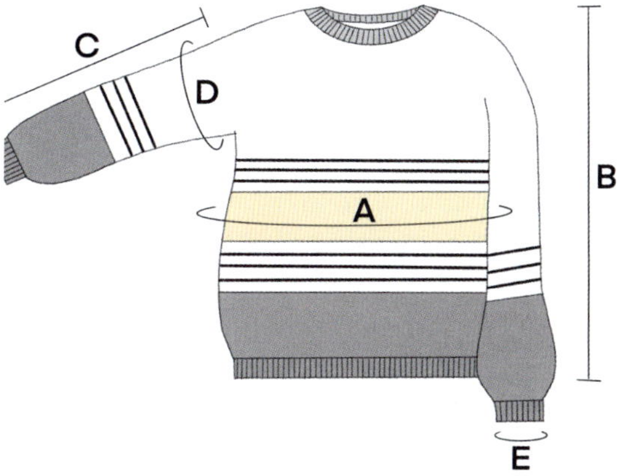

Körper

Rippenbündchen Unterkante

Akzentfarbe A

25 Lm mit 30 cm Restfaden zum Annähen.

R 1: fM in 2. Lm ab Nadel und in alle Lm bis R-Ende, wenden. [24 fM]

R 2: 1 Lm, fM in 1. M, fM hMg in alle M bis noch 1 M offen, fM in letzte M, wenden.

R 2 wdh bis insgesamt 180 (198, 216, 234, 252) (270, 288, 306, 324) R.

Nach der letzten R die Arbeit drehen und in die Rm der gerade gehäkelten R arbeiten.

Untere Körperpartie

Der Körper wird in Rd gehäkelt. In die erste M der Rd eine Km zum Schließen der Rd, dann Arbeit wenden und eine neue Rd beginnen.

Rd 1: 1 Lm, 1 fM in alle Rm der gerade gehäkelten R, Km in 1. M zum Schließen der Rd, wenden. [180 (198, 216, 234, 252) (270, 288, 306, 324) fM]

Mit dem Restfaden der LmK vom Anfang 1. und letzte R der Rippenpartie mit z. B. Überwendlingsstich (S. 169) zusammennähen.

Rd 2: 1 Lm, hStb in alle M bis Rd-Ende, Rd mit Km in 1. hStb schließen, wenden. [180 (198, 216, 234, 252) (270, 288, 306, 324) hStb]

Rd 3–6: Rd 2 wdh.

Anmerkung: Für den Farbwechsel so vorgehen: Bei der letzten M in der alten Farbe die M häkeln wie gewohnt, aber den letzten U und das Abmaschen in der neuen Farbe vornehmen. Dann die alte Farbe abschneiden und in der neuen Farbe weiterarbeiten.

Wechsel zu Grundfarbe

Rd 7–9: Rd 2 wdh.

Wechsel zu Akzentfarbe A

Rd 10: 1 Lm, fM in alle M bis Rd-Ende, Rd mit Km in die erste fM schließen, wenden.

Rd 11: 1 Lm, fM in die M darunter (die gleiche M, die in Rd 10 gehäkelt wurde) bis Rd-Ende, Rd mit Km in erste fM schließen, wenden.

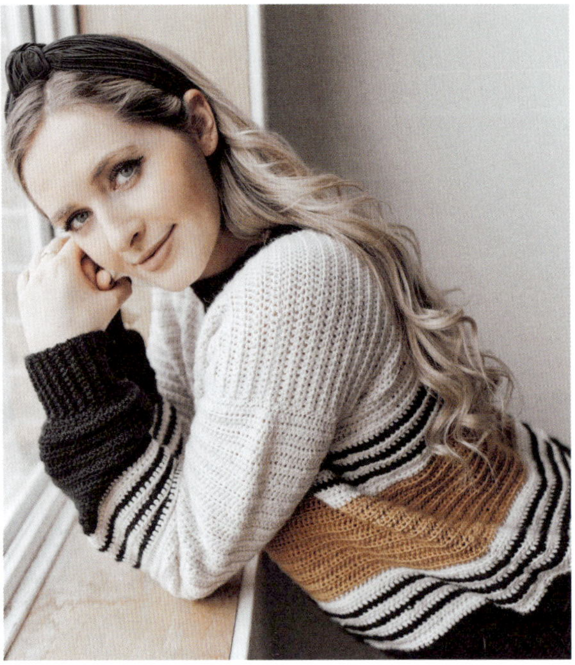

Wechsel zu Grundfarbe
Rd 12–13: Rd 2 wdh.

Rd 14–21: Rd 10–13 noch 2-mal wdh, Farbwechsel nach Anleitung.

Weiter in Grundfarbe
Rd 22: Rd 2 wdh.

Wechsel zu Akzentfarbe B
Rd 23–40: Rd 2 wdh.

Rd 41–55: Rd 7–21 wdh, Farbwechsel nach Anleitung.

Weiter mit Grundfarbe
Rd 56–61: Rd 2 wdh.

Hier die Arbeit in VT und RT teilen, um Armausschnitte zu bilden. Die Länge der Arbeit bisher entspricht dem Messwert ab Achsel bis Unterkante. Für kürzere (oder längere) Pullover weniger (oder mehr) Wdh von R 2 in der Grundfarbe bis zur gewünschten Länge ab Achsel, dann weiter mit VT.

VT

R 1: Km in nächste 4 (4, 5, 6, 7) (8, 9, 10, 11) M, 1 Lm, hStb in nächste M, MM in dieses hStb, um 1. M der R zu markieren, hStb in nächste 81 (90, 97, 104, 111) (118, 125, 132, 139) M, wenden.

R 2–7: 1 Lm, hStb in alle M bis R-Ende, wenden. [82 (91, 98, 105, 112) (117, 126, 133, 140) hStb]

Jetzt dieses VT in Seite 1 und Seite 2 aufteilen für den Ausschnitt.

VT – Seite 1

R 8: 1 Lm, hStb in nächste 28 (33, 36, 40, 43) (46, 49, 52, 56) M, wenden. [28 (33, 36, 40, 43) (46, 49, 52, 56) hStb]

R 9: 1 Lm, 1. M ü, hStb in nächste M und alle M bis R-Ende, wenden. [27 (32, 35, 39, 42) (45, 48, 51, 55) hStb]

R 10: 1 Lm, hStb in alle M bis noch 2 M offen, nächste M ü, hStb in letzte M, wenden. [26 (31, 34, 38, 41) (44, 47, 50, 54) hStb]

R 11: R 9 wdh. [25 (30, 33, 37, 40) (43, 46, 49, 53) hStb]

Nächste 10 (11, 12, 13, 14) (17, 18, 18, 18) R: 1 Lm, hStb in alle M bis R-Ende, wenden.

Faden mit ca. 50 cm Restfaden zum Schließen der Schulternaht abschneiden.

VT – Seite 2

Arbeit mit der Vorderseite nach oben und der fertigen Seite 1 nach rechts flach ausbreiten. An der linken Seite des VT Seite 1 zur Mitte hin 26 (25, 26, 25, 26) (27, 28, 29, 28) M abzählen. Diese M offen lassen und mit Km in nächste M Faden aufnehmen.

R 8: 1 Lm, hStb in die gleiche M wie die Km und in alle M bis R-Ende, wenden. [28 (33, 36, 40, 43) (46, 49, 52, 56) hStb]

R 9: 1 Lm, hStb in alle M bis noch 2 M offen, nächste M ü, hStb in letzte M, wenden. [27 (32, 35, 39, 42) (45, 48, 51, 55) hStb]

R 10: 1 Lm, erste M ü, hStb in nächste M und alle M bis R-Ende, wenden. [26 (31, 34, 38, 41) (44, 47, 50, 54) hStb]

R 11: R 9 wdh. [25 (30, 33, 37, 40) (43, 46, 49, 53) hStb]

Nächste 10 (11, 12, 13, 14) (17, 18, 18, 18) R: 1 Lm, hStb in alle M bis R-Ende, wenden.

Faden mit ca. 50 cm Restfaden zum Schließen der Schulternaht abschneiden.

Die Vorderseite ist nun fertig.

RT

Das RT wird ähnlich gearbeitet; gehäkelt wird in die offenen M aus R 61. Arbeit mit der Vorderseite nach unten und der offenen Rückseite nach oben ausbreiten, die Seitennaht ist linker Hand. Ggf. das ganze Teil auf links drehen, um diese Ausrichtung zu ermöglichen. 4 (4, 5, 6, 7) (8, 9, 10, 11) M ab Naht abzählen und MM in diese M setzen. Hier geht es später weiter. Jetzt an der anderen Seite (der ohne Naht) rechter Hand an der Kante des VT 8 (8, 10, 12, 14) (16, 18, 20, 22) M ab Kante abzählen. Diese M offen lassen. Nadel in nächste M einstechen und mit Km Faden aufnehmen.

R 1: 1 Lm, hStb in gleiche M wie Km und in beide M bis R-Ende bis 1 M vor MM, wenden. MM entfernen. [82 (91, 98, 105, 112) (117, 126, 133, 140) hStb]

R 2–16 (17, 18, 19, 20) (23, 24, 24, 24): 1 Lm, hStb in alle M bis R-Ende, wenden.

Faden weiter benutzen und weiter mit RT Seite 1.

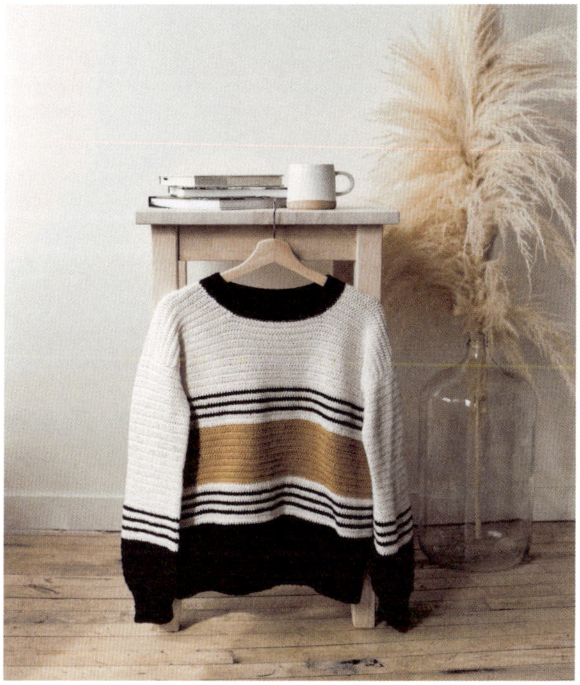

RT – Seite 1

Nächste 5 R: 1 Lm, hStb in nächste 25 (30, 33, 37, 40) (43, 46, 49, 53) M, wenden. [25 (30, 33, 37, 40) (43, 46, 49, 53) hStb]

Faden abschneiden.

RT – Seite 2

25 (30, 33, 37, 40) (43, 46, 49, 53) M ab offener Kante abzählen und mit Km Faden in dieser M aufnehmen.

Nächste 5 R: 1 Lm, hStb in nächste 25 (30, 33, 37, 40) (43, 46, 49, 53) M, wenden. [25 (30, 33, 37, 40) (43, 46, 49, 53) hStb]

Faden abschneiden.

Schulternähte mit Stopfnadel und z. B. Überwendlingsstich und Restfäden von VT Seite 1 und 2 schließen. Fadenenden vernähen.

Ärmel (2 Stück)

Ärmelbündchen

In Akzentfarbe A 15 Lm, 30 cm Restfaden zum Zunähen des Ärmelbündchens.

R 1: fM in 2. Lm ab Nadel und in alle Lm bis R-Ende, wenden. [14 fM]

R 2: 1 Lm, fM in 1. fM, fM hMg in nächste 12 M, fM in letzte M, wenden.

R 2 wdh bis insgesamt 38 (40, 42, 46, 46) (46, 46, 48, 48) R.

Nach der letzten R Arbeit drehen und in die Rm der gerade gehäkelten R arbeiten.

Ärmel

Beide Ärmel werden in Rd gehäkelt. Nach jeder Rd wenden.

Rd 1: 1 Lm, 1 fM in alle Rm der gerade gehäkelten R, Rd mit Km in erste fM schließen, wenden. [38 (40, 42, 46, 46) (46, 46, 48, 48) fM]

Mit dem Restfaden der LmK vom Anfang 1. und letzte R der Rippenpartie mit z. B. Überwendlingsstich zusammennähen.

Rd 2: 1 Lm, hStb in alle M bis Rd-Ende, Rd mit Km in 1. hStb schließen, wenden. [38 (40, 42, 46, 46) (46, 46, 48, 48) hStb]

Rd 3: 1 Lm, *hStb in 1. M, 2 hStb in nächste M; ab * bis Rd-Ende wdh, Rd mit Km in 1. hStb schließen, wenden. [57 (60, 63, 69, 69) (69, 69, 72, 72) hStb]

Rd 4–17: Rd 2 wdh.

Wechseln zu Grundfarbe

Nur XS, S, M und L

Rd 18–20: Rd 2 wdh.

Nur XL, 2XL, 3XL, 4XL und 5XL

Rd 18: 1 Lm, hStb in 1. M, 2 hStb in nächste M, hStb in alle M bis Rd noch 2 M offen, 2 hStb in nächste M, hStb in letzte M, mit Km schließen, wenden. [x (x, x, x, 71) (71, 71, 74, 74) hStb]

Nur XL, 2XL, 3XL, 4XL und 5XL

Rd 19 und 20: Rd 2 wdh.

Wechseln zu Akzentfarbe A

Rd 21: 1 Lm, fM in alle M bis Rd-Ende, mit Km schließen, wenden.

Rd 22: 1 Lm, fM in die M darunter (die in Rd 21 gehäkelte M) bis Rd-Ende, mit Km schließen, wenden.

Wechseln zu Grundfarbe

Rd 23–24: Rd 2 wdh.

Rd 25–32: Rd 21–24 noch 2-mal wdh, Farbwechsel wie angegeben.

Restlicher Ärmel in Grundfarbe

Rd 33: Rd 2 wdh.

Nur XS, S, M und L

Rd 34–68 (64, 61, 58): Rd 2 wdh.

Für kürzere (oder längere) Ärmel als für deine Größe beschrieben weniger (oder mehr) Wdh von Rd 2.

Nur XL
Rd 34: Rd 18 wdh. [73 hStb]

Rd 35–56: R 2 wdh.

Für kürzere (oder längere) Ärmel als für deine Größe beschrieben weniger (oder mehr) Wdh von Rd 2.

Nur **2XL (3XL, 4XL, 5XL)**
Rd 34: Rd 18 wdh. [73 (73, 76, 76) hStb]

Nächste 2 (1, 1, 1) Rd: Rd 2 wdh.

Wdh [Rd 34 und die 2 (1, 1, 1) folgende(n) Rd] 5 (6, 7, 7) Mal. [83 (85, 90, 90) hStb]

hStb in alle M der nächsten 2 (3, 0, 0) Rd.

Für kürzere (oder längere) Ärmel als für deine Größe beschrieben nach Gutdünken weniger (oder mehr) Wdh von Rd 2.

Jetzt sollte der Ärmel insgesamt 68 (64, 61, 58, 56) (53, 50, 49, 49) Rd nach Rippenbündchen haben.

Faden mit ca. 60 cm Restfaden zum Annähen des Ärmels an den Körper abschneiden.

Zusammenfügen

Körper und Ärmel mit der rechten Seite nach außen ausbreiten und Ärmel so anlegen, dass die Ärmelnähte nach unten zur Achsel zeigen. Ärmel leicht über die Armausschnitte dehnen (etwa 2,5 cm) und mit MM fixieren. Ärmel locker mit z. B. Überwendlingsstich annähen und mögliche Lücken schließen. Nicht zu fest nähen, damit der Armausschnitt beim Tragen nicht einengt.

Ausschnitt

Grundfarbe

Mit der rechten Seite nach außen Faden mit Km an einer der Schulternähte aufnehmen.

Grund-R: 1 Lm, gleichmäßig fM um den Ausschnitt, Rd mit Km in die 1. M schließen.

Wechsel zu Akzentfarbe A oder gewünschter Farbe

10 Lm.

R 1: fM in 2. Lm ab Nadel und in alle Lm bis R-Ende, Km in nächste 2 M ab Grund-R, wenden. [9 fM]

R 2: [keine Wlm] 2 gerade gehäkelte Km in Grund-R ü, fM hMg in nächste 8 M, fM in letzte M, wenden.

R 3: 1 Lm, fM in 1. M, fM hMg in nächste 8 M, Km in nächste 2 M der Grund-R, wenden.

R 2–3 wdh bis Ende Grund-R. Faden abschneiden und mit dem Restfaden 1. und letzte R der Rippenpartie mit Stopfnadel und z. B. Überwendlingsstich zusammennähen.

Fadenenden vernähen und und den Pullover in den Maßen spannen, die auf Seite 146 in der Größentabelle stehen.

Amber Magic
Schulterfreier Pullover

Einfach

Eine leichtere, etwas elegantere Version des schulterfreien Modells Sugarplum (S. 110): Amber Magic ist genauso aufgebaut, aber aus edler, feiner Wolle gearbeitet. Der Vergleich der beiden Modelle ist ein gutes Beispiel dafür, wie ein anderes Garn ein Design völlig verändern kann, darum habe ich beide Versionen ins Buch aufgenommen. Es entstehen zwei ganz unterschiedliche Gewebe und die beiden Pullover passen zu verschiedenen Outfits und Anlässen. Diese zarte, luftige Variante fällt ganz anders und hat trotz des identischen Schnitts eine eigene Eleganz.

Der Pullover ist verspielt, aber stilvoll, und hat einen Ausschnitt, der sich nicht ausdehnt, sodass man das Stück beruhigt tragen kann, ohne zu berfürchten, es könnte von den Schultern rutschen. Mittig getragen zeigt er beide Schultern, er kann aber auch für einen geschmackvoll lässigen Look auf eine Schulter verschoben werden. Die dreiviertellangen Ärmel sind am Oberarm schmal und werden nach und nach weiter. Ich empfehle, den Pullover einfach auf der Haut über einem halterlosen BH zu tragen. Etwas sportlicher wird der Look mit einem Tanktop oder einem Kleid mit Spaghettiträgern, das darunter hervorblitzt.

Aufbau

Dieser Pullover hat eine Rundpasse und wird nahtlos von oben nach unten gehäkelt. Im Anschluss an die Zunahmen an der Passe wird diese in Körper und Armausschnitte aufgeteilt. Der Körper folgt als Nächstes, zuletzt werden die Ärmel gehäkelt.

Material

Garn:
Sehr fein (Fingering) – WeCrochet Gloss Fingering in der Farbe Harvest (70 % Merino, 30 % Seide)

200 m/50 g

Bei yarnsub.com (englischsprachig) kannst du passende Ersatzgarne finden.

Verbrauch:
7 (8, 8, 9, 9) (10, 11, 12, 13) Knäuel oder 1166 (1304, 1463, 1623, 1852) (2058, 2149, 2492, 2584) m

Anmerkung zum Verbrauch: Der Verbrauch ist für einen kurzen Pullover mit Dreiviertelärmeln wie abgebildet und in der Größentabelle auf Seite 154 angegeben berechnet. Für einen Pullover in voller Länge oder längere Ärmel wird mehr Garn benötigt.

Anmerkung: Günstig!

Gloss Fingering kann durch jedes andere sehr feine Garn ersetzt werden, mit dem die Maschenprobe stimmt. Es gibt keine Einschränkung bei der Garnauswahl, du musst nur bedenken, wie sehr sich das Garn beim Spannen oder Waschen ausdehnt.

Anmerkung zum Garn: Dieses Modell wird komplett aus eSm gehäkelt und kann aus verschiedenen Garnen gearbeitet werden. Einfache Maschen eignen sich gut dafür, ausgefallene Garne zu verarbeiten, die super zur Geltung kommen, ohne dass man auf ein komplexes Muster achten muss. Gesprenkelte Garne, Garne mit Farbverlauf und vorgefärbten Streifen sowie handgefärbte Garne wirken am besten mit einfachen Häkelstichen, die das Garn in den Vordergrund stellen.

Häkelnadel:
4 mm oder andere Stärke gemäß Maschenprobe

Zubehör:
Stopfnadel, 5 offene MM

Maschenprobe:
10 x 10 cm = 16 M und 23 R in eSm, in Rd gearbeitet

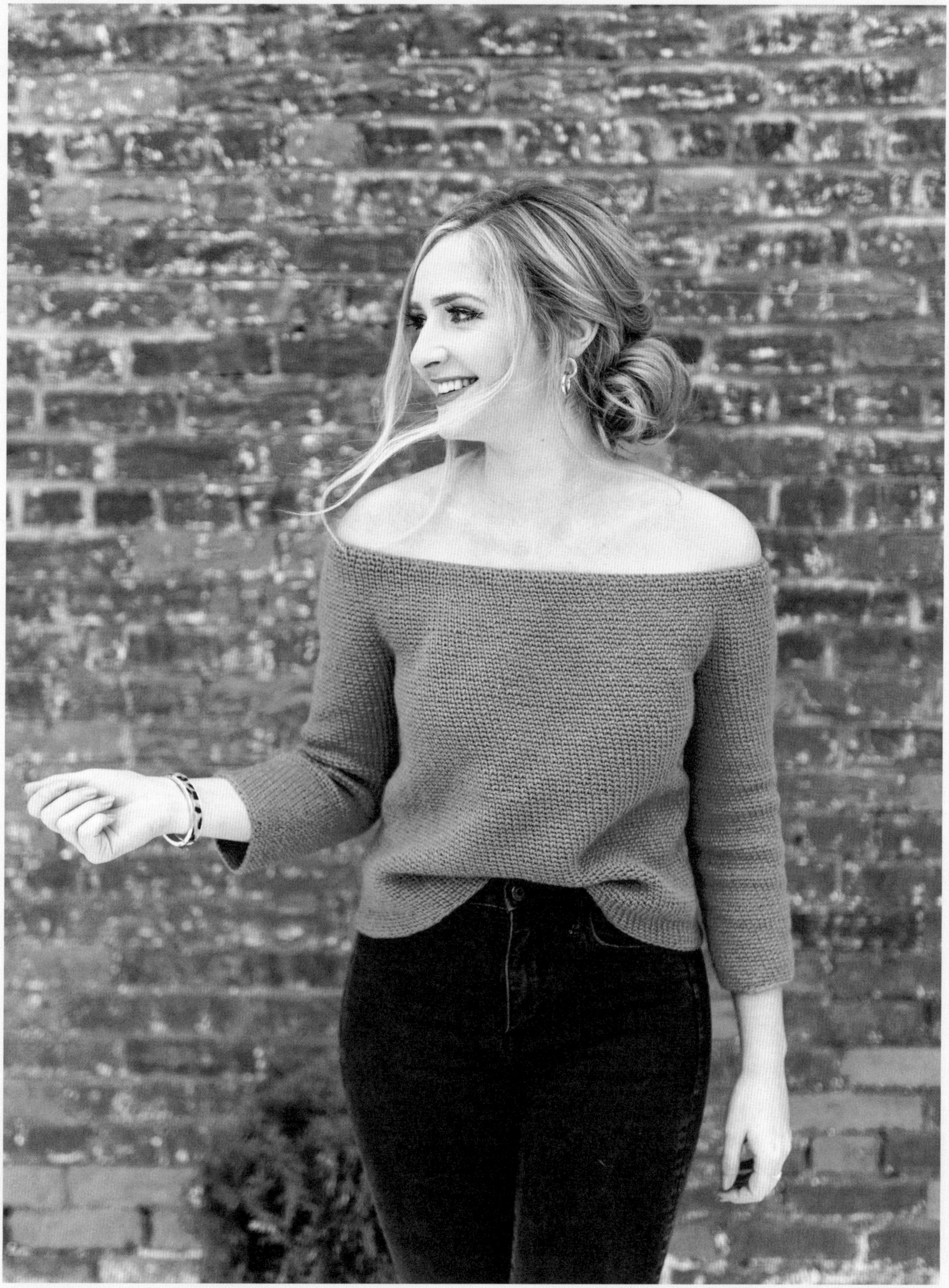

Größentabelle Amber Magic

	A Brustumfang fertiges Stück	B Umfang Ausschnitt	C Länge Passe erste Rd bis letzte Rd	D Länge Körper ab Achsel	E Umfang Oberarm	F Umfang Ärmel untere Partie	G Armellänge ab Achsel
XS	*79 cm*	*70 cm*	*9 cm*	*33 cm*	*30 cm*	*25 cm*	*36 cm*
S	*89 cm*	*72 cm*	*10 cm*	*33 cm*	*32 cm*	*26 cm*	*36 cm*
M	*99 cm*	*72 cm*	*10 cm*	*36 cm*	*32 cm*	*27 cm*	*36 cm*
L	*109 cm*	*72 cm*	*11 cm*	*36 cm*	*35 cm*	*29 cm*	*36 cm*
XL	*119 cm*	*74 cm*	*11 cm*	*38 cm*	*39 cm*	*33 cm*	*36 cm*
2XL	*130 cm*	*74 cm*	*12 cm*	*38 cm*	*44 cm*	*36 cm*	*36 cm*
3XL	*140 cm*	*74 cm*	*12 cm*	*38 cm*	*48 cm*	*39 cm*	*36 cm*
4XL	*150 cm*	*76 cm*	*13 cm*	*41 cm*	*51 cm*	*43 cm*	*36 cm*
5XL	*160 cm*	*76 cm*	*13 cm*	*41 cm*	*51 cm*	*43 cm*	*36 cm*

Die Tabelle zeigt die Maße des fertigen Kleidungsstücks. Dieser Pullover soll mit 2,5–8 cm Bewegungszugabe getragen werden. Richte dich bei der Größenauswahl nach einem Brustumfang, der 3–8 cm größer ist als deine Maße. Beispiel: Das Model ist 163 cm groß, hat einen Brustumfang von 86 cm und trägt Größe S. Der Brustumfang des fertigen Stücks beträgt 89 cm mit 2,5 cm Bewegungszugabe. Bei Zwischengrößen nach unten orientieren.

Weitere Infos (auf Englisch) und Tester:innen-Fotos findest du auf knitsnknots.ca/amber-magic.

ABKÜRZUNGEN

eSm: einfache Strickmasche(n) (S. 171)
2 eSm zus: 2 einfache Strickmaschen zusammenhäkeln
fM: feste Masche(n)
Km: Kettmasche(n)
Lm: Luftmasche(n)
LmK: Luftmaschenkette
M: Masche(n)
MM: Maschenmarkierer setzen
Rd: Runde(n)
Rm: Randmasche(n)
ü: überspringen
wdh: wiederholen
Zun: Zunahme – 2 eSm in bestimmte Masche

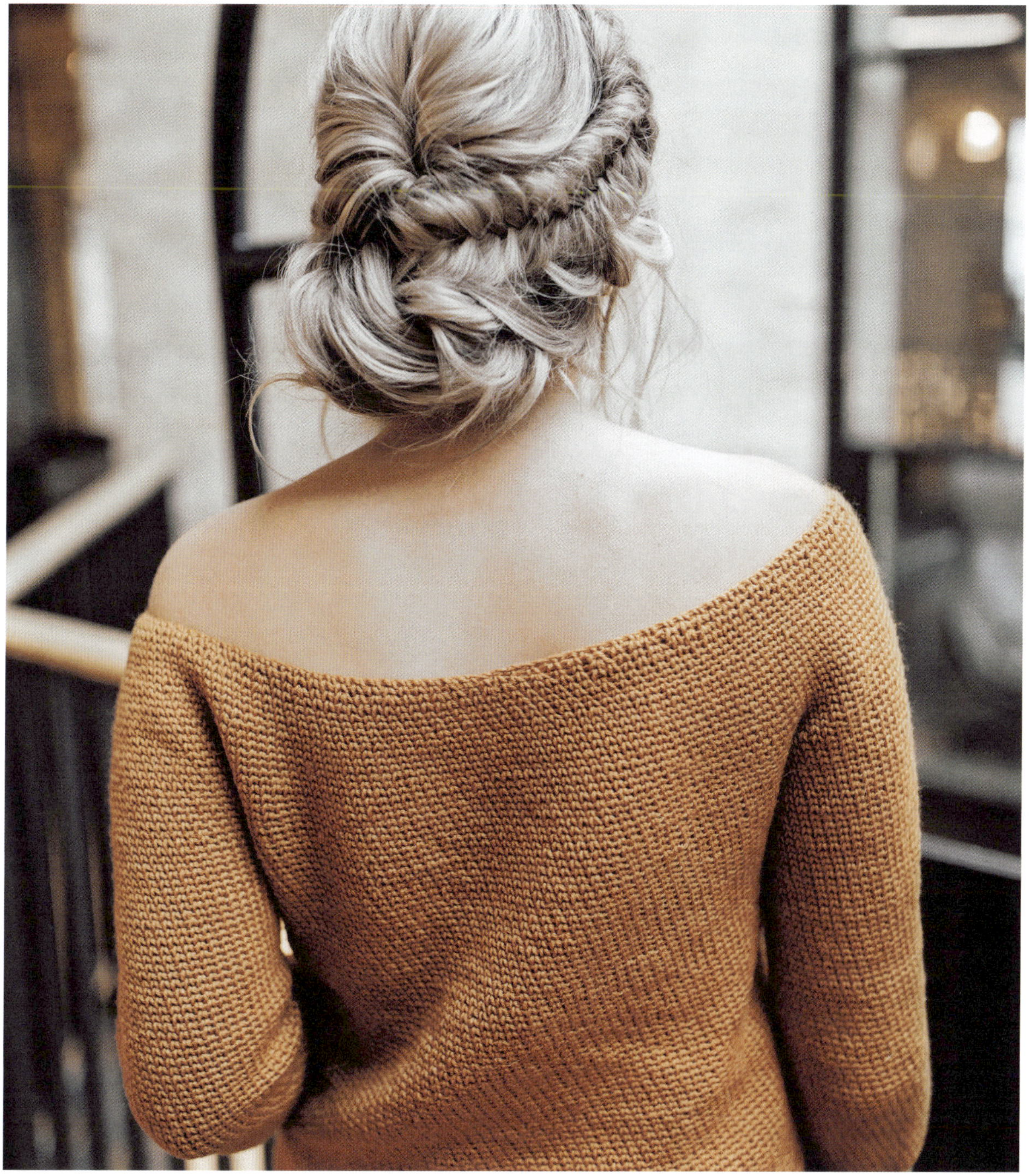

Anleitung

Aufbauschema

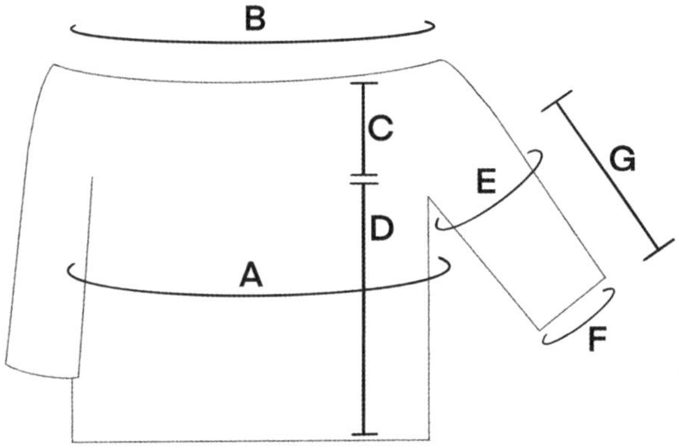

Schulterpasse

111 (114, 114, 114, 117) (117, 117, 120, 120) Lm, Rd mit Km in die 1. Lm schließen.

Rd 1: Locker gehäkelte fM in alle Lm bis Rd-Ende. (Die nächste Rd wird schwierig, wenn Rd 1 zu fest gehäkelt wurde!) [111 (114, 114, 114, 117) (117, 117, 120, 120) fM]

1 eSm gleich in die erste fM aus Rd 1. Ab jetzt spiralförmig weiterarbeiten. MM in diese eSm, als Markierung für den Rd-Anfang.

Anmerkung: Der MM wird beim spiralförmigen Häkeln langsam aus der Mitte weg wandern. Nach Bedarf immer wieder etwa in die mittlere M platzieren. Dazu am Fadenende der LmK vom Anfang orientieren.

Rd 2: eSm in alle fM bis Rd-Ende.

Anmerkung: In den ersten paar Rd ist es etwas schwieriger, die Einstichstellen zu finden. Nach den ersten Rd spielt sich das ein und es wird sehr viel leichter!

Zun-Rd 1

*Zun in nächste M, eSm in nächste 2 M; ab * bis Rd-Ende wdh. [148 (152, 152, 152, 156) (156, 156, 160, 160) eSm]

eSm in alle M der nächsten 6 (6, 3, 3, 2) (2, 2, 2, 2) Rd.

Zun-Rd 2

XS: eSm in erste 4 M, *Zun in nächste M, eSm in nächste 5 M; ab * bis Rd-Ende wdh. [172 eSm]

S: Zun in 1. M, eSm in nächste 2 M, *Zun in nächste M, eSm in nächste 3 M; ab * bis letzte M wdh, Zun in letzte M. [191 eSm]

Alle weiteren Größen: *Zun in nächste M, fM in nächste 3 M; ab * bis Rd-Ende wdh. [x (x, 190, 190, 195) (195, 195, 200, 200) eSm]

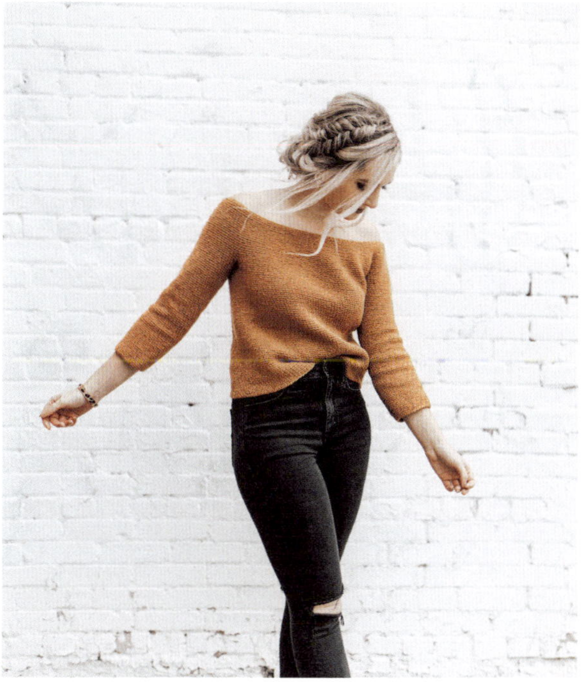

Angepasst: Richte dich nach der in der Größentabelle auf Seite 154 angegebenen Länge für die Passe. Es ist empfehlenswert, den Pullover immer wieder anzuprobieren, um zu sehen, wo die fertige Passe am Körper liegt. Wenn sie dir zu lang (oder zu kurz) ist, kannst du nach Belieben Rd ohne Zun weglassen (oder mehr häkeln), bevor du die Passe aufteilst.

eSm in alle M der nächsten 10 (13, 3, 3, 2) (2, 2, 2, 2) Rd.

Größe XS und S: Die Passe ist jetzt fertig; weiter mit »Aufteilen in Körper & Ärmel«.

Alle weiteren Größen: Weiter mit Zun-Rd 3.

Zun-Rd 3

M: eSm in erste 5 M, *Zun in nächste M, eSm in nächste 8 M; ab * bis letzte 5 M wdh, eSm in letzte 5 M. [210 eSm]

L: eSm in erste 5 M, *Zun in nächste M, eSm in nächste 4 M; ab * bis letzte 5 M wdh, eSm in letzte 5 M. [226 eSm]

Alle weiteren Größen: *Zun in nächste M, eSm in nächste 4 M; ab * bis Rd-Ende wdh. [x (x, x, x, 234) (234, 234, 240, 240) eSm]

eSm in alle M der nächsten x (x, 12, 14, 2) (2, 2, 2, 2) Rd.

Größe M und L: Die Passe ist jetzt fertig; weiter mit »Aufteilen in Körper & Ärmel«.

Alle weiteren Größen: Weiter mit Zun-Rd 4.

Zun-Rd 4

XL: eSm in erste 5 M, *Zun in nächste M, eSm in nächste 13 M; ab * bis letzte 5 M, eSm in letzte 5 M. [250 eSm]

2XL: eSm in erste 7 M, *Zun in nächste M, eSm in nächste 4 M; ab * bis letzte 7 M, eSm in letzte 7 M. [278 eSm]

3XL, 4XL und 5XL: *Zun in nächste M, eSm in nächste 5 M; ab* bis Rd-Ende wdh. [x (x, x, x, x) (x, 273, 280, 280) eSm]

eSm in alle M der nächsten x (x, x, x, 13) (15, 2, 2, 2) Rd.

Größe XL und 2XL: Die Passe ist jetzt fertig; weiter mit »Aufteilen in Körper & Ärmel«.

Alle weiteren Größen: Weiter mit Zun-Rd 5.

Zun-Rd 5

3XL: Zun in 1. M, eSm in nächste 8 M, *Zun in nächste M, eSm in nächste 10 M; ab * bis Rd-Ende wdh. [298 eSm]

4XL: eSm in erste 14 M, *Zun in nächste M, eSm in nächste 5 M; ab * bis letzte 14 M wdh, eSm in letzte 14 M. [322 eSm]

5XL: *Zun in erste M, eSm in nächste 6 M; ab * bis Rd-Ende wdh. [320 eSm]

eSm in alle M der nächsten x (x, x, x, x) (x, 12, 14, 2) Rd.

Größe 3XL und 4XL: Die Passe ist jetzt fertig; weiter mit »Aufteilen in Körper & Ärmel«.

Größe 5XL: weiter mit Zun-Rd 6.

Zun-Rd 6

5XL: eSm in erste 6 M, *zun in nächste M, eSm in nächste 21 M; ab * bis letzte 6 M wdh, eSm in letzte 6 M. [334 eSm]

Nur 5XL: eSm in alle M der nächsten 11 Rd.

Alle Größen: Die Schulterpasse sollte jetzt insgesamt 20 (23, 23, 25, 25) (27, 27, 29, 29) Rd haben.

Aufteilen in Körper & Ärmel

Den MM prüfen und mittig setzen.

eSm in nächste 25 (29, 33, 36, 40) (43, 46, 50, 53) M, 12 (12, 12, 14, 15) (16, 18, 19, 20) Lm, nächste 36 (38, 39, 41, 46) (53, 57, 62, 61) M ü für Armausschnitt rechts, eSm in nächste 50 (57, 66, 72, 79) (86, 92, 99, 106) M, 12 (12, 12, 14, 15) (16, 18, 19, 20) Lm, nächste 36 (38, 39, 41, 46) (53, 57, 62, 61) M ü für Armausschnitt links, eSm in nächste 25 (29, 33, 36, 39) (43, 46, 49, 53) M bis MM in der Mitte. [124 (139, 156, 172, 188) (204, 220, 236, 252) M]

MM in 1. und letzte ü M beider Ärmel (2 MM pro Ärmel). Du brauchst sie später in der 1. Ärmel-Rd.

Körper

MM aus der Mitte kann jetzt entfernt werden.

Alle Größen: eSm in alle eSm und Lm bis Rd-Ende.

eSm in alle M bis Körpere 33 [33, 36, 36, 38] [38, 38, 41, 41] cm ab Achsel oder bis zur gewünschten Länge.

Nach dem Erreichen der Wunschlänge Km in nächste 3 M und Faden abschneiden.

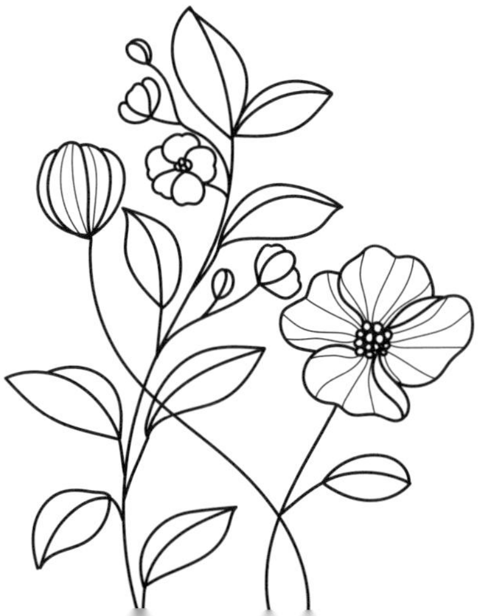

Ärmel

Etwa in der Mitte der Achsel Faden mit Km aufnehmen. Rechte Seite zeigt nach außen.

Rd 1 (Grund-Rd): 6 (6, 6, 7, 7) (8, 9, 9, 10) eSm in gleichmäßigen Abständen bis 1. MM, eSm in nächste 36 (38, 39, 41, 46) (53, 57, 62, 61) Ärmel-M bis einschließlich 2. MM, 6 (6, 6, 7, 8) (8, 9, 10, 10) eSm in gleichmäßigen Abständen bis Rd-Ende. [48 (50, 51, 55, 61) (69, 75, 81, 81) eSm]

eSm gleich in 1. eSm der Grund-Rd, ab jetzt spiralförmig weiter.

MM als Markierung des Rd-Anfangs etwa in die Mitte setzen. Der MM wird beim Häkeln etwas von der Mitte weg wandern; nach Bedarf neu setzen. Dabei am Fadenende vom Anfang orientieren.

Rd 2–5: eSm in alle M bis Rd-Ende.

Rd 6: 2 eSm zus, eSm in alle M bis Rd-Ende. [47 (49, 50, 54, 60) (68, 74, 80, 80) eSm]

Rd 7–11: eSm in alle M bis Rd-Ende.

Rd 12: 2 eSm zus, eSm in alle M bis Rd-Ende. [46 (48, 49, 53, 59) (67, 73, 79, 79) eSm]

Rd 7–12 noch 4 (4, 4, 4, 4) (11, 11, 11, 11)-mal wdh. [42 (44, 45, 49, 55) (56, 62, 68, 68) eSm]

Nächste 27 (27, 27, 27, 27) (3, 3, 3, 3) Rd: eSm in alle M.

Nur Größe XS, S, M, L, XL: Rd 6–11 noch 3-mal wdh. [39 (41, 42, 46, 52) (x, x, x, x) eSm]

Angepasst: Die Ärmel sollen hier dreiviertellang sein. Für lange Ärmel weiter eSm in alle M bis zur gewünschten Länge. Du kannst weiterhin etwa in jeder 6. R abnehmen, damit die Ärmel am Handgelenk anliegen. Während des Häkelns wiederholt anprobieren, damit Umfang und Länge passen. Alle Veränderungen notieren und 2. Ärmel ebenso behandeln.

Alle Größen: Bei zufriedenstellender Ärmellänge Km in die letzten 3 M, Faden abschneiden.

Alle Instruktionen für den 2. Ärmel wdh.

Fadenenden vernähen und den Pullover in den Maßen spannen, die auf Seite 154 in der Größentabelle stehen.

Garnet Bay
Cold-Shoulder-Pullover

Einfach

Der Name »Cold-Shoulder« erklärt sich von selbst; die geschmackvoll hervorblitzenden Schultern machen das Stück modern und ungewöhnlich. Weite, feminine Ärmel knapp bis zum Handgelenk, die nach oben enger werden, ziehen den Blick kunstvoll auf die nackten Schultern. Dieses Design betont die offenen Partien, an denen der Pullover nicht existiert.

Wie tief VT und RT ausgeschnitten sind, kann genau nach Geschmack angepasst werden. Falls dir die Entscheidung schwerfällt, mach einfach beides: Der Pullover kann nach vorne und hinten getragen werden, also kannst du an VT und RT unterschiedlich tiefe Ausschnitte häkeln und hast damit beide Looks in einem Stück. Garnet Bay kann ein charmanter Pullover für Festtage sein, ein luftiges Sommer-Top, oder du lässt die Ärmel ganz weg und machst ein schickes Tanktop daraus.

Aufbau

Der Körper wird von unten nach oben nahtlos in Rd gehäkelt. Dann wird er in VT und RT aufgeteilt, die später mit schmalen Trägern verbunden werden. Die Ärmel werden gesondert gehäkelt und dann an der Achsel angesetzt. Zuletzt werden die Schulterausschnitte gleichmäßig mit ein paar Abschlussrunden umhäkelt.

Material

Garn:
Fein (Sport) – Premier Cotton Fair in der Farbe Succulent (52 % Baumwolle, 48 % Acryl)

290 m/100 g

Bei yarnsub.com (englischsprachig) kannst du passende Ersatzgarne finden.

Verbrauch:
5 (6, 6, 7, 7) (7, 8, 8, 9) Knäuel oder 1326 (1464, 1555, 1738, 1852) (1966, 2126, 2218, 2355) m

Anmerkung: Günstig!

Premier Cotton Fair kann durch jedes beliebige feine Garn ersetzt werden, mit dem die Maschenprobe stimmt. Es muss bei diesem Modell auch nicht unbedingt Baumwollgarn sein.

Häkelnadel:
3,5 mm oder andere Stärke gemäß Maschenprobe

Zubehör:
Stopfnadel, offene MM

Maschenprobe:
10 x 10 cm = 18,5 M und 18 R im Muster (Instruktionen s. unten)

Probestück:
22 Lm.

R 1: fM in 2. Lm ab Nadel, *Stb in nächste Lm, fM in nächste Lm; ab * bis R-Ende wdh, wenden.

R 2: 1 Lm, fM in 1. fM, *Stb in nächstes Stb, fM in nächste fM; ab * bis R-Ende wdh, wenden.

R 2 wdh bis mindestens 22 R.

Probestück spannen. Für möglichst exakte Messwerte innenliegende 10 cm des Probestücks abmessen (ohne Rm).

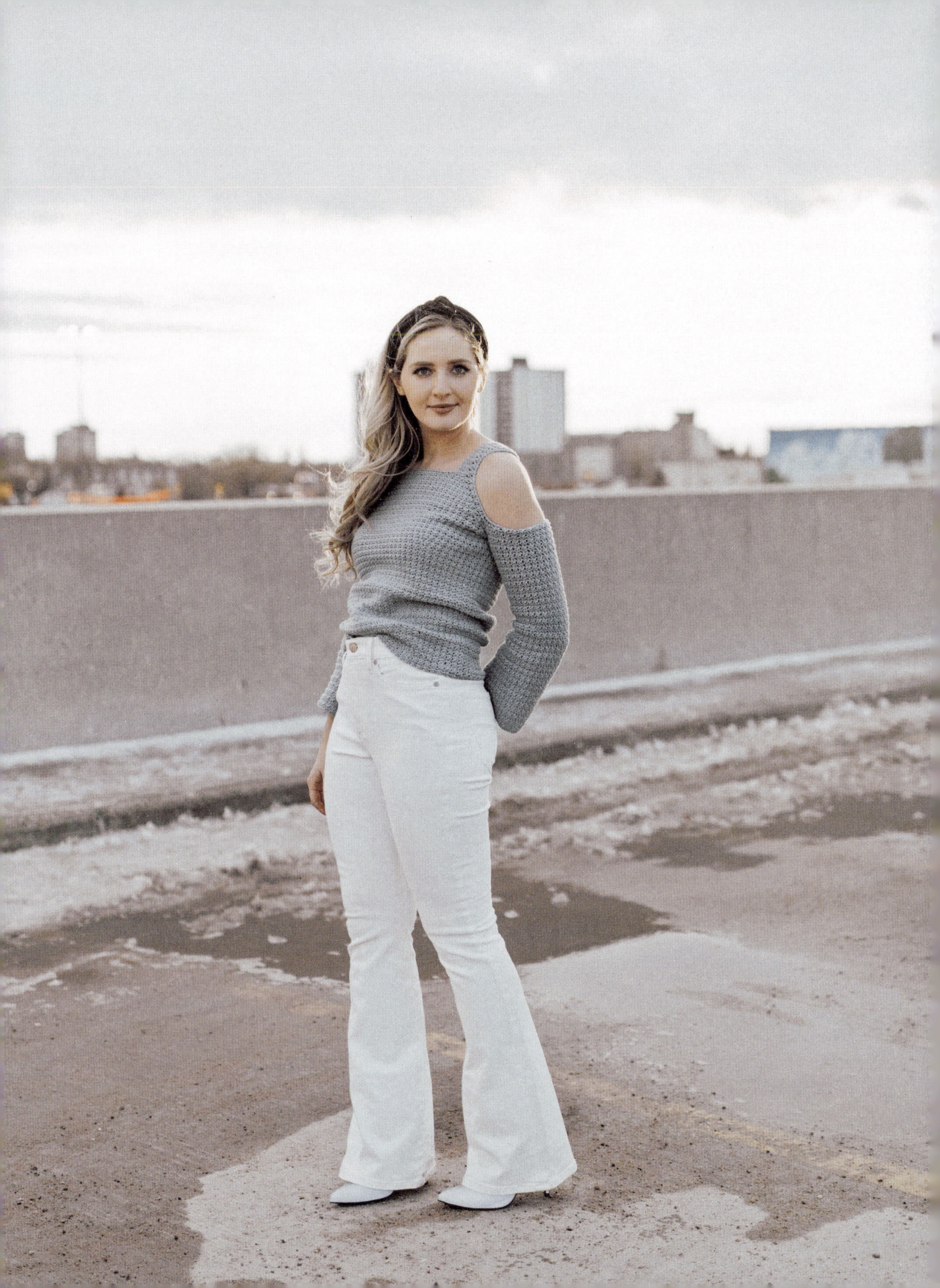

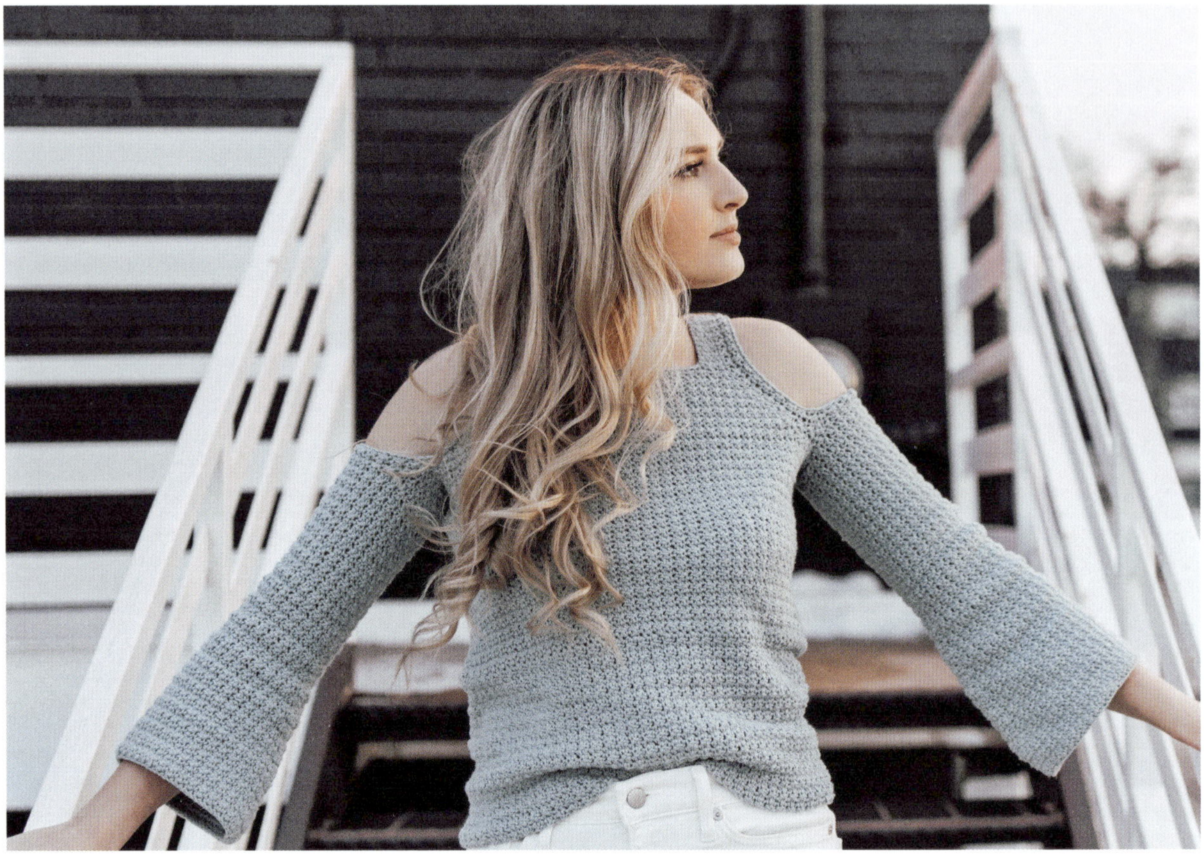

Aufbauschema

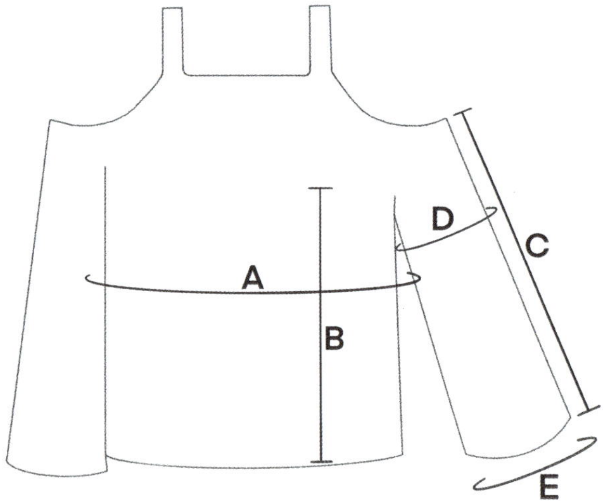

Größentabelle Garnet Bay

	A Brustumfang fertiges Stück	B Länge Körperpartie ab Achsel	C Ärmellänge ab Achsel	D Umfang Oberarm	E Umfang Handgelenk
XS	74 cm	43 cm	41 cm	25 cm	41 cm
S	85 cm	43 cm	41 cm	25.5 cm	41 cm
M	94 cm	43 cm	41 cm	28 cm	41 cm
L	104 cm	43 cm	41 cm	30 cm	42.5 cm
XL	116 cm	43 cm	41 cm	34 cm	42.5 cm
2XL	124 cm	43 cm	41 cm	39 cm	43 cm
3XL	136 cm	43 cm	41 cm	43 cm	43 cm
4XL	144 cm	43 cm	41 cm	47 cm	44 cm
5XL	155 cm	43 cm	41 cm	47 cm	44 cm

Die Tabelle zeigt die Maße des fertigen Pullovers. Er soll körpernah getragen werden und etwa +/- 2,5 cm Bewegungszugabe (keinesfalls mehr) haben. Richte dich nach dem Brustumfang für das fertige Stück in der Tabelle und wähle eine Größe +/- 2,5 cm deines tatsächlichen Brustumfangs. Beispiel: Das Model ist 163 cm groß, hat einen Brustumfang von 86 cm und trägt Größe S mit einem Brustumfang von 84 cm. Bei Zwischengrößen orientiere dich nach unten.

Weitere Infos (auf Englisch) und Tester:innen-Fotos findest du auf knitsnknots.ca/garnet-bay.

ABKÜRZUNGEN

Abn/abg: Abnahme/abgenommen
FafM: Fußschlingenanschlag mit festen Maschen (S. 174)
fM: feste Masche(n)
2 fM zus: 2 feste M zusammenhäkeln
Km: Kettmasche(n)
Lm: Luftmasche(n)
LmK: Luftmaschenkette
M: Masche(n)
MM: Maschenmarkierer
Muster ff: Muster fortführen – fM in alle fM, Stb in alle Stb
R: Reihe(n)
Rd: Runde(n)
Rm: Randmasche(n)
RT: Rückenteil
Stb: Stäbchen
ü: überspringen
VT: Vorderteil
wdh: wiederholen
Zun/zug: Zunahme/zugenommen

Anleitung

Körper

Rd 1: FafM: 135 (155, 171, 191, 211) (227, 247, 263, 283) M, Rd mit Km in 1. M schließen, wenden.

> *Anmerkung:* Körper und beide Ärmel werden einzeln in Rd gehäkelt. Jede Rd mit Km in 1. M schließen, dann wenden und nächste Rd in die andere Richtung häkeln.

Rd 2: 1 Lm, fM in 1. M, *Stb in nöchste M, fM in nächste M; ab * bis R-Ende wdh, Rd mit Km in 1. M schließen, wenden. [135 (155, 171, 191, 211) (227, 247, 263, 283) M]

Rd 3: 1 Lm, fM in 1. fM, *Stb in nächtes Stb, fM in nächste fM; ab * bis R-Ende, Rd mit Km in 1. fM schließen, wenden.

Rd 3 wdh bis insgesamt 77 Rd oder bis zur gewünschten Länge ab Achsel. Das Stück wiederholt anhalten und wenn die gewünschte Länge erreicht ist, fortfahren.

Jetzt Körper in VT und RT aufteilen.

VT

R 1: 1 Lm, Km in erste 10 (12, 14, 16, 16) (18, 20, 20, 20) M, 1 Lm, fM in nächste fM, MM in diese fM, um neuen Rd-Anfang zu markieren, *Stb in nächste M, fM in nächste M; ab * 22 (25, 27, 30, 35) (37, 40, 44, 49)-mal wdh. Hier 19 (23, 29, 31, 33) (37, 39, 41, 41) abzählen und MM in letzte abgezählte M. Diese sollte ein Stb sein. (Hier geht es weiter, wenn das RT gehäkelt wird), wenden. [47 (53, 57, 63, 73) (77, 83, 91, 101) M]

R 2: 1 Lm, 1. fM ü, Stb in nächstes Stb, *fM in nächste fM, Stb in nächstes Stb; ab * wdh bis noch 1 M offen, letzte fM ü, wenden. [2 M abg]

R 3: 1 Lm, 1. Stb ü, fM in nächste fM, *Stb in nächstes Stb, fM in nächste fM; ab * wdh bis noch 1 Stb offen, letztes Stb ü, wenden. [2 M abg]

R 2 und 3 wdh bis zur gewünschten Länge, dann Faden abschneiden. Die Länge kann beliebig variiert werden, da die Träger nach deinen Maßen und nach der Länge von VT und RT gehäkelt werden.

RT

Häkelnadel in markiertes Stb einstechen und mit neuem Faden Km häkeln. Die 1. fM in R 1 wird in die fM nach der Km gehäkelt.

R 1: 1 Lm, fM in nächste fM, *Stb in nächstes Stb, fM in nächste fM; ab * 23 (26, 27, 31, 34) (37, 42, 44, 48)-mal wdh, wenden. [49 (55, 57, 65, 71) (77, 87, 91, 99) M]

R 2: 1 Lm, 1. fM ü, Stb in nächstes Stb, *fM in nächste fM, Stb in nächstes Stb; ab * wdh bis noch 1 fM offen, letzte fM ü, wenden. [2 M abg]

R 3: 1 Lm, 1. Stb ü, fM in nächste fM, *Stb in nächstes Stb, fM in nächste fM; ab * wdh bis noch 1 Stb offen, letztes Stb ü, wenden. [2 M abg]

R 2 und 3 wdh bis zur gewünschten Länge. Faden später für den 1. Träger weiterbenutzen. Die Länge kann beliebig variiert werden, da die Träger nach deinen Maßen und nach der Länge von VT und RT gehäkelt werden.

> *Angepasst:* VT und RT können unterschiedlich tiefe Ausschnitte haben und sind umkehrbar zu tragen, du hast also nach Belieben zwei verschiedene Ausschnitte in einem Pullover.

Pullover mehrfach anprobieren, um zu sehen, wie lang die Träger zwischen VT und RT sein müssen. Diese Länge notieren. Bedenke, dass die Träger sich beim Tragen dehnen können, es ist also besser, sie etwas kürzer zu machen als in der eigentlich gewünschten Länge.

Träger

Anmerkung: Die Träger werden so gearbeitet: Pullover anprobieren und eine LmK in der gewünschten Trägerlänge häkeln. VT und RT werden in gewünschter Länge gehäkelt. Dies bietet viel Raum für Kreativität und das Top kann sehr passgenau sein. Nicht allzu viel über die Länge der Träger nachdenken – einfach eine LmK häkeln, mit deren Länge du zufrieden bist. Dann in die LmK nach Muster arbeiten. Hier ist es nicht wichtig, ob die R mit fM oder Stb endet.

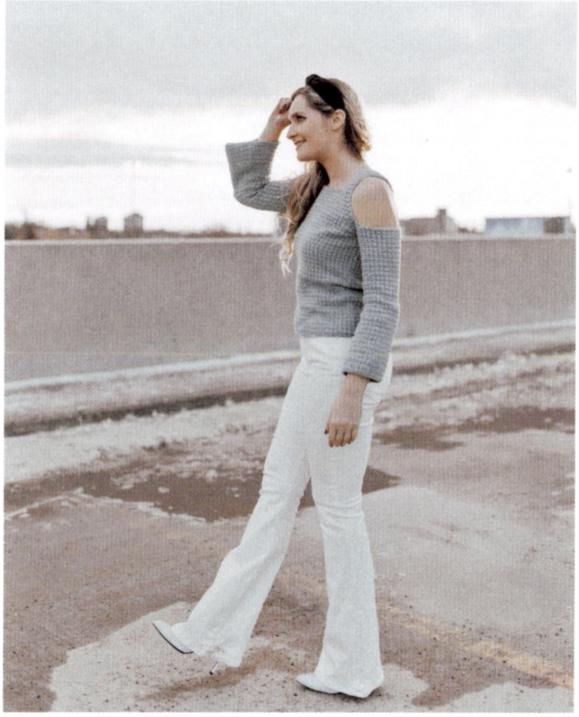

Mit dem gleichen Faden eine LmK in der gewünschten Länge der Träger häkeln, Km in die entsprechende M an der Oberkante des VT, um RT und VT zu verbinden. Es spielt keine Rolle, ob es eine gerade oder ungerade Anzahl Lm ist. Notiere dir nur die Zahl, um einen identischen Träger an der anderen Seite häkeln zu können. Km in die nächste M der letzten R des VT, wenden und in der gerade gehäkelten R zurückarbeiten.

R 1: Km ü, fM in 1. Lm, *Stb in nächste Lm, fM in nächste Lm; ab * bis LmK-Ende wdh. Es kann sein, dass der Rapport nicht komplett wdh werden kann. Km in die nächsten 2 M in der obersten R des RT, wenden und in die gerade gehäkelte R arbeiten.

R 2: Km ü, Muster weiterführen bis Trägerende, Km in nächste 2 M der obersten R des VT, wenden und in die gerade gehäkelte R zurück arbeiten.

R 3–5: R 2 noch 3-mal wdh oder bis der Träger 2,5 cm weniger breit ist als die gewünschte Breite.

Bedenke, dass auf der anderen Seite der LmK die gleiche Breite noch einmal gehäkelt wird, nachdem die Ärmel angehäkelt wurden. Der Träger muss dehalb etwa 2,5 cm schmaler sein als endgültig gewünscht.

Faden abschneiden.

Für den 2. Träger den Faden an der gegenüberliegenden Ecke des VT oder RT aufnehmen und nach den Instruktionen für den 1. Träger vorgehen.

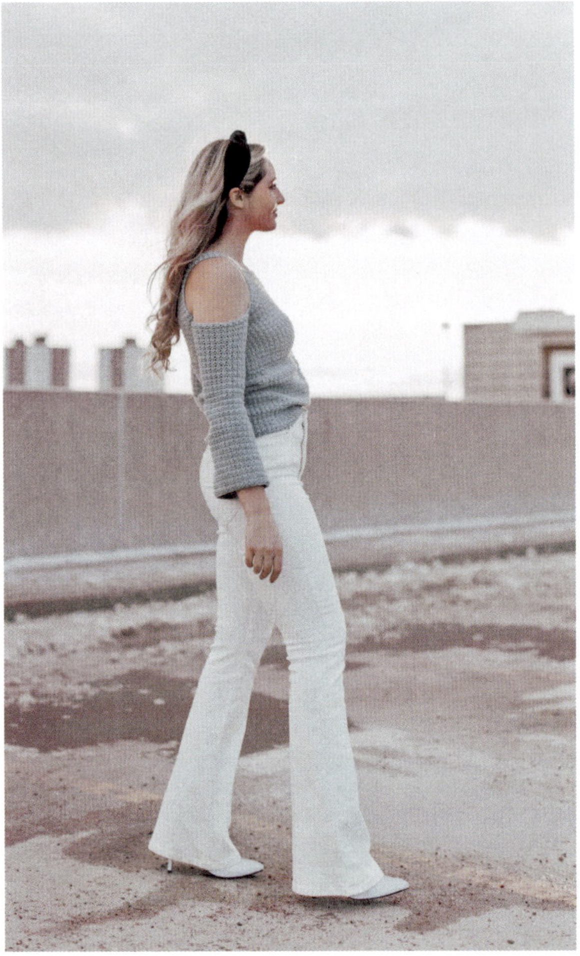

Ärmel (2 Stück)

Die Ärmel werden von unten nach oben gehäkelt: Sie beginnen am weitesten Punkt, werden zum Ellbogen hin schmaler und am Oberarm wieder weiter.

Rd 1: FafM: 75 (75, 75, 77, 77) (79, 79, 81, 81) M, Rd mit Km in erste M schließen, wenden.

Rd 2: 1 Lm, fM in 1. M, *Stb in nächste M, fM in nächste M; ab * bis Rd-Ende wdh, mit Km schließen, wenden. [75 (75, 75, 77, 77) (79, 79, 81, 81) M]

Beim restlichen Ärmel die Rd gemäß deiner Größe so häkeln:

Abn-Rd so häkeln: 1 Lm, 1. M ü, Muster ff bis noch 1 M offen, letzte M ü, schließen mit Km in 1. M, wenden. [2 M abg]

Zun-Rd so häkeln: 1 Lm, 2 M in 1. M häkeln, Muster ff bis Rd-Ende, noch 1 M in letzte M, dabei Muster beibehalten, mit Km schließen, wenden. [2 M zug]

Anmerkung: Bei der Zun einer M am Rd-Anfang die 1. M der R davor betrachten. Ist es eine fM, beginnt diese Rd so: 1 Lm, (Stb, fM) in erste fM, Stb in nächstes Stb, fM in nächste fM etc. Ist die 1. M ein Stb, beginnt die Rd so: 1 Lm, (fM, St) in 1. Stb, fM in nächste fM, Stb in nächstes Stb etc. So bleibt das etablierte Muster unverändert. Es kommt nur etwas hinzu.

Alle Rd ohne Zun oder Abn werden so gehäkelt: 1 Lm, weiter in Mu bis Rd-Ende, schließen mit Km, wenden.

Arbeite nur nach der Anleitung für deine Größe; Die Anzahl der Rd wird einschließlich der zwei gerade gehäkelten Rd angegeben.

Abn-Rd

Alle Rd nach Muster, Abn in Rd 16, dann Abn in allen Rd mit gerader Zahl bis einschließlich Rd 44 (42, 38, 42, 40) (38, 38, 40, 40), dann alle Rd gemäß Muster bis einschließlich Rd 72 (72, 72, 51, 41) (39, 39, 41, 41). [45 (47, 51, 49, 51) (55, 55, 55, 55) M]

Größe XS, S und M: Der Ärmel ist jetzt fertig. Für längere Ärmel letzte Rd wdh bis zur gewünschten Länge. Faden mit 30 cm langem Restfaden zum Annähen des Ärmels an den Körper abschneiden.

Alle weiteren Größen: weiter bei »Zun-Rd«.

Zun-Rd
Alle Rd gemäß Muster weiter, Zun in Rd x (x, x, 52, 42) (40, 40, 42, 42) und danach in allen Rd mit gerader Zahl bis einschließlich Rd x (x, x, 56, 52) (54, 62, 68, 68), dann alle Rd gemäß Muster bis einschließlich Rd 72. [x (x, x, 55, 63) (71, 79, 83, 83) M]

Für längere Ärmel die letzte Rd wdh bis zur gewünschten Länge. Der Ärmel ist jetzt in allen Größen fertig. Faden mit 30 cm Restfaden zum Annähen des Ärmels an den Körper abschneiden.

Ärmel ansetzen

Beide Ärmel an den Achseln anlegen. Nähte in der Mitte der Achsel mit MM fixieren. Mit dem 30 cm Restfaden und Stopfnadel unter der Achsel so annähen, dass insgesamt 10–13 cm vom Ärmel am Körper befestigt sind. Pullover anprobieren und ggf. anpassen.

Cold-Shoulder-Abschluss-Rd
Als Nächstes wird an der Schulteröffnung entlanggehäkelt, um Ärmel und Körper weiter zu verbinden. So werden die Ärmel einheitlich am Pullover befestigt. Beidseitig gibt es einige Abn an den Stellen, an denen Ärmel und Körper verbunden sind. Beim Arbeiten an den Öffnungen gibt es keine offensichtlichen Einstichstellen, platziere diese also einfach nach Gutdünken. Beachte, dass hier weniger M besser sind als zu viele, da diese Abschluss-Rd dazu da sind, das Stück fester und enger anliegend zu machen. Hier darf nicht zu locker gehäkelt werden.

Mit Km neuen Faden aufnehmen an der Stelle, an der der Ärmel am Körper angesetzt wird, sodass du zuerst am Ärmel entlanghäkelst.

Rd 1: 1 Lm, Muster ff bis zur Ansatzstelle des anderen Ärmels, dann Muster ff am Körper, am Träger und an der anderen Seite des Körpers entlang und zurück zum Ausgangspunkt, Rd mit Km in 1. M schließen, wenden.

Rd 2: 1 Lm, 1. M ü, Muster ff bis zu einem Stb knapp vor anderer Ansatzstelle, 2 fM zus (2 nächste fM zus), das Stb dazwischen ü, dann Muster ff bis Rd-Ende, wenden.

Rd 2 noch 2-mal wdh. Anprobieren. Wenn die Schulteröffnungen kleiner oder enger sein sollen, weitere Rd häkeln, dabei nach Belieben abnehmen. Bei diesen Abschluss-Rd ist es nicht wichtig, das Muster perfekt beizubehalten, es kann beliebig abgenommen werden. Eine kleinere Häkelnadel kann die Rd auch fester machen.

An der zweiten Schulter wdh.

Fadenenden vernähen und und den Pullover in den Maßen spannen, die auf Seite 163 in der Größentabelle stehen.

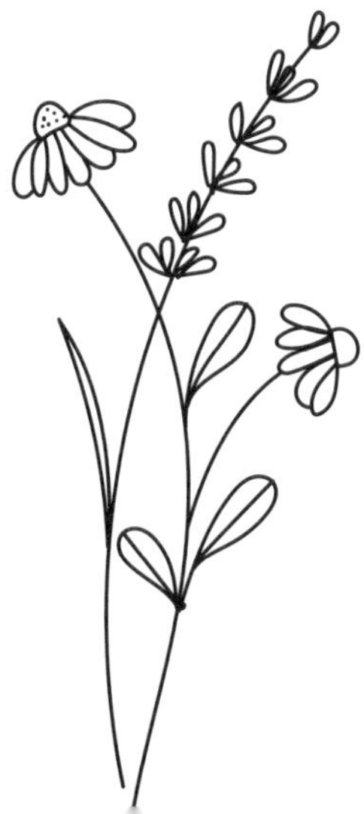

Anleitungen lesen für Einsteiger

Anleitungen mit Instruktionen für neun Größen zu lesen ist gewöhnungsbedürftig. Auf den ersten Blick können die vielen Zahlen verwirrend wirken; dann ist es hilfreich, dir bewusst zu machen, dass die Zahlen für deine Größe ganz einfach sind. Du kannst sie einkreisen. Falls du nicht ins Buch kritzeln willst, kannst du die Anleitung abfotografieren und digitalisieren oder ausdrucken und dann darauf schreiben.

Es gibt alle Anleitungen in neun Größen von XS bis 5XL, mit Ausnahme einiger Modelle im Übergrößen-Look, bei denen zwei bis drei Größen in einer Größenkategorie zusammengefasst sind. Diese Größen sind so notiert: XS (S, M, L, XL) (2XL, 3XL, 4XL, 5XL). Beim Umsetzen der Anleitung arbeitest du nur nach den für deine Größe zutreffenden Zahlen, beispielsweise:

fM in die nächsten 3 (4, 5, 6, 7) (8, 9, 10, 11) M.

Diese Instruktion besagt, dass für Größe XS in die nächsten 3 M 3 fM gehäkelt werden, für Größe L in die nächsten 4 M 4 fM, und für Größe 5XL 11 fM in die nächsten 11 M. Ich habe die Größen in zwei eingeklammerte Gruppen aufgeteilt, damit es einfacher für dich ist, deine Größe zu finden. Die Zahl vor der Klammer ist die für Größe XS gültige, in der ersten Klammer steht Größe S bis XL und in der zweiten 2XL bis 5XL. Wenn du weißt, wo deine Größe steht, wird es dir in Fleisch und Blut übergehen, nur die für dich relevanten Zahlen zu verfolgen.

Wenn nur eine Zahl dasteht, gilt sie für alle Größen, beispielsweise:

hStb in alle M der nächsten 4 R.

Das bedeutet, dass für alle Größen halbe Stäbchen in alle M der nächsten 4 R gehäkelt werden.

Manchmal steht in der Anleitung, dass du bis zu einem bestimmten Messwert arbeiten sollst, und es ist keine Anzahl R genannt. Es sind immer cm-Werte angegeben, beispielsweise:

hStb in alle M bis 30 cm.

Das bedeutet, dass du hStb in alle M häkeln sollst, bis die Arbeit 30 cm misst.

Verwendete Symbole

[ ] Die Sequenz in Klammern so oft wdh wie angegeben.

Beispiel: [Stb in nächste M, fM in nächste M] 6 (6, 6, 6, 7) (7, 8, 8, 8)-mal wdh.

( ) Die Sequenz in Klammern in die gleiche M oder LmL häkeln.

Beispiel: (fM, 2 Lm, St) in nächste LmL.

* bezeichnet den Anfang einer Sequenz, die so oft wiederholt werden muss wie angegeben.

Beispiel 1: 1 Lm, fM in erste fM, *1 Lm, nächste LmL ü, fM in nächste fM; ab * bis R-Ende wdh, wenden.
Beispiel 2: 1 Lm, fM in nächste M, *Stb in nächste M, fM in nächste M; ab * 23 (26, 27, 31, 34) (37, 42, 44, 48)-mal wdh, wenden.

Instruktionen zwischen Sternchen bedeutet, dass die Sequenz zwischen den Sternchen so oft wiederholt werden muss wie angegeben.

Beispiel: 1 Lm, fM in erste fM, *1 Lm, nächste LmL ü, fM in nächste fM*; ab * bis * Ende Seite 1, bis noch 1 LmL und 1 fM offen sind.

Techniken

Nähte schließen

Bei den meisten Anleitungen im Buch muss ein bisschen genäht werden – Teile annähen, Nähte schließen oder nur die Bündchen zusammennähen. Ich bevorzuge dafür den Überwendlingsstich, du kannst aber bei allen Anleitungen jeden beliebigen Nähstich verwenden. Mir pesönlich fällt der Überwendlingsstich am leichtesten, und er ist meist unsichtbar.

Überwendlingsstich

Schritt 1 Die eingefädelte Stopfnadel durch die zwei einander entsprechenden M an beiden Teilen stechen. Faden festziehen.

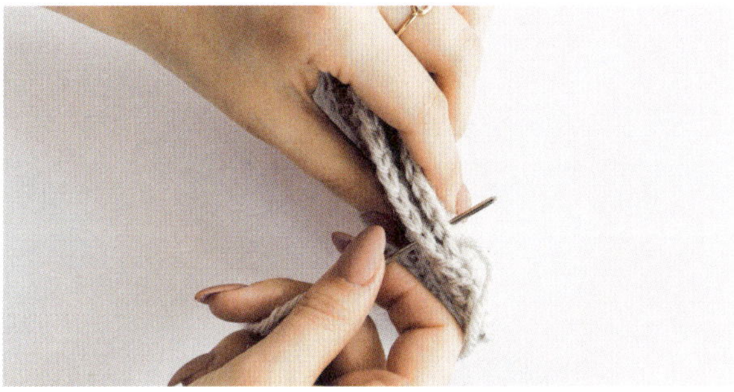

Schritt 2 Jetzt die Nadel in die nächsten beiden einander entsprechenden M einstechen, in der gleichen Richtung wie in Schritt 1.

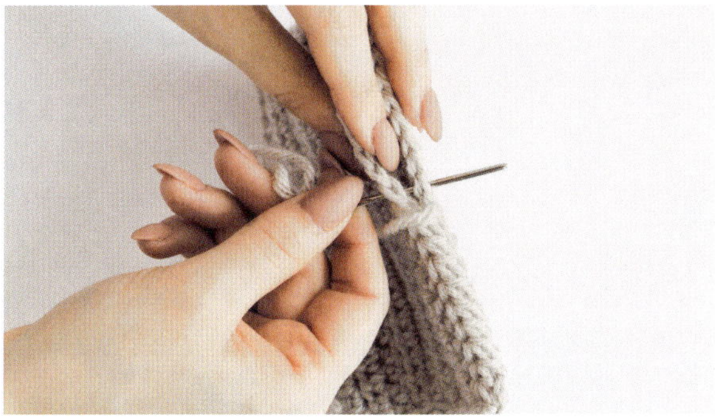

Schritt 3 Schritt 2 wdh, bis die Naht fertig ist.

Ausschnitt gleichmäßig umhäkeln

Bei manchen Anleitungen musst du einen Ausschnitt gleichmäßig umhäkeln. Meist gibt es hierbei keine eindeutigen Einstichstellen. Ausschnitte umhäkeln ist Gefühlssache, und du kannst deine M nach Gutdünken platzieren.

Meist fungiert diese Rd als Grund-Rd für ein Rippenmuster. Manchmal dient sie auch als Abschluss für ungleichmäßige Ränder.

In die Kante (oder Rm) von Rippenmustern und Ärmelbündchen häkeln

Die meisten von unten nach oben gehäkelten Stücke im Buch beginnen mit dem unteren Bündchen (meist im Rippenmuster) eines Teils, das die Breite des Kleidungsstücks bestimmt. Der nächste Schritt ist, den Körper zu beginnen, indem du in die Rm dieses Rippenmusters quer über die Breite des Kleidungsstücks arbeitest. Dabei entsteht eine R im rechten Winkel zur gerippten Partie. (Diese Technik gilt auch für von unten nach oben gehäkelte Ärmel, die am Handgelenk beginnen.)

Um in die Rm an einer Unterkante oder eines Rippenbündchens zu häkeln, musst du die Arbeit drehen, um an den Rm entlangzuhäkeln. Dabei stichst du in die Rm der gerade gehäkelten Reihen ein.

Entlang einer Rippenpartie aus fM hMg (feste Maschen ins hintere Maschenglied gehäkelt) häkelst du je 1 fM in jede Rm der gerade gehäkelten R.

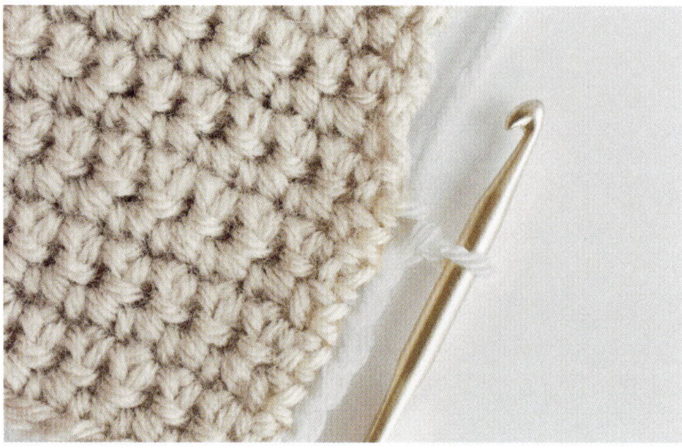

Es gibt keine genaue Einstichstelle beim Arbeiten in Rm, also gehst du nach Gefühl vor. Dies führst du entlang der gesamten Rippenpartie fort. Diese R sollte aus so viel M bestehen, wie es Rm an den R sind. Wenn es 50 R Rippenmuster waren, sollten es 50 fM sein, wenn du in jede Rm 1 fM gehäkelt hast.

Um in eine Unterkante mit hStb zu häkeln, musst du 3 hStb pro 2 R der Unterkante häkeln. Das hängt damit zusammen, dass hStb höher als breit sind und die Höhe von 2 hStb der Breite von 3 hStb entspricht. Beim Arbeiten in die Kante gehäkelter Gewebe gibt es grundsätzlich keine eindeutig zu bestimmende Einstichstelle. Mach es so gleichmäßig wie möglich nach Gefühl. Wichtig ist dabei, dass du am Ende die korrekte M-Anzahl erhältst.

Ich verwende gerne MM, um beim M-Zählen die Übersicht zu behalten und sicherzugehen, dass es der Anzahl der Reihen an der Kante entspricht, in die ich häkle. Wenn du einen Teil der Reihen entlang gearbeitet hast, kontrolliere die M-Anzahl und setze einen MM, damit du weißt, dass bis zu diesem Punkt alles stimmt.

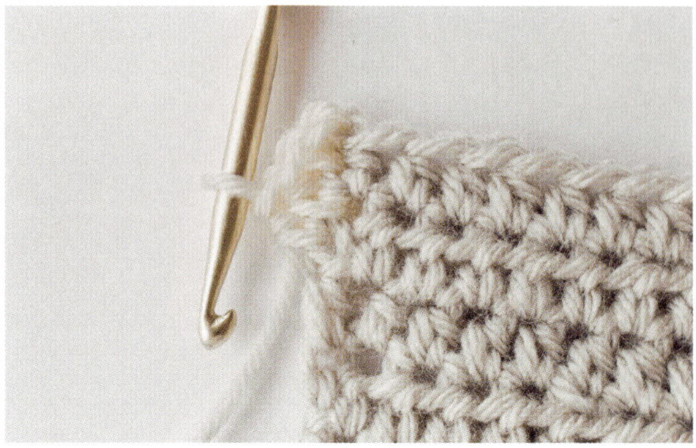

Nach 2 R der Kante solltest du 3 hStb gehäkelt haben. Nach 4 R Kante sollten es 6 hStb sein. Nach 10 R Kante sollten es 15 hStb sein usw.

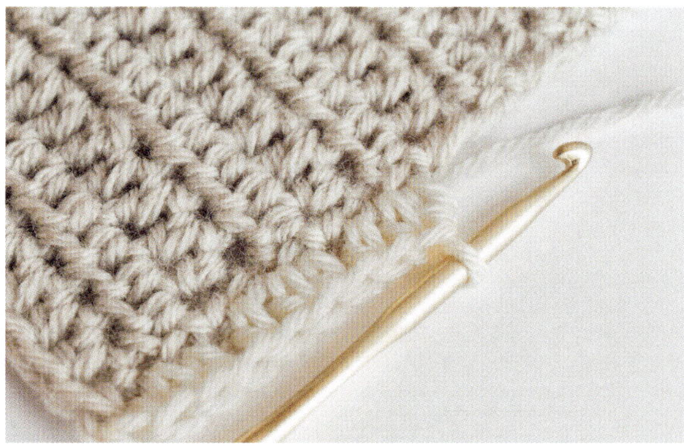

Rippenmuster aus erweiterten Kettmaschen (eKm)

Diese Technik kommt beim Colorblock-Pullover Fifty Below (S. 64) zum Einsatz. Die Masche wird größtenteils ins 3. Maschenglied gehäkelt und wird am Anfang und am Ende einer R mit Rippenmuster unter vMg und hMg eingestochen wie eine gewöhnliche M.

Schritt 1a: LmK häkeln.

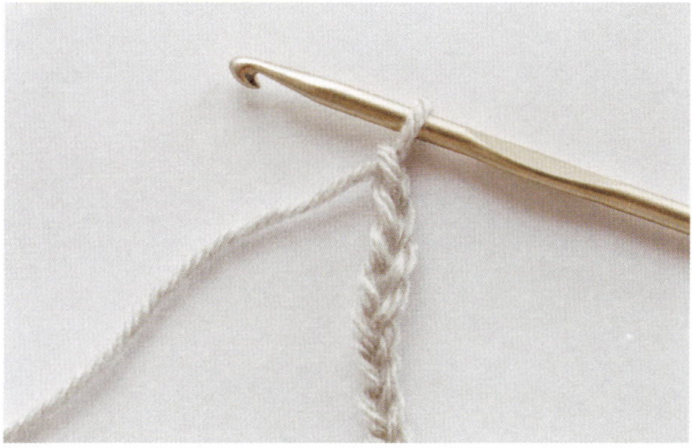

Schritt 2a: U, Nadel in 2. Lm ab Nadel einstechen.

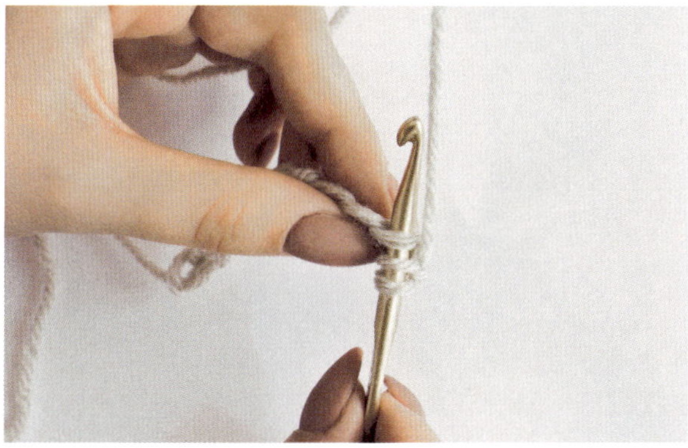

Schritt 3a: U, Schl durch M ziehen.

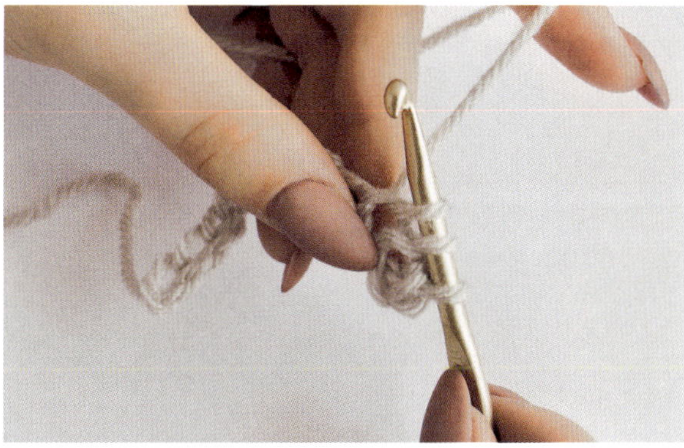

Schritt 4a: Faden gleich durch beide Schl auf der Nadel ziehen (erste eKm fertig).

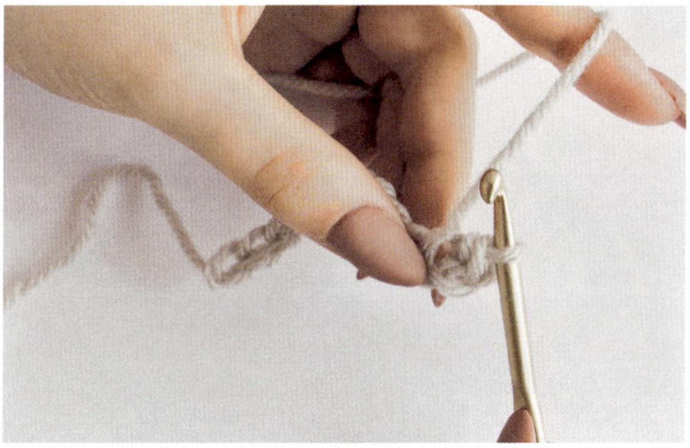

Restliche Reihe:

Schritt 1b: U, Nadel in nächste M einstechen, U.

Schritt 2b: Faden gleich durch beide Schl auf der Nadel ziehen.

Schritt 1b und 2b bis R-Ende wdh, wenden und in dieser R zurückhäkeln.

(wird fortgesetzt)

Alle weiteren Reihen:

Schritt 1c: 1 Lm, U, Nadel durch beide Glieder der ersten M ziehen, Faden durch die M und gleich durch alle Schl auf der Nadel ziehen.

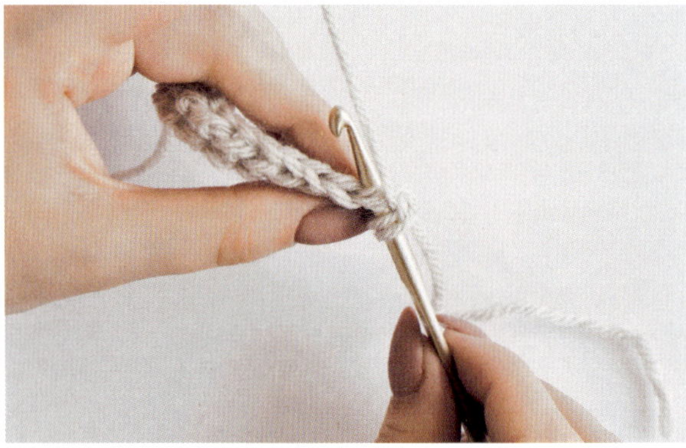

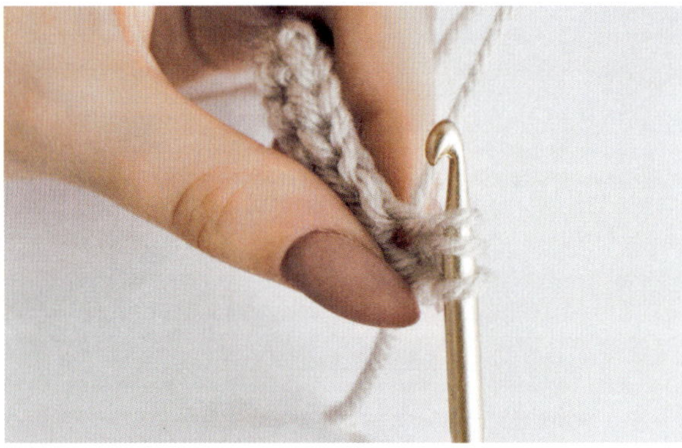

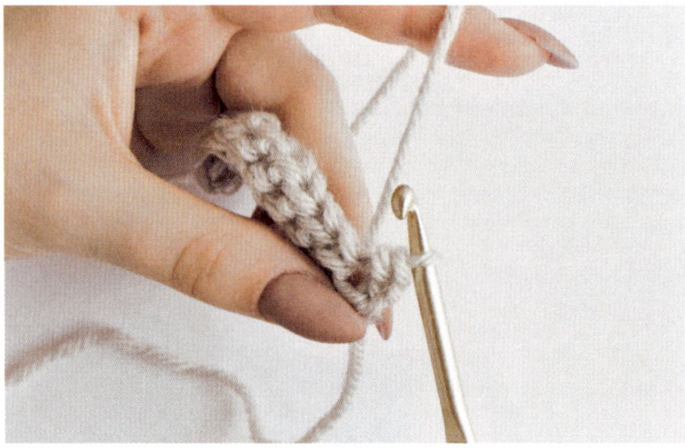

Schritt 2c: U, Nadel in 3. Schl der nächsten M einstechen (das Maschenglied, das ganz vorne in der Arbeit erscheint), Faden durch die M und gleich durch alle Schl auf der Nadel ziehen.

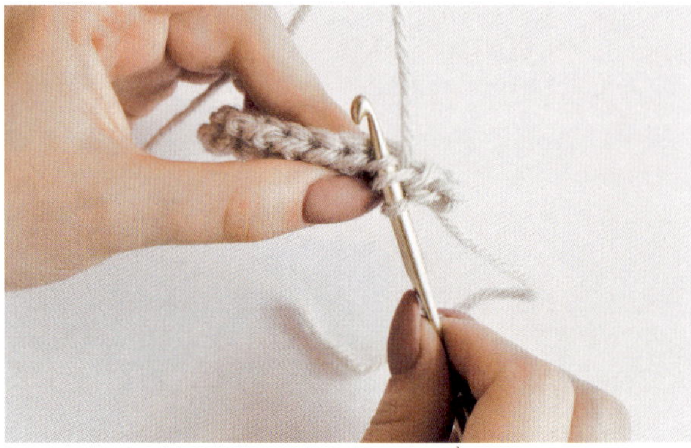

Schritt 3c: Schritt 2c bis R-Ende wdh, bis noch 1 M offen ist.

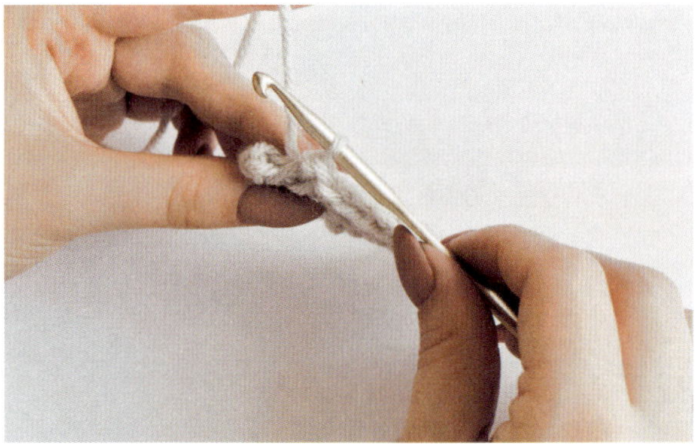

Schritt 4c: U, Nadel durch beide Glieder der M ziehen, Faden durch M und gleich durch alle Schl auf der Nadel ziehen wie in Schritt 1c. Wenden.

Schritte 1c–4c wdh, bis du die gewünschte Länge Rippenmuster fertig hast.

Angesetztes Rippenmuster

Mit dieser Technik fügt man an ein fertiges Stück ein Rippenbündchen an. Sie wird in vielen Anleitungen im Buch für Ärmelbündchen sowie Rippenbündchen an Unterkante und Ausschnitt benutzt.

Schritt 1: Eine LmK gemäß Anleitung häkeln. Hier sind es 10 Lm.

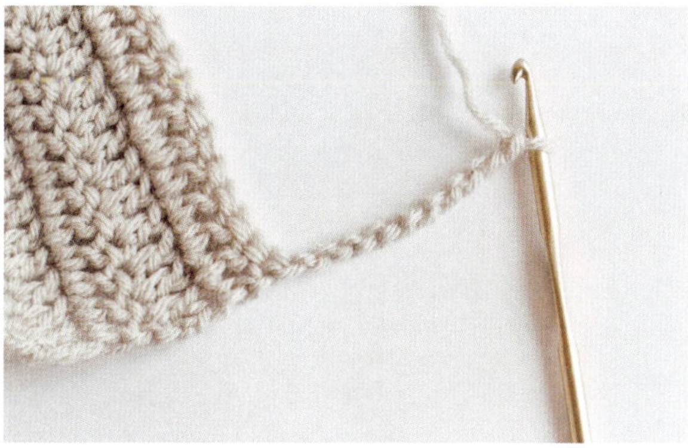

Schritt 2: Wenden und in diese LmK weiterhäkeln. fM in 2. Lm ab Nadel und alle Lm bis R-Ende. Nach diesem Schritt sind es 9 fM. Alle weiteren R enthalten 9 M.

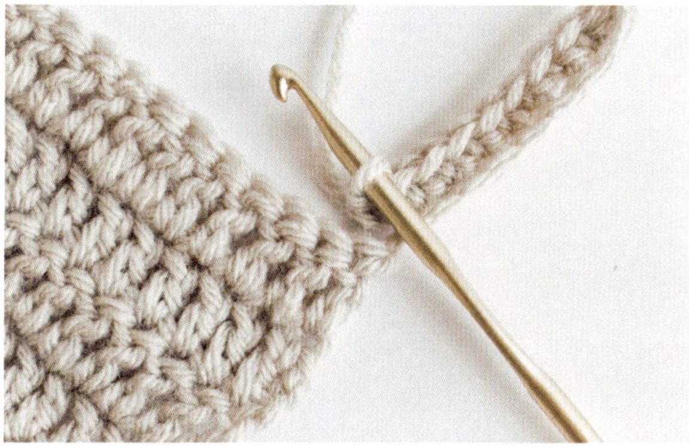

Schritt 3: Diese abstehende R Maschen wird mit Km in die nächsten beiden M an dem Teil, an das du anhäkelst, verbunden. Wenn es ein angesetztes Ärmelbündchen ist, Km in nächste 2 M der letzten Ärmel-Rd. So wird das neue Stück an das bestehende angefügt. M zählen, um sicherzugehen, dass die M-Anzahl stimmt und nicht versehentlich welche dazugekommen oder verschwunden sind.

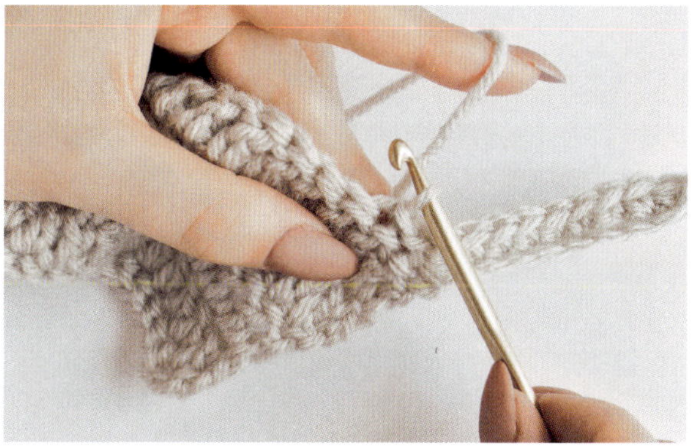

Schritt 4: Arbeit wenden und in die neue R zurückhäkeln. Dafür die zwei gerade gehäkelten Km ü und fM in die erste fM der neuen Rippen-R ins hintere Maschenglied (hMg) häkeln. Weiter fM hMg in alle fM bis R-Ende. Je nach Anleitung musst du die letzte M durch beide Glieder häkeln wie bei normalen fM und nicht ins hMg, damit die Kante gleichmäßiger aussieht, und manchmal musst du sie ins hMg häkeln, damit die Rippenpartie elastischer wird.

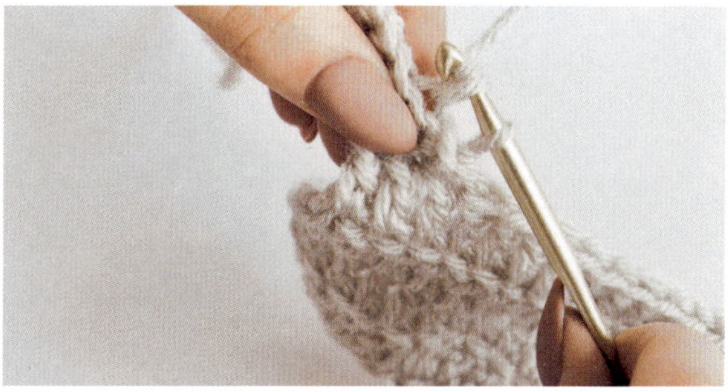

Schritte 2–4 wdh, bis die Rippenpartie die gewünschte Länge erreicht hat.
Beachte, dass Schritt 2 das Häkeln in eine LmK behandelt und nicht in eine R aus fM. Sobald du die Sequenz wdh, häkelst du aber in fM und nicht mehr in Lm.

Fadenenden vernähen

Dies wird normalerweise nicht eigens erklärt, aber da ich oft danach gefragt werde, beschreibe ich meine Methode:

Das Wichtigste ist, dass die Fadenenden sicher vernäht sind. Außerdem sollen sie unsichtbar sein.

Nach dem Fertigstellen den Faden abschneiden und mit einem Doppelknoten mit einer M in der Nähe sichern.

Um zu verhindern, dass das Ende auf der rechten Seite durchblitzt, das Garn mit der Stopfnadel in einzelne Fäden auftrennen und diese einzeln durch das Gewebe der Rückseite weben, damit sie sicher innen bleiben. Das Garn mehrfach in verschiedene Richtungen einziehen. Faden abschneiden und das Gewebe sanft in verschiedene Richtungen dehnen, um die Enden zu verstecken.

Bei Rippenpartien das Fadenende nach dem Doppelknoten mit der Stopfnadel um die einzelnen M schlingen, bis die Partie über dem Rippenmuster erreicht ist. Dort das Fadenende durch etwa die Hälfte der Fäden des Garns an der Innenseite des Kleidungsstücks ziehen. Den Faden abschneiden und das Gewebe sanft in verschiedene Richtungen ziehen, um die Enden zu verstecken.

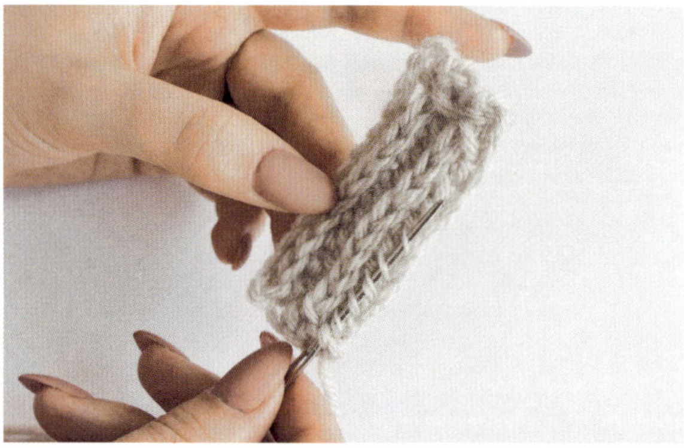

Fußschlingenanschlag

Alle Häkler:innen sollten die Fußschlingenanschläge kennen, die hier auch in den meisten Anleitungen vorkommen. Es ist eine Kombination aus Anfangs-Lm und der ersten R eines Projektes. So ein Anschlag ist ähnlich elastisch wie normale M – im Gegensatz zu Luftmaschenketten, die sehr fest sind und sich wesentlich weniger dehnen als alle anderen Maschen.

Fußschlingenanschlag mit fM (FafM)

Schritt 1a: 2 Lm.

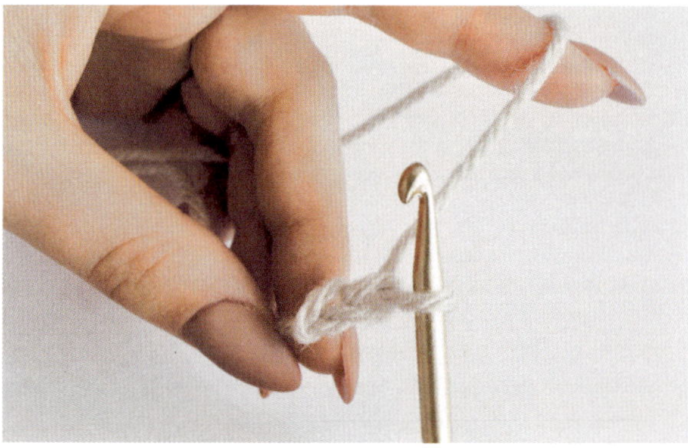

Schritt 2a: Nadel in die 2. Lm ab Nadel einstechen, U.

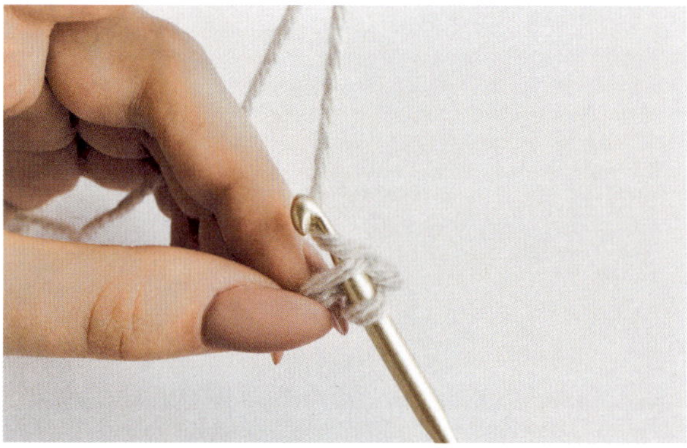

Schritt 3a: Faden durch M ziehen (2 Schl auf der Nadel).

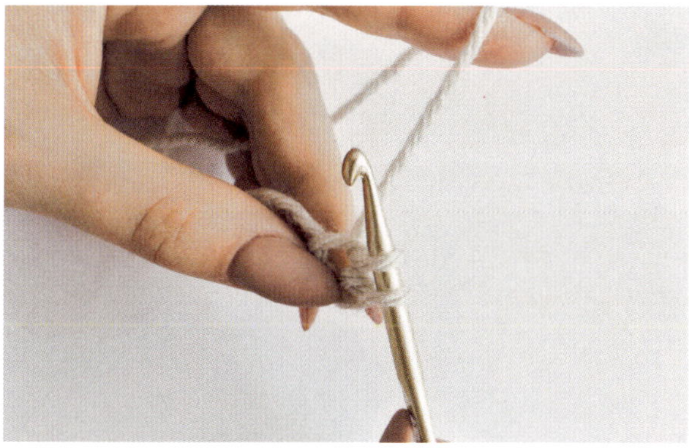

Schritt 4a: U, Faden durch 1 Schl auf der Nadel ziehen (so entsteht die erste Lm – die erste Hälfte des FafM).

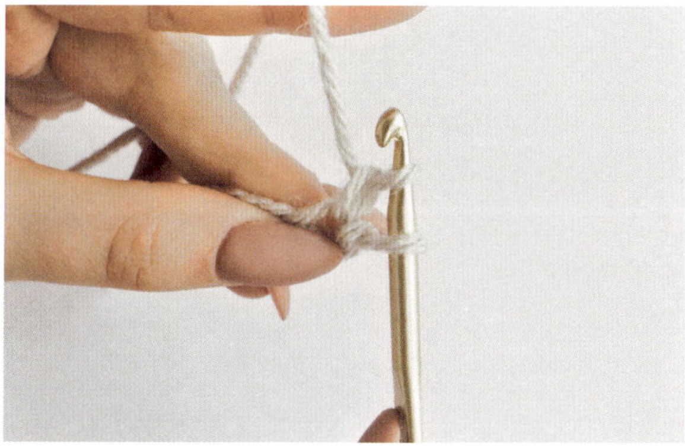

Schritt 5a: U, Faden durch die 2 Schl auf der Nadel ziehen (so entsteht die erste fM, die zweite Hälfte des FafM). FafM mit 1 fM ist jetzt fertig.

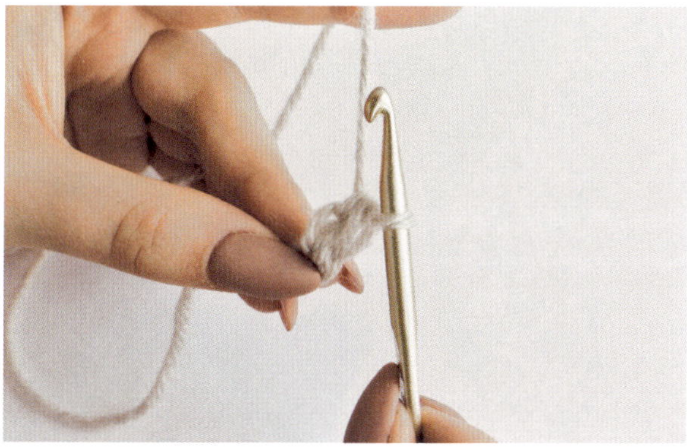

Für die nächste FafM-Masche:

Schritt 1b: Nadel unter die 2 Glieder der Lm unter der FafM davor einstechen.

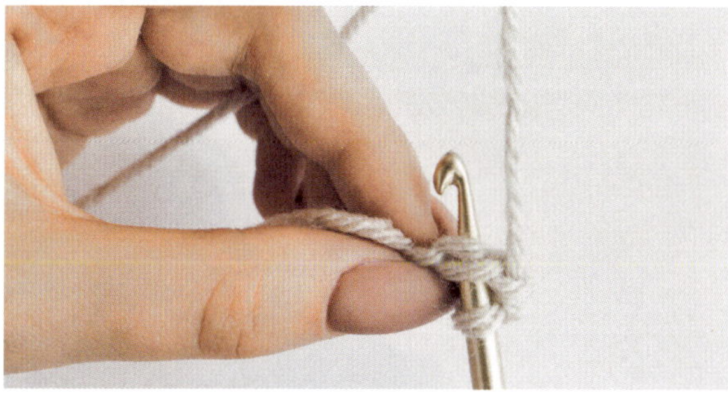

Schritt 2b: U und Faden durch M ziehen (2 Schl auf der Nadel).

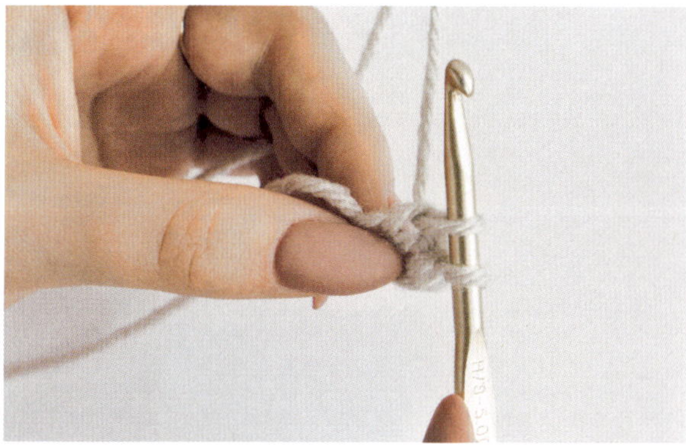

Schritt 3b: U und Faden durch 1 Schl ziehen (so entsteht die Lm).

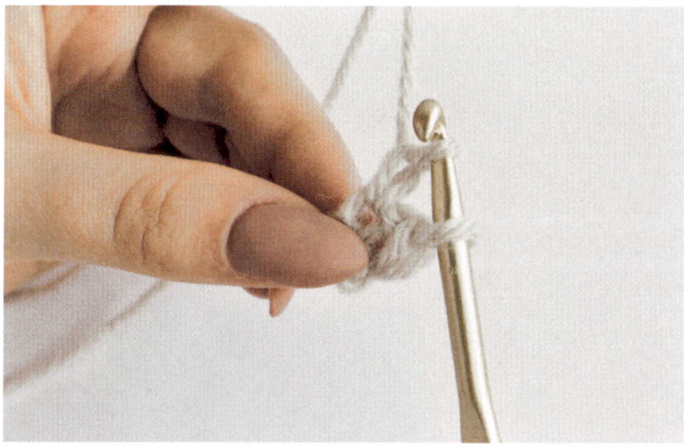

Schritt 4b: U und Faden durch 2 Schl ziehen (so entsteht die fM).

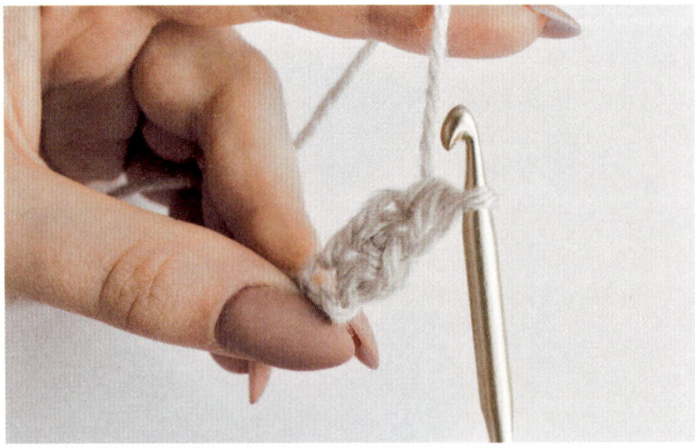

Schritt 1b–4b so oft wdh wie angegeben.

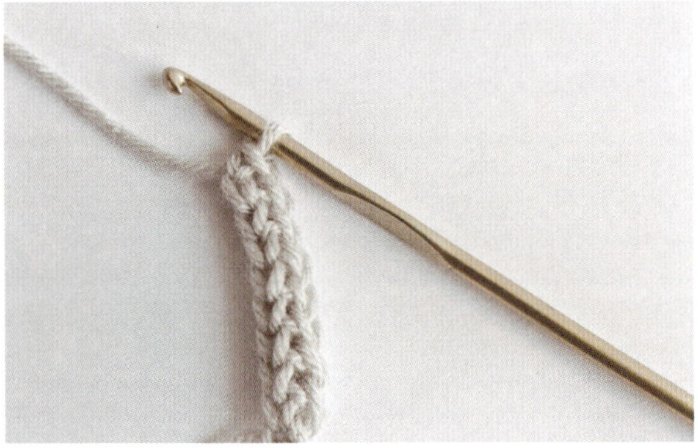

Fußschlingenanschlag mit hStb (FahStb)

Schritt 1a: 2 Lm.

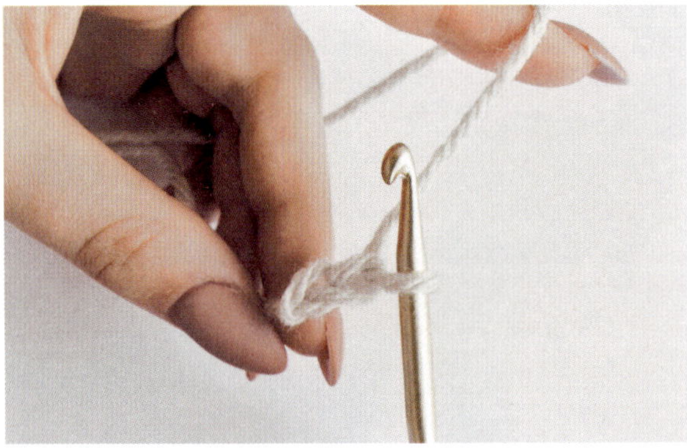

Schritt 2a: U, Nadel in 2. Lm ab Nadel einstechen.

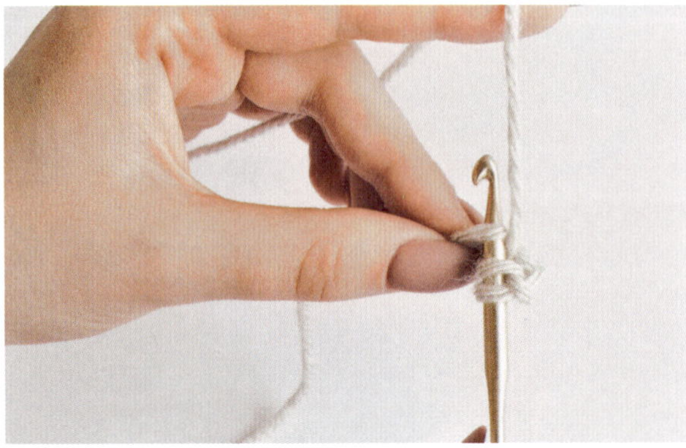

Schritt 3a: U, Faden durch M ziehen (3 Schl auf der Nadel).

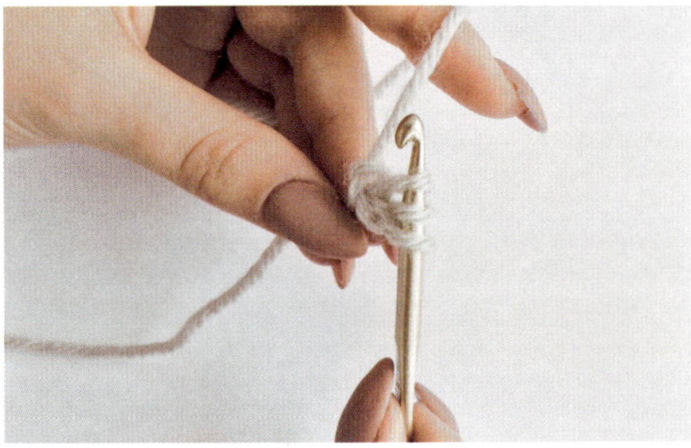

Schritt 4a: U und Faden durch 1 Schl ziehen (so entsteht der Lm-Anteil des FahStb).

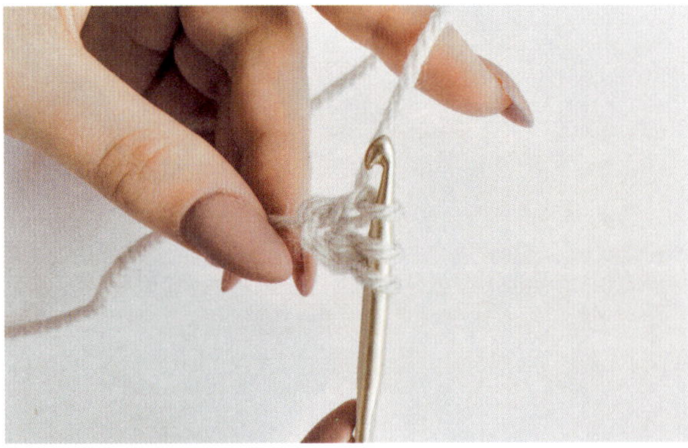

Schritt 5a: U und durch 3 Schl ziehen (so entsteht der HSt-Anteil der FahStb). Jetzt ist ein FahStb mit 1 hStb fertig.

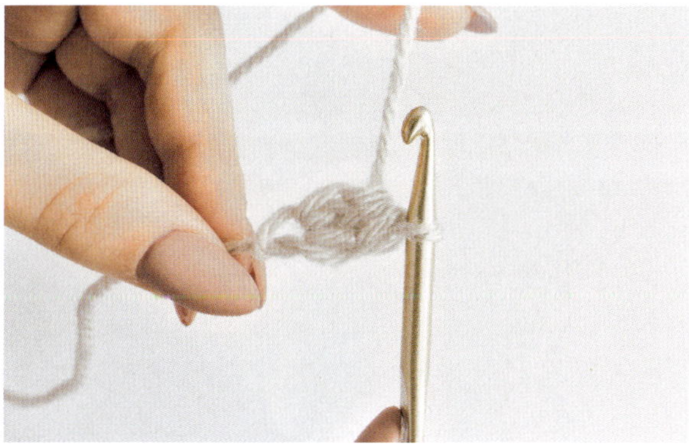

Für die nächste FahStb-Masche:

Schritt 1b: U, Nadel unter 2 Glieder der Lm unten an der FahStb-M davor einstechen.

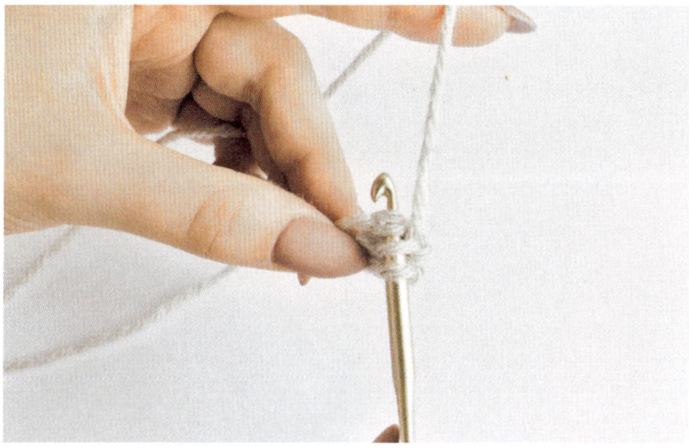

Schritt 2b: U und Faden durch die M ziehen (3 Schl auf der Nadel).

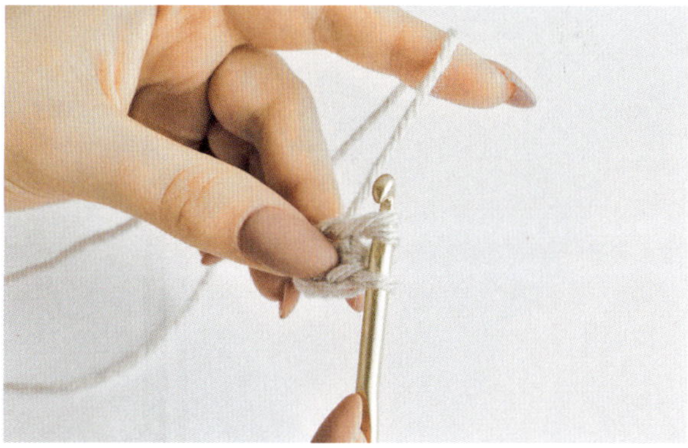

Schritt 3b: U und Faden durch 1 Schl ziehen (so entsteht 1 Lm).

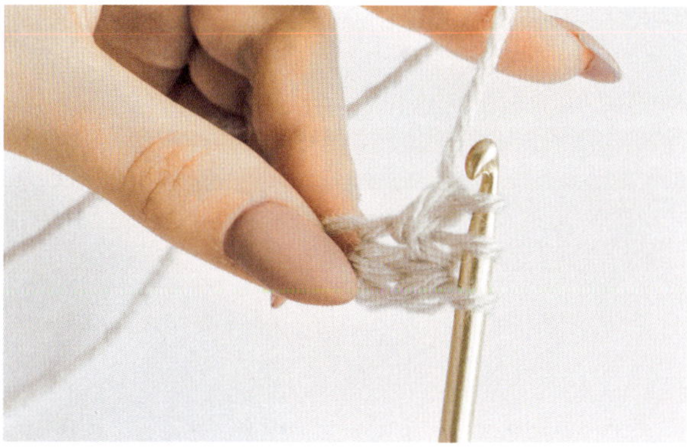

Schritt 4b: U und Faden durch 3 Schl ziehen (so entsteht 1 hStb).

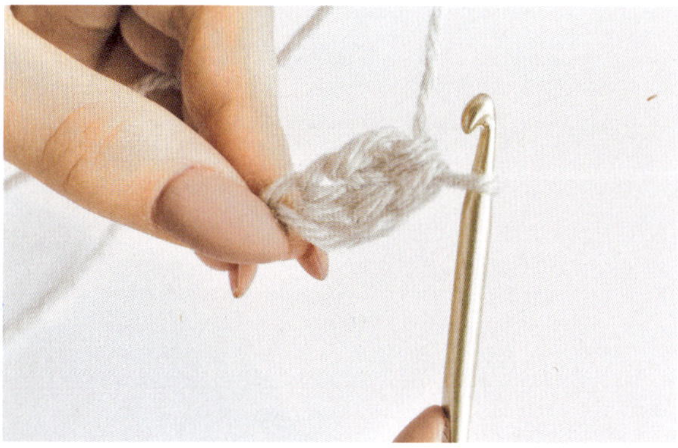

Schritte 1b–4b so oft wdh wie angegeben.

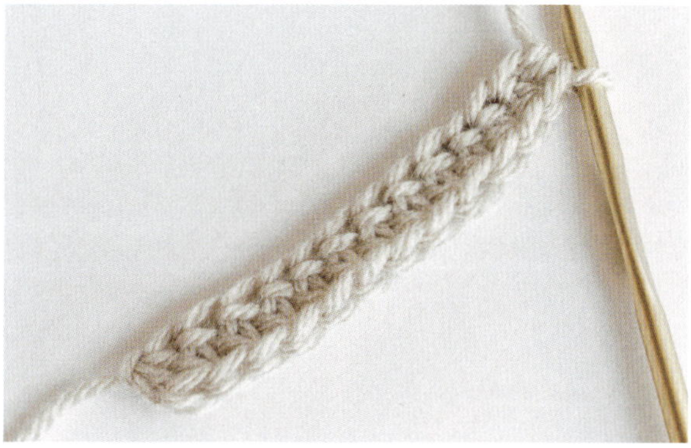

Fußschlingenanschlag mit Stb (FaStb)

Schritt 1a: 3 Lm.

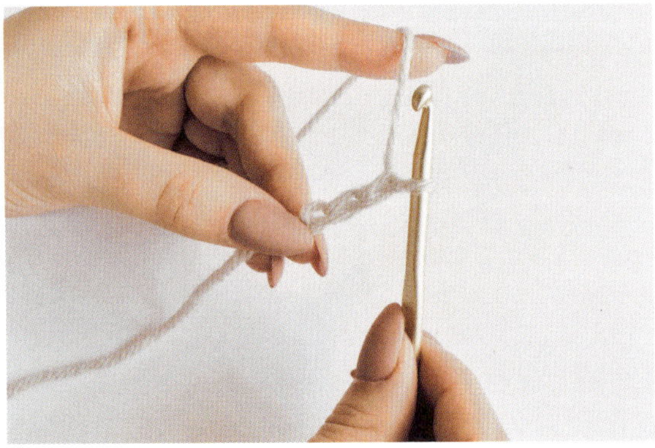

Schritt 2a: U, Nadel in 3. Lm ab Nadel einstechen.

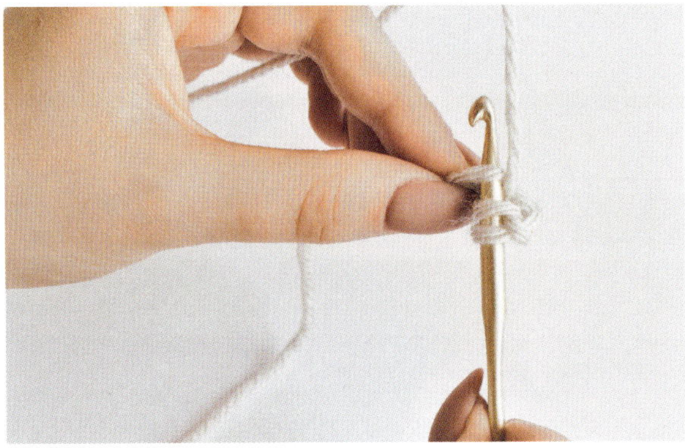

Schritt 3a: U, Faden durch M ziehen (3 Schl auf der Nadel).

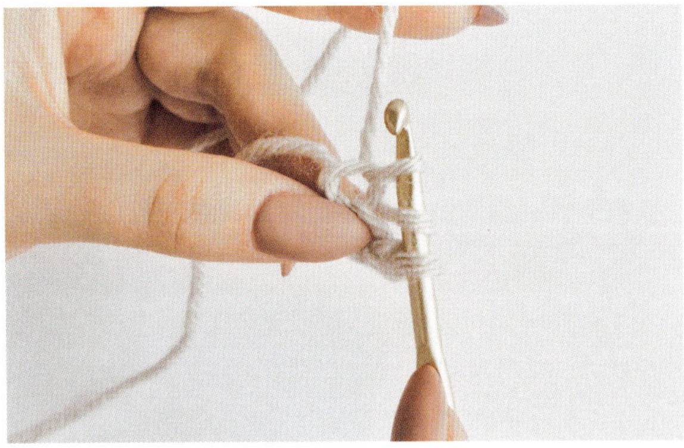

Schritt 4a : U, Faden durch 1 Schl ziehen (so entsteht 1 Lm).

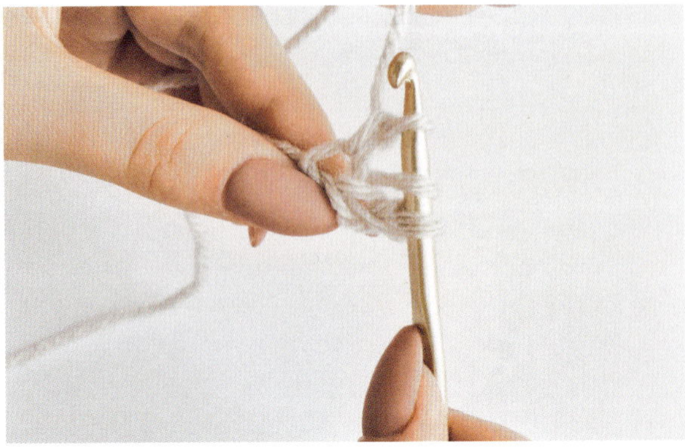

Schritt 5a: U, Faden durch 2 Schl ziehen (so entsteht ein Teil des 1. Stb).

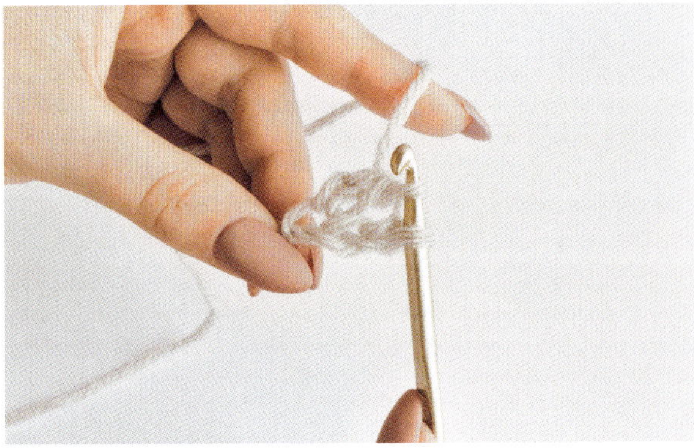

Schritt 6a: U, Faden druch 2 Schl ziehen (damit ist das 1. Stb fertig). Jetzt ist ein FaStb mit 1 Stb fertig.

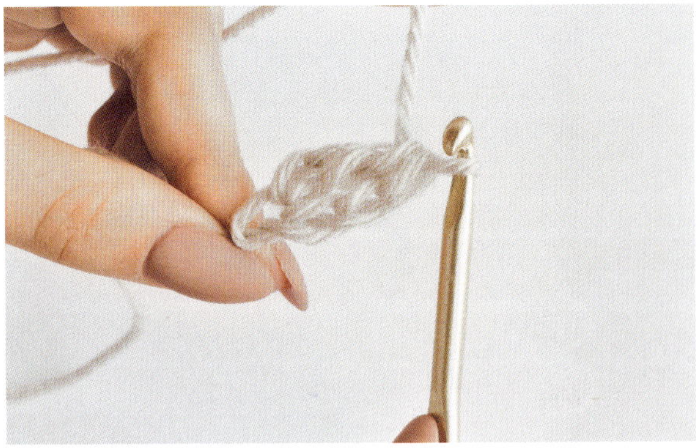

Für die nächste FaStb-Masche:

Schritt 1b: U, Nadel unter 2 Glieder der Lm unten an der FaStb-M davor.

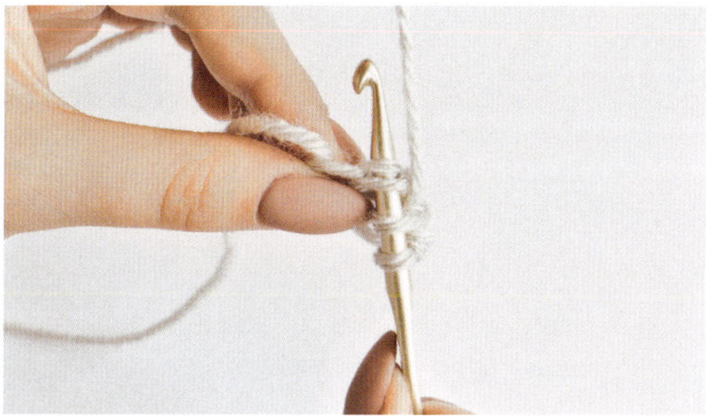

Schritt 2b: U und Faden durch M ziehen (3 Schl auf der Nadel).

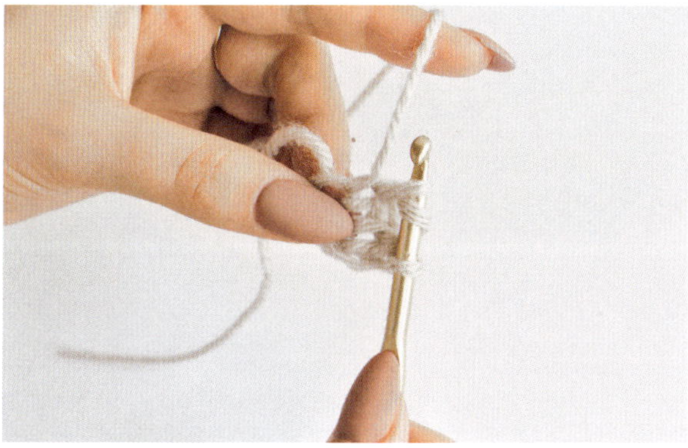

Schritt 3b: U und Faden durch 1 Schl ziehen (so entsteht 1 Lm).

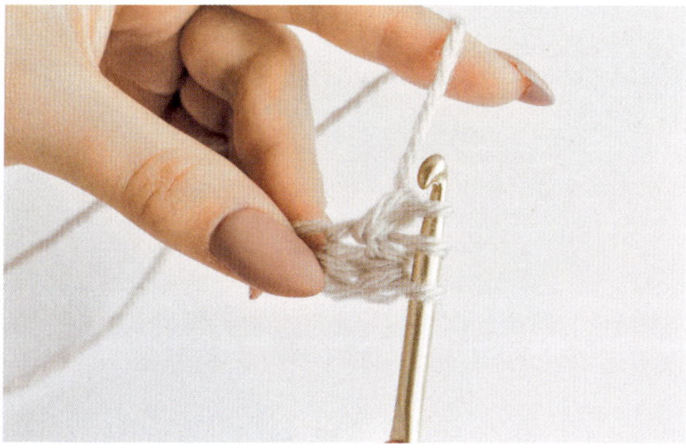

Schritt 4b: U und Faden durch 2 Schl auf der Nadel ziehen. (So entsteht der 1. Teil des Stb.)

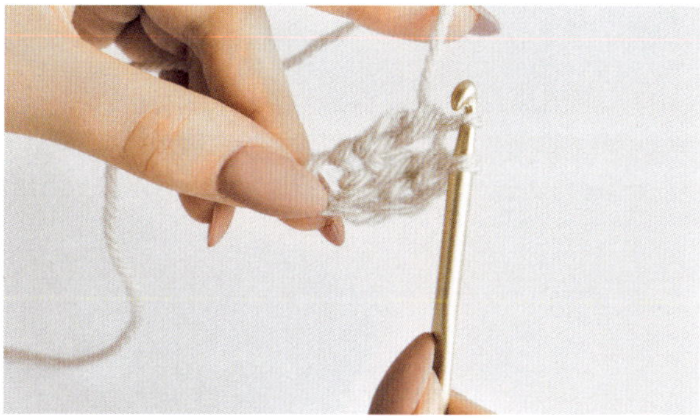

Schritt 5b: U und Faden durch 2 Schl auf der Nadel ziehen. (Damit ist der Stb-Teil der FaStb-M fertig.)

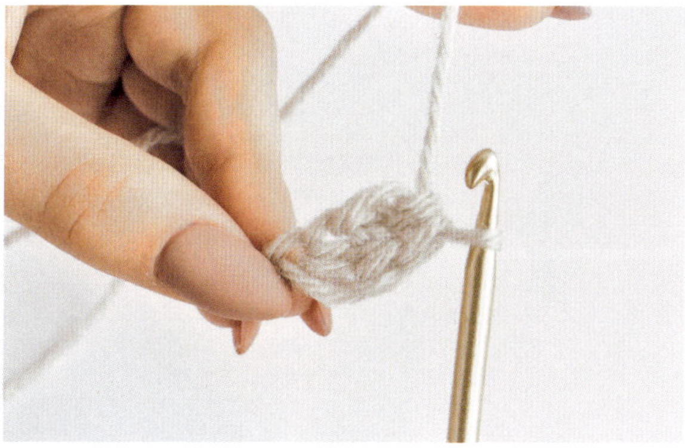

Schritte 1b–5b so oft wdh wie angegeben.

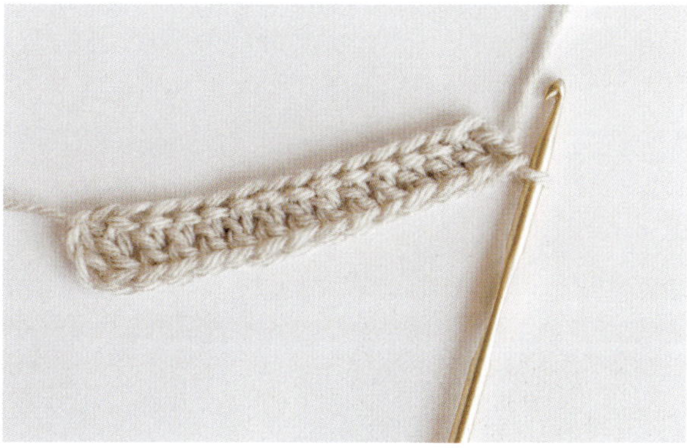

Nahtloser Farbwechsel

Bei der letzten M der alten Farbe die M häkeln wie gewöhnlich, aber den letzten U mit der neuen Farbe vornehmen und M mit dieser beenden. Die alte Farbe ggf. abschneiden und mit der neuen weiterarbeiten.

Bei den Projekten im Buch passiert der Farbwechsel nur am Anfang neuer R; du kannst aber an jeder beliebigen Stelle der Anleitung eine neue Farbe aufnehmen.

Beim Arbeiten in Rd Farbwechsel genauso behandeln: letzter U und Beenden der M in neuer Farbe, dann Km zum Schließen der Rd und Wlm in neuer Farbe. Alte Farbe abschneiden und in neuer Farbe fortfahren.

Im abgebildeten Beispiel wird in Stb gehäkelt.

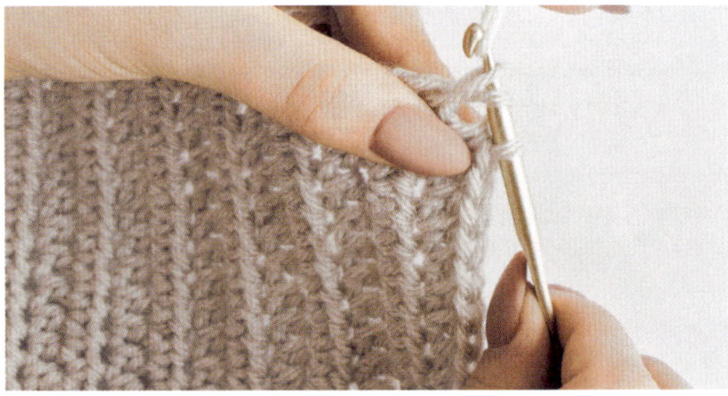

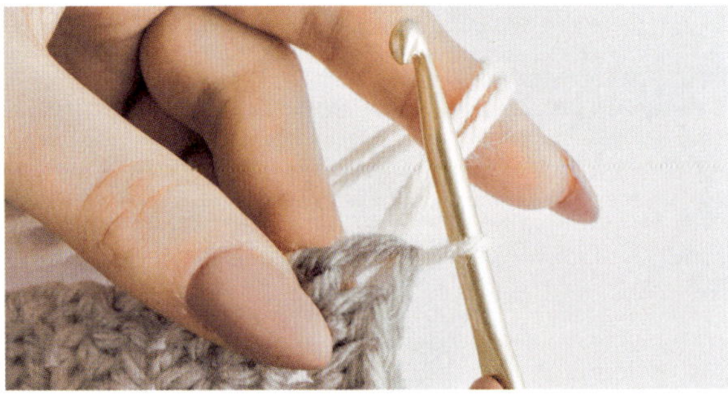

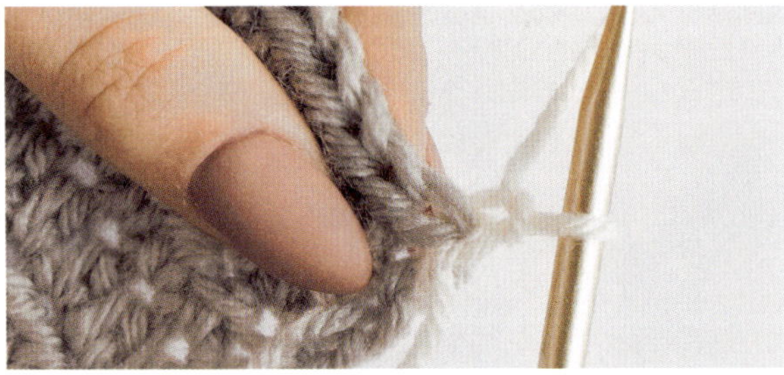

Taschen auf Kleidungsstücke aufsetzen

Vor dem Annähen einer Tasche sichergehen, dass sie richtig platziert ist. Am besten mit MM fixieren, damit sie beim Nähen perfekt ausgerichtet ist. Die Tasche sollte grundsätzlich etwas höher angebracht werden, als sie letztendlich sitzen soll, um das Ausleiern des Gewebes beim Tragen auszugleichen – besonders, wenn das benutzte Garn sich beim Spannen oder Waschen dehnt.

Beim Nähen der Kanten der Tasche:

Schritt 1: Mit der eingefädelten Stopfnadel von rechts beide Lagen durchstechen und auf der linken Seite des Stücks herausziehen.

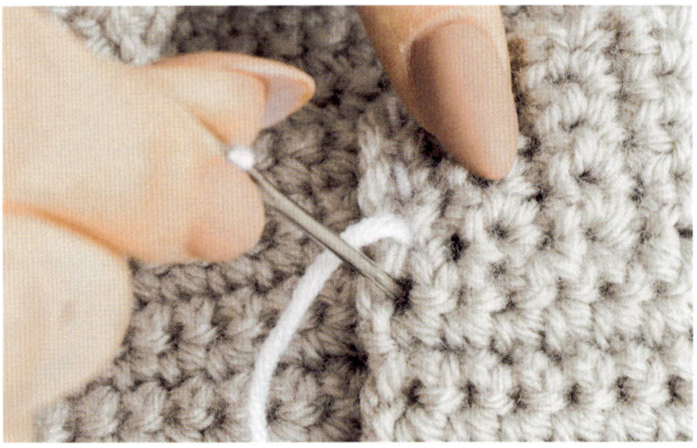

Schritt 2: Die Nadel von links durch beide Lagen einstechen. Auf der rechten Seite herausziehen.

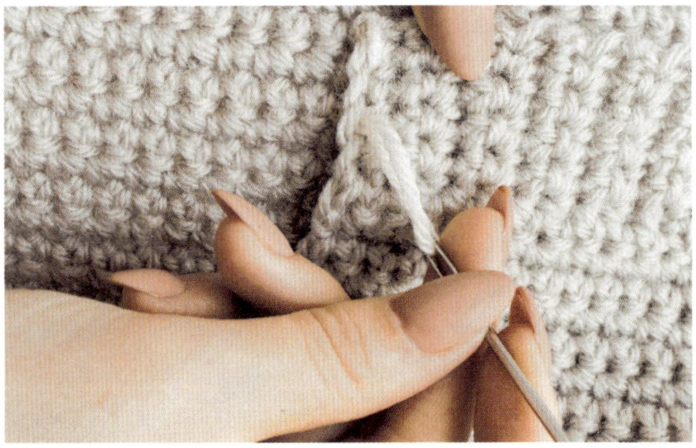

Schritte 1 und 2 wdh, bis die Tasche angenäht ist.

Einfache Strickmaschen häkeln (eSm)

eSm werden gehäkelt wie fM. Der Unterschied ist die Einstichstelle. Die Nadel wird zwischen die beiden Maschenhälse der fM eingestochen anstatt unter das vordere und hintere Maschenglied. Durch diese Platzierung der M entsteht der Eindruck von übereinanderstehenden Vs, was aussieht wie gestrickt.

Falls du damit Schwierigkeiten hast, versuche, die Schl vor dem letzten U etwas höher zu ziehen. Das macht das Häkeln der nächsten Rd einfacher.

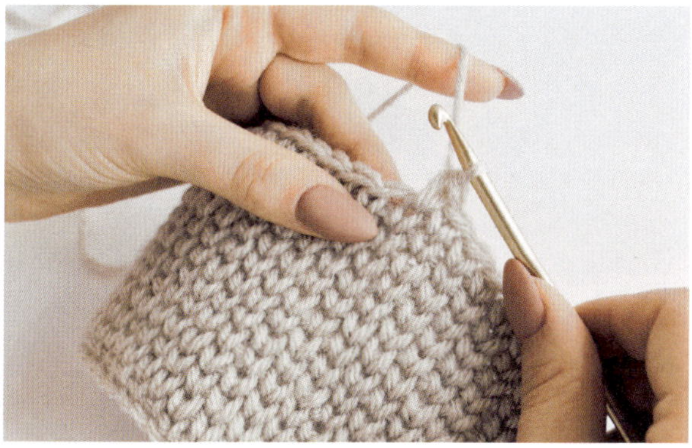

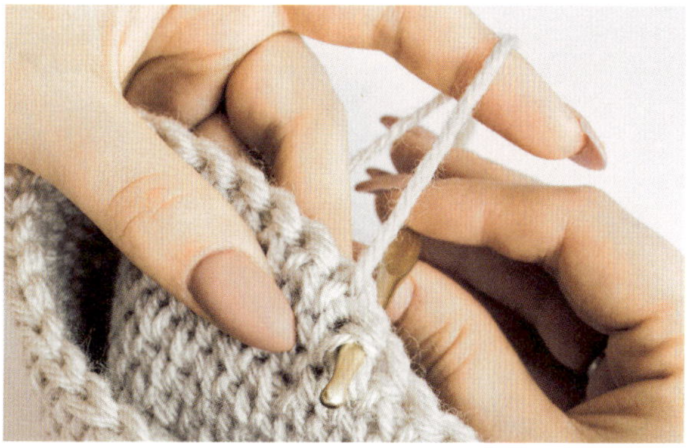

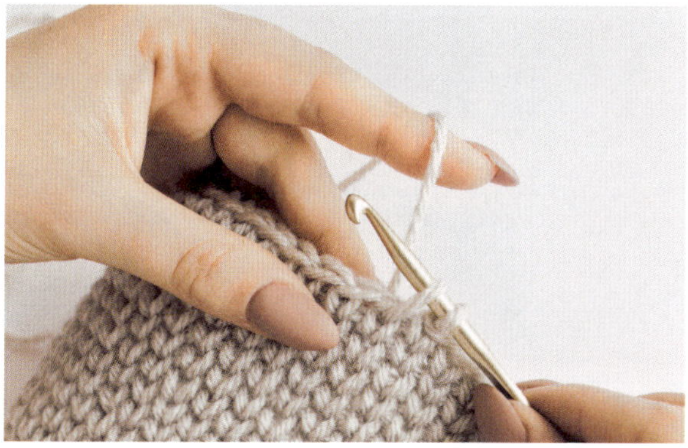

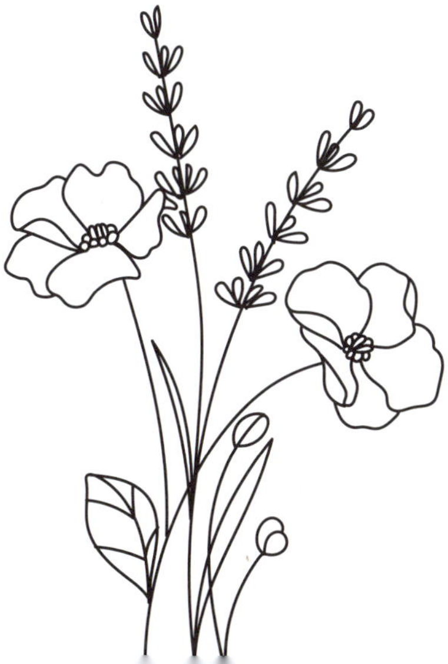

Ärmel an von oben nach unten gehäkelten Stücken mit Rundpasse

Einige der Projekte im Buch werden von oben nach unten gehäkelt, mit Raglan- oder Rundpasse. Diese Anleitungen sind einzigartig, denn Körper und Ärmel entstehen gleichzeitig, während man vom Halsausschnitt bis zu den Achseln häkelt. Jetzt werden die M der Passe in Ärmel und Körper aufgeteilt. Der Körper wird als Nächstes fertiggestellt und die Ärmel folgen als Letztes. Beim Häkeln der Ärmel wird in der Anleitung immer das Setzen von MM in die erste und letzte Ärmel-M verlangt, damit klar ist, welche M zur Passe gehören und welche M hinzugefügt werden müssen, als Ausgleich für die Lücken, die durch die LmK unter der Achsel entstehen. So ist es einfach, die erste Ärmel-Rd zu häkeln. Nach der ersten Rd ist der restliche Ärmel recht unkompliziert.

Schritt 1: Faden etwa in der Mitte der Achsel aufnehmen.

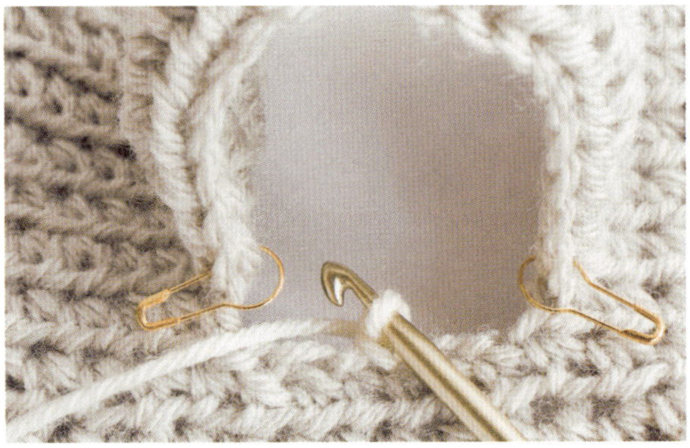

Schritt 2: Eine bestimmte Anzahl M bis zum 1. MM.

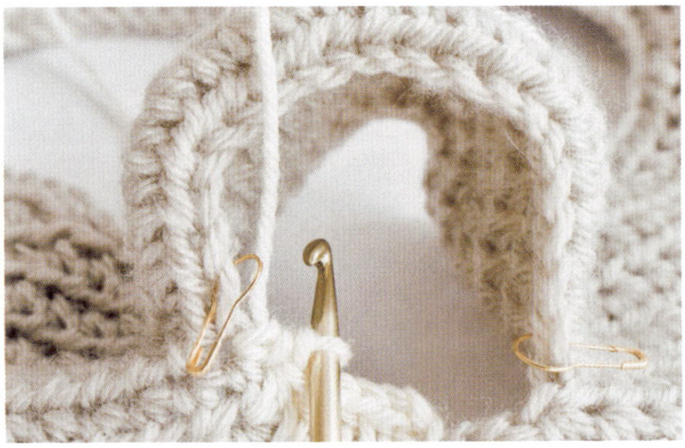

Schritt 3: Die erste markierte M häkeln, dann alle Ärmel-M bis einschließlich 2. MM.

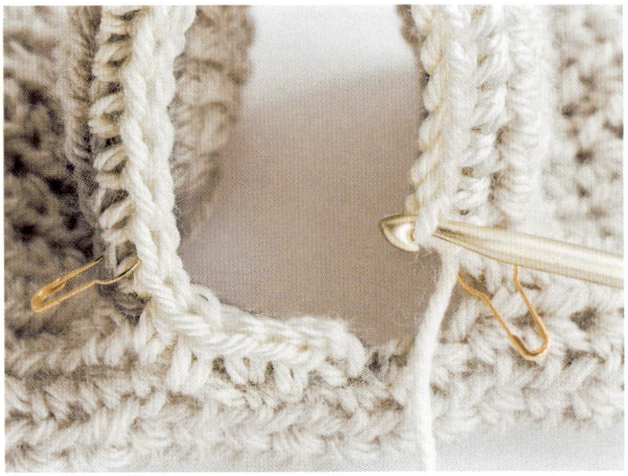

Schritt 4: Eine bestimmte Anzahl M bis Rd-Ende.

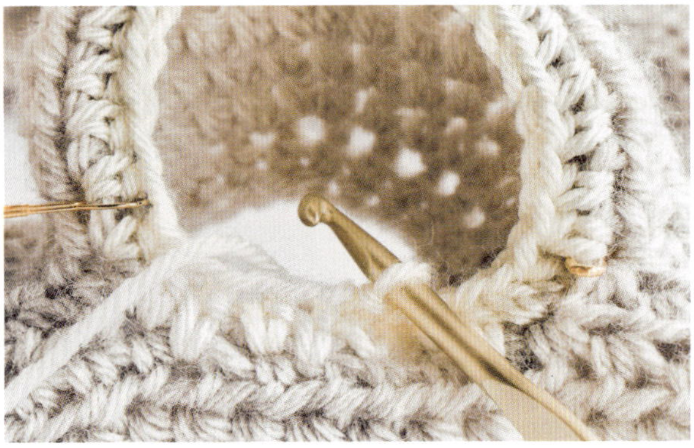

Schritt 5: Jetzt gemäß Anleitung entweder die Rd mit einer Km in die 1. M der Rd schließen oder direkt in die erste M spiralförmig weiterhäkeln.

Spannen

Spannen ist der Prozess, bei dem mithilfe von Wasser die M gelockert, aufgerollte Kanten geglättet und dem Kleidungsstück die richtigen Maße gegeben werden. Handgearbeitete Kleidung zu spannen ist wie Bügeln faltiger Stoffe. Es ist der letzte Schritt beim Häkeln eines Pullovers und genau wie das Bügeln eines zerknitterten Hemdes führt es dazu, dass das Stück beim Tragen möglichst gut aussieht.

Nach dem Spannen sieht es ordentlicher aus, weil die Fasern sich entspannen und das Kleidungsstück die beabsichtigte Form erhält. Kanten liegen flach und das Maschenbild wird ebenmäßiger. Das Gewebe wird geglättet, was das gesamte Kleidungsstück adretter und eleganter aussehen lässt. Spannen kann man auf mehrerlei Arten.

Dämpfen: Kleidungsstück in den korrekten Abmessungen auf einem Spannbrett feststecken, dann mit einem Dampfbügeleisen die M sanft glätten. Das Stück sollte ganz trocken sein, bevor es vom Spannbrett abgenommen wird.

Feucht spannen: Das fertige Stück mit etwas mildem Waschmittel in lauwarmem Wasser einweichen. Mit einem Handtuch sanft das überschüssige Wasser ausdrücken, dann flach zum Trocknen ausbreiten. Ein Wäscheständer ist praktisch, weil Luft von oben und unten an das trocknende Kleidungsstück gelangt. Eine beliebige flache Oberfläche nutzen oder das Stück mit T-Nadeln auf einem Spannbrett fixieren, damit es seine Form behält.

Sprühen: Das fertige Stück in den korrekten Abmessungen auf ein Spannbrett stecken, dann mit Wasser einsprühen. Anschließend ganz trocken werden lassen, bevor es vom Spannbrett abgenommen wird.

Die Kleidungsstücke nicht in der Sonne trocknen (manche Garne bleichen davon aus)! Ein Ventilator kann den Trockenvorgang beschleunigen.

Fertige Pullover richtig behandeln

Handgearbeitete Strick- und Häkelstücke brauchen alle mehr oder weniger die gleiche Pflege: Handwäsche in lauwarmem Wasser mit Wollwaschmittel oder mildem Waschmittel, dann mit oder in einem Handtuch ausdrücken, um die Restflüssigkeit zu entfernen, und flach liegend trocknen.

Manche Garne können in die Waschmaschine oder in den Trockner, z. B. Acryl, die meisten Baumwoll- und Superwash-Garne. Immer auf der Banderole des Garns nachsehen, bevor ein Stück in die Waschmaschine oder in den Trockner gegeben wird, damit es nicht verfilzt.

Fertige Pullover immer gefaltet und liegend aufbewahren und nicht auf Kleiderbügeln. Aufhängen dehnt mit der Zeit durch die Schwerkraft die Stücke aus und das kann ihre Form langfristig ruinieren. (Ich habe diverse Strick- und Häkelpullis auf diese Weise kaputtgemacht; sie sind dadurch für immer aus der Form geraten und selbst mit Waschen und Spannen nicht mehr zu retten!

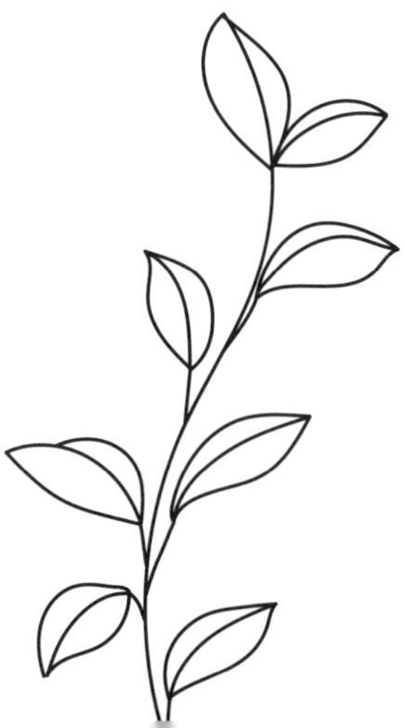

Quellen

Alle aufgeführten Quellen sind englischsprachig.

Größen-Info:
www.craftyarncouncil.com/standards/woman-size

Mehr Content von Knits 'N Knots:
knitsnknots.ca/book

Weitere Anleitungen von Knits 'N Knots Patterns auf Ravelry:
www.ravelry.com/people/KnitsNKnotsWpg

Und noch ein paar Anleitungen von Knits 'N Knots Patterns auf meiner Website:
www.knitsnknots.shop

Garne von Lion Brand:
www.lionbrand.com

Yarnspirations:
www.yarnspirations.com

WeCrochet:
www.crochet.com

Premier:
www.premieryarns.com

Die Anleitungen von Knits 'N Knots gibt es außerdem bei Etsy, crochet.com, lovecrafts.com und lionbrand.com unter dem gleichen Namen.

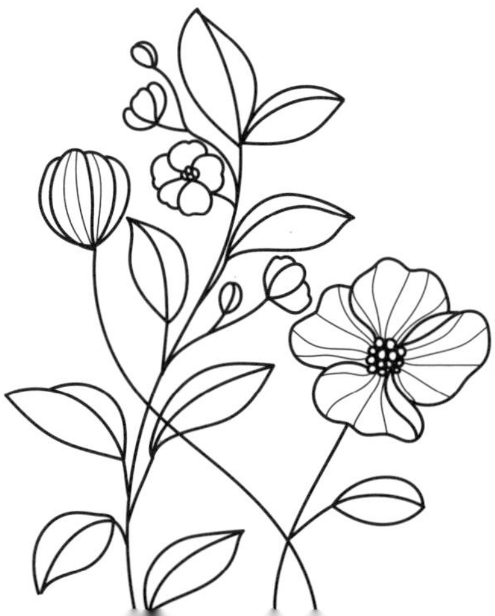

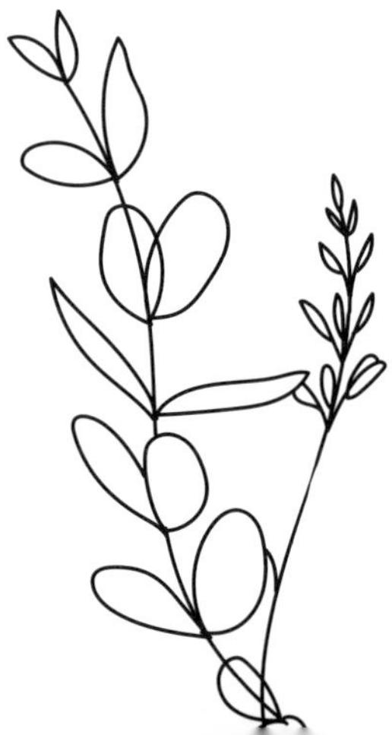

Dank

Mom

Danke für alles. Danke, dass ich in der Anfangszeit in deinem Keller meinen Wolleladen einrichten durfte. Zu meinen liebsten Erinnerungen zählt, wie wir in Vorbereitung auf die Märkte-Saison zusammen Mützen auf dem Strickring gemacht und Wein getrunken haben. Du hast immer an mich geglaubt. Auch als ich dir eröffnet habe, dass ich mein Master-Programm abbreche, um stattdessen zu stricken und zu häkeln, hast du keine Sekunde an mir gezweifelt, und das bedeutet mir mehr, als du dir vorstellen kannst. Von dir bekomme ich Liebe und Unterstützung ohne Wenn und Aber, das Beste, was Eltern einem geben können. Du bist für mich mehr als eine Mutter: eine geliebte Freundin.

Dad

Danke für deine unermüdliche Unterstützung, zeit meines Lebens. Von dir habe ich gelernt, meinem Herzen zu folgen und immer alles zu geben. Was für ein Glück, einen so ermutigenden, sanften und liebevollen Vater gehabt zu haben. Ich versuche jeden Tag, so zu werden wie du. In meiner Kindheit habe ich miterlebt, wie du all deine Projekte mit stets kreativem Problemlösen gemeistert hast, und ich bilde mir ein, dass das auf mich abgefärbt hat. Ich wollte, du hättest meine Häkelphase noch miterleben können. Ich habe viele Gründe, dankbar für dich zu sein, aber vor allem bin ich es für die Liebe, die du deiner Familie gegeben hast. Du fehlst mir jeden Tag. Ich wünschte, ich könnte dir dieses Buch zeigen.

Laura

Hey Schwesterherz. Ich liebe unsere Dynamik, die wir über die Jahre aufgebaut haben: Du nennst mich Oma und ich mache mich darüber lustig, dass du zu viel Glitzer benutzt. Du bist die perfekte Mischung aus zäh und schillernd und ich würde nichts an dir verändern wollen. Danke für deine Hilfe bei den Märkten – bestimmt hättest du tausend andere Dinge lieber gemacht als acht Stunden und länger mit mir meinen Stand zu hüten. Ich freue mich über unsere gemeinsame Begeisterung für Handarbeitsmessen, auf denen wir sogar beide ausstellen. Du bist viel cooler, als ich gerne zugebe, und dich Schwester und Freundin zu nennen, macht mich glücklich.

Matt

Oh, Matt ... Wo soll ich anfangen? Beim Zurückdenken an den Schreibprozess fällt mir ein, wie ich im Büro an dem Schreibtisch sitze, den du mir gebaut hast, etwas esse, das du für mich gekocht hast und ein Bier trinke, das du mir gebracht hast. Danke, dass du mir zeigst, wie es ist, selbstlos und von ganzem Herzen unterstützt zu werden. Danke, dass du mein Leibkoch, Geschäftspartner, Quarantäne-Buddy und bester Freund bist. Ich bin so dankbar für alles, was du für mich getan hast, damit ich mir den Wunsch erfüllen konnte, Autorin zu werden. Ich bin stolz darauf, das geschafft zu haben, aber es wird immer meine größte Ehre sein, von dir geliebt zu werden. Wir sind ein super Team und es gibt nichts, was wir nicht gemeinsam bewältigen können.

Emily Reiter

Emily, dein Auge fürs Detail hat mir Mut gemacht, meine Anleitungen zu veröffentlichen, mit dem Wissen, dass eine wahre Perfektionistin sie gutgeheißen hat. Deine Fähigkeit, Anleitungen mit einem feinzinkigen Kamm durchzugehen und auch den kleinsten Fehler zu entdecken, macht dich unschätzbar wertvoll für dieses Buch. Danke für dein großartiges Korrekturlesen. Du warst mein zweites Paar Augen bei den ersten Fassungen des Manuskripts. Danke auch für die guten Ratschläge, die Anleitungen leichter verständlich zu machen, damit Häkler:innen sie flüssig lesen und umsetzen können. Ich bin dankbar für unsere Zusammenarbeit und dafür, darauf zählen zu können, dass du montags alle zehn nacheinander abgeschickten E-Mails auch lesen wirst. Danke, dass du dieses Buch mit mir verwirklicht und verbessert hast.

Stephanie

An eine der talentiertsten Personen, die ich kenne: Dieses Buch wäre ohne dich nicht das, was es ist. Als ich deine Fotos zum ersten Mal sah, wusste ich schon, dass ich eines Tages mit dir arbeiten muss. Du weißt genau, wie begeistert ich von deiner Arbeit bin – dein Stil ist so einzigartig, dass ich nicht genug bekommen kann.

Die Stücke in diesem Buch liegen mir sehr am Herzen und beim Durchblättern bin ich stolz auf die Fotos. Du bist eine echte Künstlerin und unsere Arbeit hat mir viel Spaß gemacht. Ich bin schon gespannt auf unser nächstes Projekt. Früher warst du meine Fotografin, inzwischen bist du eine Freundin geworden. Danke für die eindrucksvolle Präsentation meiner Arbeit. In Liebe, dein größter Fan.

Page Street Publishing

Ich häkle zwar erst seit fünf Jahren, aber ein Buch schreiben wollte ich immer schon. Ich bin Page Street Publishing auf ewig dankbar dafür, dass jetzt auch »Autorin« in meiner Vita steht – besonders, weil ich das Buch genau nach meinen Vorstellungen gestalten durfte. Ich hatte mich immer gefragt, wie das Verhältnis zwischen Autor:innen und Verlag wohl ist; meine Erwartungen wurden noch übertroffen. Emily war so hilfsbereit bei all meinen Fragen und hat den Prozess für mich reibungslos und angenehm gemacht. Danke für eure ganz besondere Rolle beim Erreichen meiner Ziele.

Lion Brand Yarn

Wie viele andere Stricker:innen und Häkler:innen habe ich für mein erstes Projekt die Lion Brand Thick & Quick verwendet, bis heute eines meiner Lieblingsgarne. Ich bin glücklich über unsere Zusammenarbeit der letzten Jahre und die Chance, diese Garne in schöne Dinge zu verwandeln. Ich freue mich schon auf weitere Kooperationen. Bei Lion Brand werde ich schwach: Ich besitze so viele dieser Garne und es ist doch immer zu wenig. Danke für das großzügig gespendete Garn für die Projekte in diesem Buch.

WeCrochet

Als mein erster großer Kooperationspartner hat WeCrochet einen besonderen Stellenwert für mich. Unsere gemeinsame Sommerkollektion 2020 war eine tolle Erfahrung, bei der ich gelernt habe, eine wirklich verständliche Anleitung zu schreiben. Danke für diese Chance. Meine Ansprechpartner:innen bei WeCrochet sind freundlich, hilfsbereit und ermutigend. Es war mir eine Ehre, einige Garne dieser Marke im Buch zu verwenden. Ich schätze den Kontakt zu Sara und Heather, die mich immer loben und unterstützen. Sara, ich hoffe, dass ich eines Tages ebenso viele Pullover aus feinem Garn besitzen werde wie du. Ich liebe die Garne von WeCrochet von ganzem Herzen und werde nie müde werden, mit ihnen zu arbeiten.

LoveCrafts

Danke, LoveCrafts, für die großzügigen Garnspenden für dieses Buch. Die breite Auswahl, von großen Herstellern bis zu unabhängigen Manufakturen für handgefärbte Garne, bietet allen Häkler:innen das Richtige für ihr Projekt. Auf viele Garne, die ich über die Jahre ausprobiert habe, hätte ich vermutlich ohne dieses Sortiment keinen Zugriff gehabt. Danke für die Präsentation meiner Arbeit bei Indie June 2020 und für das Augenmerk auf die Bedeutung von größeninklusivem Design! Ich bin so dankbar für unsere Zusammenarbeit.

The Hook Nook

Jessica, es war eine unglaubliche Erfahrung, dein Buch entstehen zu sehen, als auch ich gerade anfing, an meinem zu schreiben. Die Häkel-Community hat viel Glück, dich zu haben. Du bist ein wunderbarer Mensch, eine tolle Geschichtenerzählerin mit bedeutender Stimme – unverwechselbar und einzigartig Jessica. Deine Produktlinie zum Leben erwachen zu sehen und deine Garne für dieses Buch nutzen zu können war mir eine Ehre. Danke!

Über die Autorin

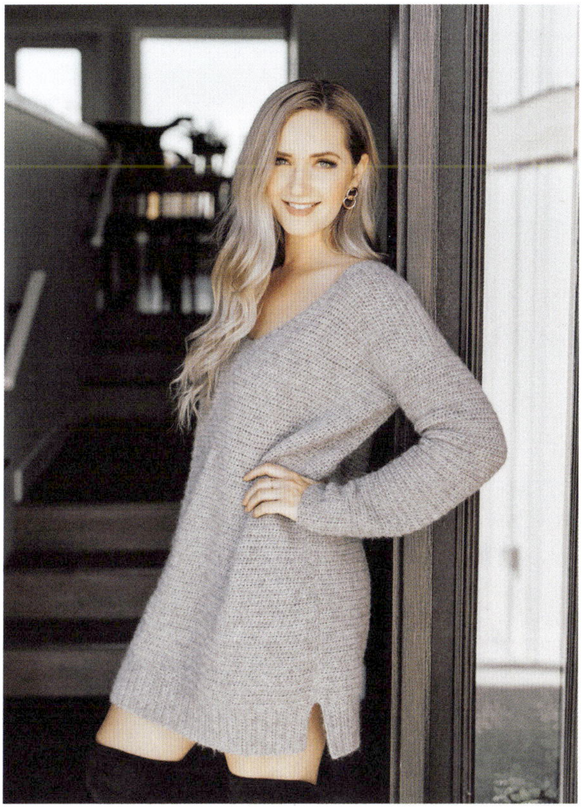

Janine ist unabhängige Strick- und Häkeldesignerin. Sie lebt und arbeitet in Winnipeg, Kanada.

Sie lernte 2016 stricken und häkeln und entwirft seit 2017 hauptberuflich Kleidung. Außer an ihren eigenen Modellen arbeitet Janine als freie Designerin für eine Reihe Garnhersteller und hat sich in der Häkelindustrie schnell einen Namen gemacht mit modernen, angenehm zu tragenden Pullovern in größeninklusiver Auswahl. Sie lebt mit ihrem Partner Matt, ihrem Sohn Jack und ihren zwei Huskies Pancake und Joe zusammen. Sie liebt Mode, Innendesign, Pflanzen, DIY und alles Kreative.

Ihre fünfteilige Sommerkollektion »Cool Crochet for Warm Days: A Knits 'N Knots Collection« ist im Zeitschriftenformat veröffentlicht und bei crochet.com erhältlich. Janine war auch beteiligt an »Our Maker Life: Knit and Crochet Patterns, Inspiration, and Tales from the Creative Community«.

»Lieblingspullover häkeln« ist ihr erstes Buch.

Ihre Website ist www.knitsnknots.ca.

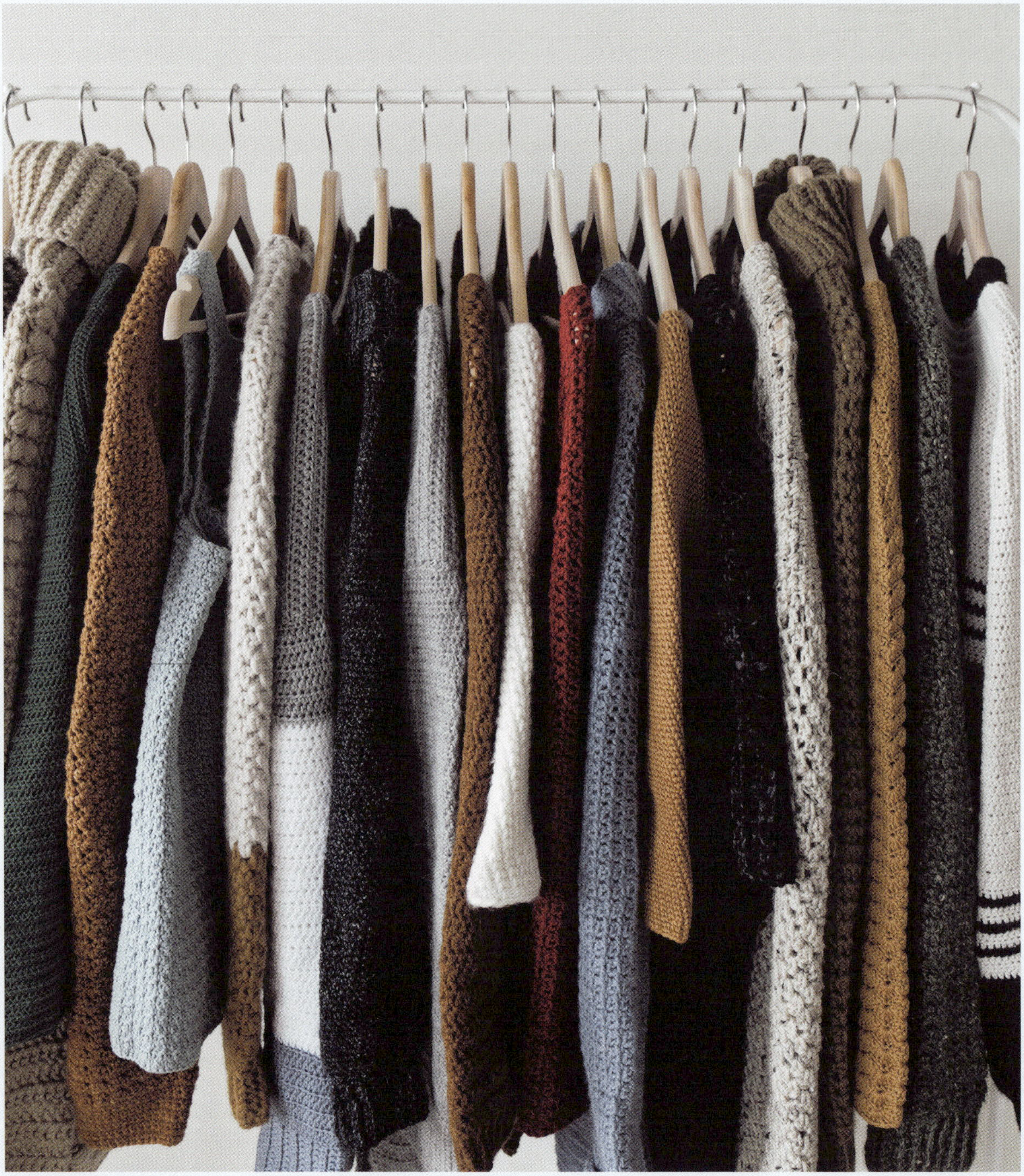

Register

Liebe Leser:innen,

wir freuen uns, dass wir euch mit diesem Buch inspirieren und Teil eurer kreativen Reise sein dürfen. Noch mehr Inspiration, originelle Ideen und besondere Themen findet ihr auf unserer Verlagsseite www.stiebner.com.

Lasst uns zusammen kreativ werden!
Wir sind immer offen für eure Anregungen, Wünsche und Kritik – schreibt uns unter verlag@stiebner.com.

Da geteilte Freude bekanntlich doppelte Freude ist: Zeigt uns eure kreativen Ideen und fertigen Projekte auf Social Media! Markiert uns mit @stiebnerverlag und die Autorin mit @knitsnknotswpg oder nutzt die folgenden Hashtags:
#StiebnerVerlag #StiebnerKreativ #LieblingspulloverHäkeln #ModernCrochetSweaters

Erstmals erschienen unter dem Titel »Modern Crochet Sweaters« bei Page Street Publishing Co.

Übersetzung aus dem Englischen: Johanna Hofer von Lobenstein
Covergestaltung: Danai Afrati
Projektleitung und Lektorat: Dr. Verena Stindl
Gedruckt bei Central Dabas Printing House, Ungarn

ISBN 978-3-8307-2146-8

Bibliografische Information der Deutschen Nationalbibliothek:
Die Deutsche Nationalbibliothek verzeichnet diese Publikation in der Deutschen Nationalbibliografie; detaillierte bibliografische Daten sind im Internet über http://dnb.dnb.de abrufbar.

www.stiebner.com